TRANZLATY

Sprache ist für alle da

Bahasa adalah untuk semua orang

Der Ruf der Wildnis

Panggilan Alam Liar

Jack London

Deutsch / Bahasa Melayu

Copyright © 2025 Tranzlaty
All rights reserved
Published by Tranzlaty
ISBN: 978-1-80572-807-8
Original text by Jack London
The Call of the Wild
First published in 1903
www.tranzlaty.com

Ins Primitive
Menjadi Primitif

Buck las keine Zeitungen
Buck tidak membaca surat khabar.
Hätte er die Zeitung gelesen, hätte er gewusst, dass Ärger im Anzug war.
Sekiranya dia membaca surat khabar, dia akan tahu masalah sedang berlaku.
Nicht nur er selbst, sondern jeder einzelne Tidewater-Hund bekam Ärger.
Terdapat masalah bukan sahaja untuk dirinya sendiri, tetapi untuk setiap anjing air pasang.
Jeder Hund mit starken Muskeln und warmem, langem Fell würde in Schwierigkeiten geraten.
Setiap anjing yang kuat otot dan dengan rambut yang hangat dan panjang akan menghadapi masalah.
Von Puget Bay bis San Diego konnte kein Hund dem entkommen, was auf ihn zukam.
Dari Puget Bay ke San Diego tiada anjing dapat melarikan diri dari apa yang akan datang.
Männer, die in der arktischen Dunkelheit herumtasteten, hatten ein gelbes Metall gefunden.
Lelaki, meraba-raba dalam kegelapan Artik, telah menemui logam kuning.
Dampfschiff- und Transportunternehmen waren auf der Jagd nach der Entdeckung.
Syarikat kapal wap dan pengangkutan mengejar penemuan itu.
Tausende von Männern strömten ins Nordland.
Beribu-ribu lelaki bergegas ke Northland.
Diese Männer wollten Hunde, und die Hunde, die sie wollten, waren schwere Hunde.
Lelaki ini mahukan anjing, dan anjing yang mereka inginkan adalah anjing berat.
Hunde mit starken Muskeln, die sie zum Arbeiten brauchen.
Anjing dengan otot yang kuat untuk bekerja keras.

Hunde mit Pelzmantel, der sie vor Frost schützt.
Anjing dengan bulu berbulu untuk melindungi mereka daripada fros.

Buck lebte in einem großen Haus im sonnenverwöhnten Santa Clara Valley.
Buck tinggal di sebuah rumah besar di Lembah Santa Clara yang dicium matahari.

Der Ort, an dem Richter Miller wohnte, wurde sein Haus genannt.
Di tempat Hakim Miller, rumahnya dipanggil.

Sein Haus stand etwas abseits der Straße, halb zwischen den Bäumen versteckt.
Rumahnya berdiri di belakang dari jalan, separuh tersembunyi di antara pokok.

Man konnte einen Blick auf die breite Veranda erhaschen, die rund um das Haus verläuft.
Seseorang boleh melihat sekilas beranda luas yang berjalan di sekeliling rumah.

Die Zufahrt zum Haus erfolgte über geschotterte Zufahrten.
Rumah itu dihampiri oleh jalan masuk berbatu.

Die Wege schlängelten sich durch weitläufige Rasenflächen.
Laluan itu meliuk-liuk melalui rumput yang terbentang luas.

Über ihnen waren die ineinander verschlungenen Zweige hoher Pappeln.
Di atas kepala adalah dahan jalinan poplar tinggi.

Auf der Rückseite des Hauses ging es noch geräumiger zu.
Di bahagian belakang rumah, keadaan lebih luas.

Es gab große Ställe, in denen ein Dutzend Stallknechte plauderten
Terdapat kandang kuda yang besar, di mana sedozen pengantin lelaki sedang berbual

Es gab Reihen von weinbewachsenen Dienstbotenhäusern
Terdapat deretan pondok pelayan berpakaian anggur

Und es gab eine endlose und ordentliche Reihe von Toilettenhäuschen

Dan terdapat susunan rumah luar yang tidak berkesudahan dan teratur

Lange Weinlauben, grüne Weiden, Obstgärten und Beerenfelder.
Arbors anggur panjang, padang rumput hijau, dusun, dan tompok beri.

Dann gab es noch die Pumpanlage für den artesischen Brunnen.
Kemudian terdapat loji pengepaman untuk perigi artesis.

Und da war der große Zementtank, der mit Wasser gefüllt war.
Dan terdapat tangki simen besar yang dipenuhi air.

Hier nahmen die Jungs von Richter Miller ihr morgendliches Bad.
Di sini anak lelaki Hakim Miller mengambil risiko pagi mereka.

Und auch dort kühlten sie sich am heißen Nachmittag ab.
Dan mereka menyejukkan di sana pada waktu petang yang panas juga.

Und über dieses große Gebiet herrschte Buck über alles.
Dan atas domain yang hebat ini, Buck adalah orang yang memerintah semua itu.

Buck wurde auf diesem Land geboren und lebte hier sein ganzes vierjähriges Leben.
Buck dilahirkan di tanah ini dan tinggal di sini selama empat tahun.

Es gab zwar noch andere Hunde, aber die spielten keine wirkliche Rolle.
Memang ada anjing lain, tetapi mereka tidak begitu penting.

An einem so riesigen Ort wie diesem wurden andere Hunde erwartet.
Anjing lain dijangka berada di tempat yang seluas ini.

Diese Hunde kamen und gingen oder lebten in den geschäftigen Zwingern.
Anjing-anjing ini datang dan pergi, atau tinggal di dalam kandang yang sibuk.

Manche Hunde lebten versteckt im Haus, wie Toots und Ysabel.
Beberapa anjing tinggal tersembunyi di dalam rumah, seperti yang dilakukan oleh Toots dan Ysabel.
Toots war ein japanischer Mops, Ysabel ein mexikanischer Nackthund.
Toots ialah anjing Jepun, Ysabel anjing Mexico yang tidak berbulu.
Diese seltsamen Kreaturen verließen das Haus kaum.
Makhluk aneh ini jarang melangkah keluar rumah.
Sie berührten weder den Boden noch schnüffelten sie draußen an der frischen Luft.
Mereka tidak menyentuh tanah, atau menghidu udara terbuka di luar.
Außerdem gab es Foxterrier, mindestens zwanzig an der Zahl.
Terdapat juga terrier musang, sekurang-kurangnya dua puluh jumlahnya.
Diese Terrier bellten Toots und Ysabel im Haus wild an.
Terrier ini menyalak dengan ganas ke arah Toots dan Ysabel di dalam rumah.
Toots und Ysabel blieben hinter Fenstern, in Sicherheit.
Toots dan Ysabel tinggal di belakang tingkap, selamat daripada bahaya.
Sie wurden von Hausmädchen mit Besen und Wischmopps bewacht.
Mereka dikawal oleh pembantu rumah dengan penyapu dan mop.
Aber Buck war kein Haushund und auch kein Zwingerhund.
Tetapi Buck bukan anjing rumah, dan dia juga bukan anjing kennel.
Das gesamte Anwesen gehörte Buck als seinem rechtmäßigen Reich.
Keseluruhan harta itu adalah milik Buck sebagai kerajaan yang sah.

Buck schwamm im Becken oder ging mit den Söhnen des Richters auf die Jagd.
Buck berenang di dalam tangki atau pergi memburu dengan anak-anak Hakim.
Er ging in den frühen oder späten Morgenstunden mit Mollie und Alice spazieren.
Dia berjalan bersama Mollie dan Alice pada waktu awal atau lewat.
In kalten Nächten lag er mit dem Richter vor dem Kaminfeuer der Bibliothek.
Pada malam-malam yang dingin dia berbaring di hadapan kebakaran perpustakaan bersama Hakim.
Buck ließ die Enkel des Richters auf seinem starken Rücken herumreiten.
Buck memberi tumpangan kepada cucu Hakim di punggungnya yang kuat.
Er wälzte sich mit den Jungen im Gras und bewachte sie genau.
Dia berguling-guling di rumput bersama budak-budak itu, menjaga mereka dengan ketat.
Sie wagten sich bis zum Brunnen und sogar an den Beerenfeldern vorbei.
Mereka menjelajah ke air pancut dan juga melepasi ladang beri.
Unter den Foxterriern lief Buck immer mit königlichem Stolz.
Di antara terrier musang, Buck sentiasa berjalan dengan bangga diraja.
Er ignorierte Toots und Ysabel und behandelte sie, als wären sie Luft.
Dia tidak mengendahkan Toots dan Ysabel, melayan mereka seperti udara.
Buck herrschte über alle Lebewesen auf Richter Millers Land.
Buck memerintah semua makhluk hidup di tanah Hakim Miller.

Er herrschte über Tiere, Insekten, Vögel und sogar Menschen
Dia memerintah haiwan, serangga, burung, dan juga manusia.

Bucks Vater Elmo war ein großer und treuer Bernhardiner gewesen.
Bapa Buck, Elmo, adalah seorang St. Bernard yang besar dan setia.

Elmo wich dem Richter nie von der Seite und diente ihm treu.
Elmo tidak pernah meninggalkan pihak Hakim, dan melayaninya dengan setia.

Buck schien bereit, dem edlen Beispiel seines Vaters zu folgen.
Buck nampaknya bersedia untuk mengikuti teladan murni bapanya.

Buck war nicht ganz so groß und wog hundertvierzig Pfund.
Buck tidak begitu besar, seberat seratus empat puluh paun.

Seine Mutter Shep war eine schöne schottische Schäferhündin gewesen.
Ibunya, Shep, adalah anjing gembala Scotch yang baik.

Aber selbst mit diesem Gewicht hatte Buck eine königliche Ausstrahlung.
Tetapi walaupun pada berat itu, Buck berjalan dengan kehadiran agung.

Dies kam vom guten Essen und dem Respekt, der ihm immer entgegengebracht wurde.
Ini datang dari makanan yang enak dan penghormatan yang selalu diterimanya.

Vier Jahre lang hatte Buck wie ein verwöhnter Adliger gelebt.
Selama empat tahun, Buck telah hidup seperti seorang bangsawan yang manja.

Er war stolz auf sich und sogar ein wenig egoistisch.
Dia bangga dengan dirinya sendiri, malah sedikit ego.

Diese Art von Stolz war bei den Herren abgelegener Landstriche weit verbreitet.

Kebanggaan seperti itu adalah perkara biasa di kalangan tuan-tuan negara terpencil.

Doch Buck hat es vermieden, ein verwöhnter Haushund zu werden.
Tetapi Buck menyelamatkan dirinya daripada menjadi anjing rumah yang dimanjakan.

Durch die Jagd und das Training blieb er schlank und stark.
Dia kekal kurus dan kuat melalui pemburuan dan senaman.

Er liebte Wasser zutiefst, wie Menschen, die in kalten Seen baden.
Dia sangat menyukai air, seperti orang yang mandi di tasik yang sejuk.

Diese Liebe zum Wasser hielt Buck stark und sehr gesund.
Kecintaan terhadap air ini membuatkan Buck kuat, dan sangat sihat.

Dies war der Hund, zu dem Buck im Herbst 1897 geworden war.
Ini adalah anjing yang Buck telah menjadi pada musim luruh tahun 1897.

Als der Klondike-Angriff die Menschen in den eisigen Norden trieb.
Apabila serangan Klondike menarik lelaki ke Utara beku.

Menschen aus aller Welt strömten in das kalte Land.
Orang ramai bergegas dari seluruh dunia ke tanah yang sejuk.

Buck las jedoch weder die Zeitungen noch verstand er Nachrichten.
Buck, bagaimanapun, tidak membaca kertas itu, atau memahami berita.

Er wusste nicht, dass es nicht gut war, Zeit mit Manuel zu verbringen.
Dia tidak tahu Manuel adalah seorang yang jahat untuk berada di sekelilingnya.

Manuel, der im Garten half, hatte ein großes Problem.
Manuel, yang membantu di taman, mempunyai masalah yang mendalam.

Manuel war spielsüchtig nach der chinesischen Lotterie.
Manuel ketagih berjudi dalam loteri Cina.

Er glaubte auch fest an ein festes System zum Gewinnen.
Dia juga sangat percaya pada sistem tetap untuk menang.
Dieser Glaube machte sein Scheitern sicher und unvermeidlich.
Kepercayaan itu menjadikan kegagalannya pasti dan tidak dapat dielakkan.
Um ein System zu spielen, braucht man Geld, und das fehlte Manuel.
Memainkan sistem memerlukan wang, yang kekurangan Manuel.
Sein Gehalt reichte kaum zum Überleben seiner Frau und seiner vielen Kinder.
Gajinya hampir tidak dapat menampung isteri dan ramai anak.
In der Nacht, in der Manuel Buck verriet, war alles normal.
Pada malam Manuel mengkhianati Buck, keadaan adalah normal.
Der Richter war bei einem Treffen der Rosinenanbauervereinigung.
Hakim berada di mesyuarat Persatuan Penanam Kismis.
Die Söhne des Richters waren damals damit beschäftigt, einen Sportverein zu gründen.
Anak-anak Hakim sedang sibuk membentuk kelab olahraga ketika itu.
Niemand sah, wie Manuel und Buck durch den Obstgarten gingen.
Tiada siapa yang melihat Manuel dan Buck pergi melalui kebun.
Buck dachte, dieser Spaziergang sei nur ein einfacher nächtlicher Spaziergang.
Buck menganggap berjalan kaki ini hanyalah berjalan-jalan pada waktu malam.
Sie trafen nur einen Mann an der Flaggenstation im College Park.
Mereka hanya bertemu seorang lelaki di stesen bendera, di College Park.
Dieser Mann sprach mit Manuel und sie tauschten Geld aus.

Lelaki itu bercakap dengan Manuel, dan mereka bertukar wang.

„Verpacken Sie die Waren, bevor Sie sie ausliefern", schlug er vor

"Balut barang sebelum anda menghantarnya," dia mencadangkan.

Die Stimme des Mannes war rau und ungeduldig, als er sprach.

Suara lelaki itu kasar dan tidak sabar semasa dia bercakap.

Manuel band Buck vorsichtig ein dickes Seil um den Hals.

Manuel dengan berhati-hati mengikat tali tebal di leher Buck.

„Verdreh das Seil, und du wirst ihn gründlich erwürgen"

"Pusingkan tali, dan anda akan tercekik dia"

Der Fremde gab ein Grunzen von sich und zeigte damit, dass er gut verstanden hatte.

Orang asing itu merengus, menunjukkan dia faham.

Buck nahm das Seil an diesem Tag mit ruhiger und stiller Würde an.

Buck menerima tali itu dengan tenang dan bermaruah pada hari itu.

Es war eine ungewöhnliche Tat, aber Buck vertraute den Männern, die er kannte.

Ia adalah satu tindakan yang luar biasa, tetapi Buck mempercayai lelaki yang dia kenali.

Er glaubte, dass ihre Weisheit weit über sein eigenes Denken hinausging.

Dia percaya kebijaksanaan mereka melampaui pemikirannya sendiri.

Doch dann wurde das Seil in die Hände des Fremden gegeben

Tetapi kemudian tali itu diserahkan kepada tangan orang yang tidak dikenali itu.

Buck stieß ein leises, warnendes und zugleich bedrohliches Knurren aus.

Buck memberikan geraman rendah yang memberi amaran dengan ancaman senyap.

Er war stolz und gebieterisch und wollte seinen Unmut zum Ausdruck bringen.
Dia bangga dan memerintah, dan bermaksud untuk menunjukkan rasa tidak senangnya.
Buck glaubte, seine Warnung würde als Befehl verstanden werden.
Buck percaya amarannya akan difahami sebagai perintah.
Zu seinem Entsetzen zog sich das Seil schnell um seinen dicken Hals zusammen.
Terkejut, tali itu diketatkan pantas di leher tebalnya.
Ihm blieb die Luft weg und er begann in plötzlicher Wut zu kämpfen.
Udaranya terputus dan dia mula melawan secara tiba-tiba.
Er sprang auf den Mann zu, der Buck schnell mitten in der Luft traf.
Dia melompat ke arah lelaki itu, yang segera bertemu Buck di udara.
Der Mann packte Buck am Hals und drehte ihn geschickt in der Luft.
Lelaki itu menangkap kerongkong Buck dan dengan mahir memulasnya ke udara.
Buck wurde hart zu Boden geworfen und landete flach auf dem Rücken.
Buck dilemparkan ke bawah dengan kuat, mendarat di belakangnya.
Das Seil würgte ihn nun grausam, während er wild um sich trat.
Tali itu kini mencekiknya dengan kejam manakala dia menendang liar.
Seine Zunge fiel heraus, seine Brust hob und senkte sich, doch er bekam keine Luft.
Lidahnya terkeluar, dadanya berombak, tetapi tidak bernafas.
Noch nie in seinem Leben war er mit solcher Gewalt behandelt worden.
Dia tidak pernah dilayan dengan keganasan sebegitu seumur hidupnya.

Auch war er noch nie zuvor von solch tiefer Wut erfüllt gewesen.
Dia juga tidak pernah dipenuhi dengan kemarahan yang begitu mendalam sebelum ini.
Doch Bucks Kraft schwand und seine Augen wurden glasig.
Tetapi kuasa Buck pudar, dan matanya bertukar berkaca.
Er wurde ohnmächtig, als in der Nähe ein Zug angehalten wurde.
Dia pengsan ketika kereta api dipandu berhampiran.
Dann warfen ihn die beiden Männer schnell in den Gepäckwagen.
Kemudian dua lelaki itu mencampakkannya ke dalam kereta bagasi dengan pantas.
Das nächste, was Buck spürte, war ein Schmerz in seiner geschwollenen Zunge.
Perkara seterusnya yang Buck rasakan ialah sakit pada lidahnya yang bengkak.
Er bewegte sich in einem wackelnden Wagen und war nur schwach bei Bewusstsein.
Dia bergerak dalam kereta yang bergoncang, hanya dalam keadaan samar-samar.
Das schrille Pfeifen eines Zuges verriet Buck seinen Standort.
Jeritan tajam wisel kereta memberitahu Buck lokasinya.
Er war oft mit dem Richter mitgefahren und kannte das Gefühl.
Dia sering menumpang dengan Hakim dan tahu perasaan itu.
Es war der einzigartige Schock, wieder in einem Gepäckwagen zu reisen.
Ia adalah kejutan yang unik untuk mengembara dengan kereta bagasi sekali lagi.
Buck öffnete die Augen und sein Blick brannte vor Wut.
Buck membuka matanya, dan pandangannya terbakar dengan kemarahan.
Dies war der Zorn eines stolzen Königs, der vom Thron gejagt wurde.

Ini adalah kemarahan seorang raja yang sombong yang diambil dari takhtanya.

Ein Mann wollte ihn packen, doch stattdessen schlug Buck zuerst zu.

Seorang lelaki mencapainya untuk menangkapnya, tetapi Buck lebih dahulu menyerangnya.

Er versenkte seine Zähne in der Hand des Mannes und hielt sie fest.

Dia membenamkan giginya ke dalam tangan lelaki itu dan memegang erat.

Er ließ nicht los, bis er ein zweites Mal ohnmächtig wurde.

Dia tidak melepaskan sehingga dia pingsan untuk kali kedua.

„Ja, hat Anfälle", murmelte der Mann dem Gepäckträger zu.

"Ya, sudah muat," lelaki itu bergumam kepada penjaga bagasi.

Der Gepäckträger hatte den Kampf gehört und war näher gekommen.

Pengangkut barang telah mendengar pergelutan dan mendekat.

„Ich bringe ihn für den Chef nach Frisco", erklärte der Mann.

"Saya akan membawanya ke 'Frisco untuk bos," jelas lelaki itu.

„Dort gibt es einen tollen Hundearzt, der sagt, er könne sie heilen."

"Ada doktor anjing yang baik di sana yang mengatakan dia boleh menyembuhkan mereka."

Später in der Nacht gab der Mann seinen eigenen ausführlichen Bericht ab.

Kemudian malam itu lelaki itu memberikan akaun penuhnya sendiri.

Er sprach aus einem Schuppen hinter einem Saloon am Hafen.

Dia bercakap dari bangsal di belakang saloon di dok.

„Ich habe nur fünfzig Dollar bekommen", beschwerte er sich beim Wirt.

"Apa yang saya berikan hanyalah lima puluh dolar," dia mengadu kepada lelaki saloon itu.

„Ich würde es nicht noch einmal tun, nicht einmal für tausend Dollar in bar."
"Saya tidak akan melakukannya lagi, walaupun untuk seribu wang tunai sejuk."
Seine rechte Hand war fest in ein blutiges Tuch gewickelt.
Tangan kanannya dibalut kemas dengan kain berdarah.
Sein Hosenbein war vom Knie bis zum Fuß weit aufgerissen.
Kaki seluarnya terkoyak luas dari lutut ke kaki.
„Wie viel hat der andere Trottel verdient?", fragte der Wirt.
"Berapa bayaran mug yang lain itu?" tanya lelaki saloon itu.
„Hundert", antwortete der Mann, „einen Cent weniger würde er nicht nehmen."
"Seratus," lelaki itu menjawab, "dia tidak akan mengambil kurang satu sen pun."
„Das macht hundertfünfzig", sagte der Kneipenmann.
"Itu sampai seratus lima puluh," kata lelaki saloon itu.
„Und er ist das alles wert, sonst bin ich nicht besser als ein Dummkopf."
"Dan dia berbaloi dengan semua itu, atau saya tidak lebih baik daripada orang bodoh."
Der Mann öffnete die Verpackung, um seine Hand zu untersuchen.
Lelaki itu membuka pembalut untuk memeriksa tangannya.
Die Hand war stark zerrissen und mit getrocknetem Blut verkrustet.
Tangan itu koyak teruk dan berkerak darah kering.
„Wenn ich keine Tollwut bekomme ...", begann er zu sagen.
"Jika saya tidak mengalami hidrofobia..." dia mula berkata.
„Das liegt wohl daran, dass du zum Hängen geboren wurdest", ertönte ein Lachen.
"Ia adalah kerana anda dilahirkan untuk menggantung," terdengar ketawa.
„Komm und hilf mir, bevor du gehst", wurde er gebeten.
"Mari bantu saya sebelum anda pergi," dia diminta.
Buck war von den Schmerzen in seiner Zunge und seinem Hals benommen.

Buck terpinga-pinga kerana sakit di lidah dan tekaknya.
Er war halb erwürgt und konnte kaum noch aufrecht stehen.
Dia separuh tercekik, dan hampir tidak dapat berdiri tegak.
Dennoch versuchte Buck, den Männern gegenüberzutreten, die ihm so viel Leid zugefügt hatten.
Namun, Buck cuba berdepan dengan lelaki yang telah menyakitinya begitu.
Aber sie warfen ihn nieder und würgten ihn erneut.
Tetapi mereka melemparkannya dan mencekiknya sekali lagi.
Erst dann konnten sie sein schweres Messinghalsband absägen.
Hanya selepas itu mereka boleh melihat kolar loyangnya yang berat.
Sie entfernten das Seil und stießen ihn in eine Kiste.
Mereka mengeluarkan tali dan menolaknya ke dalam peti.
Die Kiste war klein und hatte die Form eines groben Eisenkäfigs.
Peti itu kecil dan berbentuk seperti sangkar besi yang kasar.
Buck lag die ganze Nacht dort, voller Zorn und verletztem Stolz.
Buck berbaring di sana sepanjang malam, dipenuhi dengan kemarahan dan kebanggaan yang terluka.
Er konnte nicht einmal ansatzweise verstehen, was mit ihm geschah.
Dia tidak dapat mula memahami apa yang berlaku kepadanya.
Warum hielten ihn diese fremden Männer in dieser kleinen Kiste fest?
Mengapa lelaki pelik ini menyimpannya di dalam peti kecil ini?
Was wollten sie von ihm und warum diese grausame Gefangenschaft?
Apa yang mereka mahu dengannya, dan mengapa penahanan yang kejam ini?
Er spürte einen dunklen Druck, das Gefühl, dass das Unglück näher rückte.
Dia merasakan tekanan gelap; rasa bencana semakin dekat.

Es war eine vage Angst, die ihn jedoch schwer belastete.
Ia adalah ketakutan yang samar-samar, tetapi ia sangat kuat pada semangatnya.
Mehrmals sprang er auf, als die Schuppentür klapperte.
Beberapa kali dia melompat apabila pintu bangsal bergegar.
Er erwartete, dass der Richter oder die Jungen erscheinen und ihn retten würden.
Dia mengharapkan Hakim atau budak lelaki itu muncul dan menyelamatkannya.
Doch jedes Mal lugte nur das dicke Gesicht des Wirts hinein.
Tetapi hanya muka gemuk penjaga saloon yang mengintip ke dalam setiap kali.
Das Gesicht des Mannes wurde vom schwachen Schein einer Talgkerze erhellt.
Wajah lelaki itu terpancar cahaya samar-samar lilin.
Jedes Mal verwandelte sich Bucks freudiges Bellen in ein leises, wütendes Knurren.
Setiap kali, kulit kayu Buck yang riang berubah menjadi geraman yang rendah dan marah.

Der Wirt ließ ihn für die Nacht allein in der Kiste zurück
Penjaga saloon meninggalkannya sendirian untuk bermalam di dalam peti
Aber als er am Morgen aufwachte, kamen noch mehr Männer.
Tetapi apabila dia bangun pada waktu pagi lebih ramai lelaki datang.
Vier Männer kamen und hoben die Kiste vorsichtig und wortlos auf.
Empat lelaki datang dan dengan berhati-hati mengambil peti itu tanpa sebarang kata.
Buck wusste sofort, in welcher Situation er sich befand.
Buck segera tahu situasi yang dihadapinya.
Sie waren weitere Peiniger, die er bekämpfen und fürchten musste.

Mereka adalah penyiksa selanjutnya yang harus dia lawan dan takuti.

Diese Männer sahen böse, zerlumpt und sehr ungepflegt aus.

Lelaki-lelaki ini kelihatan jahat, compang-camping, dan sangat teruk berpakaian.

Buck knurrte und stürzte sich wild durch die Gitterstäbe auf sie.

Buck menggeram dan menerjang mereka dengan kuat melalui palang.

Sie lachten nur und stießen mit langen Holzstöcken nach ihm.

Mereka hanya ketawa dan mencucuk batang kayu panjang kepadanya.

Buck biss in die Stöcke, dann wurde ihm klar, dass es das war, was ihnen gefiel.

Buck menggigit kayu, kemudian menyedari bahawa itulah yang mereka suka.

Also legte er sich ruhig hin, mürrisch und vor stiller Wut brennend.

Jadi dia berbaring dengan tenang, merajuk dan terbakar dengan kemarahan yang tenang.

Sie hoben die Kiste auf einen Wagen und fuhren mit ihm weg.

Mereka mengangkat peti itu ke dalam gerabak dan memandu pergi bersamanya.

Die Kiste mit Buck darin wechselte oft den Besitzer.

Peti itu, dengan Buck terkunci di dalam, sering bertukar tangan.

Express-Büroangestellte übernahmen die Leitung und kümmerten sich kurz um ihn.

Kerani pejabat ekspres mengambil alih dan mengendalikannya secara ringkas.

Dann transportierte ein anderer Wagen Buck durch die laute Stadt.

Kemudian gerabak lain membawa Buck melintasi bandar yang bising itu.

Ein Lastwagen brachte ihn mit Kisten und Paketen auf eine Fähre.
Sebuah trak membawanya dengan kotak dan bungkusan ke atas bot feri.
Nach der Überquerung lud ihn der Lastwagen an einem Bahndepot ab.
Selepas menyeberang, trak itu memunggahnya di depoh kereta api.
Schließlich wurde Buck in einen wartenden Expresswagen gesetzt.
Akhirnya, Buck diletakkan di dalam kereta ekspres yang menunggu.
Zwei Tage und Nächte lang zogen Züge den Schnellzug ab.
Selama dua hari dan malam, kereta api menarik kereta ekspres itu.
Buck hat während der gesamten schmerzhaften Reise weder gegessen noch getrunken.
Buck tidak makan atau minum sepanjang perjalanan yang menyakitkan itu.
Als die Expressboten versuchten, sich ihm zu nähern, knurrte er.
Apabila utusan ekspres cuba mendekatinya, dia geram.
Sie reagierten, indem sie ihn verspotteten und grausam hänselten.
Mereka membalas dengan mengejeknya dan mengusiknya dengan kejam.
Buck warf sich schäumend und zitternd gegen die Gitterstäbe
Buck melemparkan dirinya ke bar, berbuih dan berjabat
Sie lachten laut und verspotteten ihn wie Schulhofschläger.
mereka ketawa dengan kuat, dan mengejeknya seperti pembuli sekolah.
Sie bellten wie falsche Hunde und wedelten mit den Armen.
Mereka menyalak seperti anjing palsu dan mengepakkan tangan mereka.
Sie krähten sogar wie Hähne, nur um ihn noch mehr aufzuregen.

Malah mereka berkokok seperti ayam jantan semata-mata untuk lebih menyusahkannya.

Es war dummes Verhalten und Buck wusste, dass es lächerlich war.
Ia adalah tingkah laku yang bodoh, dan Buck tahu ia tidak masuk akal.

Doch das verstärkte seine Empörung und Scham nur noch.
Tetapi itu hanya menambah rasa marah dan malunya.

Der Hunger plagte ihn während der Reise kaum.
Dia tidak terlalu terganggu dengan kelaparan sepanjang perjalanan itu.

Doch der Durst brachte starke Schmerzen und unerträgliches Leiden mit sich.
Tetapi kehausan membawa kesakitan yang tajam dan penderitaan yang tidak tertanggung.

Sein trockener, entzündeter Hals und seine Zunge brannten vor Hitze.
Tekak dan lidahnya yang kering dan meradang terbakar oleh haba.

Dieser Schmerz schürte das Fieber, das in seinem stolzen Körper aufstieg.
Kesakitan ini menyuburkan demam yang meningkat dalam tubuhnya yang bangga.

Buck war während dieses Prozesses für eine einzige Sache dankbar.
Buck bersyukur untuk satu perkara semasa percubaan ini.

Das Seil um seinen dicken Hals war entfernt worden.
Tali telah ditanggalkan dari leher tebalnya.

Das Seil hatte diesen Männern einen unfairen und grausamen Vorteil verschafft.
Tali itu telah memberi orang-orang itu kelebihan yang tidak adil dan kejam.

Jetzt war das Seil weg und Buck schwor, dass es nie wieder zurückkommen würde.
Sekarang tali itu telah hilang, dan Buck bersumpah ia tidak akan kembali.

Er beschloss, sich nie wieder ein Seil um den Hals legen zu lassen.
Dia memutuskan bahawa tidak ada tali yang akan melilit lehernya lagi.
Zwei lange Tage und Nächte litt er ohne Essen.
Selama dua hari dan malam yang panjang, dia menderita tanpa makanan.
Und in diesen Stunden baute sich in ihm eine enorme Wut auf.
Dan pada jam-jam itu, dia membina kemarahan yang sangat besar di dalam.
Seine Augen wurden vor ständiger Wut blutunterlaufen und wild.
Matanya bertukar merah dan liar kerana kemarahan yang berterusan.
Er war nicht mehr Buck, sondern ein Dämon mit schnappenden Kiefern.
Dia bukan lagi Buck, tetapi syaitan dengan rahang patah.
Nicht einmal der Richter hätte dieses verrückte Wesen erkannt.
Hakim pun tidak akan mengenali makhluk gila ini.
Die Expressboten atmeten erleichtert auf, als sie Seattle erreichten
Para utusan ekspres menghela nafas lega apabila mereka tiba di Seattle
Vier Männer hoben die Kiste hoch und brachten sie in einen Hinterhof.
Empat lelaki mengangkat peti dan membawanya ke halaman belakang.
Der Hof war klein und von hohen, massiven Mauern umgeben.
Halaman itu kecil, dikelilingi oleh dinding yang tinggi dan kukuh.
Ein großer Mann in einem ausgeleierten roten Pullover kam heraus.
Seorang lelaki berbadan besar melangkah keluar dengan baju sweater merah yang kendur.

Mit dicker, kühner Handschrift unterschrieb er das Lieferbuch.
Dia menandatangani buku hantaran dengan tangan yang tebal dan berani.

Buck spürte sofort, dass dieser Mann sein nächster Peiniger war.
Buck langsung merasakan bahawa lelaki ini adalah penyeksanya yang seterusnya.

Er stürzte sich heftig auf die Gitterstäbe, die Augen rot vor Wut.
Dia menerjang dengan ganas di palang, matanya merah menahan marah.

Der Mann lächelte nur finster und holte ein Beil.
Lelaki itu hanya tersenyum gelap dan pergi mengambil kapak.

Er brachte auch eine Keule in seiner dicken und starken rechten Hand mit.
Dia juga membawa kayu di tangan kanannya yang tebal dan kuat.

„Wollen Sie ihn jetzt rausholen?", fragte der Fahrer besorgt.
"Awak nak bawa dia keluar sekarang?" tanya pemandu itu, prihatin.

„Sicher", sagte der Mann und rammte das Beil als Hebel in die Kiste.
"Tentu," kata lelaki itu, menyekat kapak ke dalam peti sebagai tuas.

Die vier Männer stoben sofort auseinander und sprangen auf die Hofmauer.
Empat lelaki itu bersurai serta-merta, melompat ke atas dinding halaman.

Von ihren sicheren Plätzen oben warteten sie, um das Spektakel zu beobachten.
Dari tempat selamat mereka di atas, mereka menunggu untuk menonton tontonan itu.

Buck stürzte sich auf das zersplitterte Holz, biss und zitterte heftig.

Buck menerkam kayu yang serpihan itu, menggigit dan menggoncang dengan kuat.
Jedes Mal, wenn die Axt den Käfig traf, war Buck da, um ihn anzugreifen.
Setiap kali kapak terkena sangkar), Buck berada di sana untuk menyerangnya.
Er knurrte und schnappte vor wilder Wut und wollte unbedingt freigelassen werden.
Dia menggeram dan membentak dengan kemarahan liar, tidak sabar-sabar untuk dibebaskan.
Der Mann draußen war ruhig und gelassen und konzentrierte sich auf seine Aufgabe.
Lelaki di luar itu tenang dan mantap, bersungguh-sungguh dalam tugasnya.
„Also gut, du rotäugiger Teufel", sagte er, als das Loch groß war.
"Maka, kamu syaitan bermata merah," katanya apabila lubang itu besar.
Er ließ das Beil fallen und nahm die Keule in die rechte Hand.
Dia menjatuhkan kapak dan mengambil kayu di tangan kanannya.
Buck sah wirklich aus wie ein Teufel; seine Augen blutunterlaufen und lodernd.
Buck benar-benar kelihatan seperti syaitan; mata merah dan berkobar-kobar.
Sein Fell sträubte sich, Schaum stand ihm vor dem Mund, seine Augen funkelten.
Kotnya berbulu, buih berbuih di mulutnya, matanya berkilauan.
Er spannte seine Muskeln an und sprang direkt auf den roten Pullover zu.
Dia mengikat ototnya dan melompat terus ke arah baju sejuk merah itu.
Hundertvierzig Pfund Wut prasselten auf den ruhigen Mann zu.

Seratus empat puluh paun kemarahan terbang ke arah lelaki yang tenang itu.
Kurz bevor er die Zähne zusammenbiss, traf ihn ein schrecklicher Schlag.
Sejurus sebelum rahangnya terkatup rapat, satu tamparan hebat melanda dirinya.
Seine Zähne schnappten zusammen, nur Luft war im Spiel.
Giginya patah hanya pada udara
ein Schmerz durchfuhr seinen Körper
sentakan kesakitan bergema di seluruh tubuhnya
Er machte einen Überschlag in der Luft und stürzte auf dem Rücken und der Seite zu Boden.
Dia membelok ke udara dan terhempas di belakang dan sisi.
Er hatte noch nie zuvor einen Knüppelschlag gespürt und konnte ihn nicht begreifen.
Dia tidak pernah merasakan pukulan kayu sebelum ini dan tidak dapat memahaminya.
Mit einem kreischenden Knurren, das teils Bellen, teils Schreien war, sprang er erneut.
Dengan jeritan yang menjerit, sebahagian kulit kayu, sebahagian menjerit, dia melompat semula.
Ein weiterer brutaler Schlag traf ihn und schleuderte ihn zu Boden.
Satu lagi serangan kejam memukulnya dan menghempasnya ke tanah.
Diesmal verstand Buck – es war die schwere Keule des Mannes.
Kali ini Buck faham—ia adalah kelab berat lelaki itu.
Doch die Wut machte ihn blind, und an einen Rückzug dachte er nicht.
Tetapi kemarahan membutakan dia, dan dia tidak terfikir untuk berundur.
Zwölfmal stürzte er sich in die Luft, und zwölfmal fiel er.
Dua belas kali dia melancarkan dirinya, dan dua belas kali dia jatuh.
Der Holzknüppel traf ihn jedes Mal mit unbarmherziger, vernichtender Kraft.

Kayu kayu itu menghempasnya setiap kali dengan kekerasan yang kejam dan menghancurkan.

Nach einem heftigen Schlag kam er benommen und langsam wieder auf die Beine.

Selepas satu pukulan yang kuat, dia terhuyung-huyung berdiri, terpinga-pinga dan perlahan.

Blut lief aus seinem Mund, seiner Nase und sogar seinen Ohren.

Darah mengalir dari mulut, hidung, dan juga telinganya.

Sein einst so schönes Fell war mit blutigem Schaum verschmiert.

Kotnya yang dulu cantik dilumuri buih berdarah.

Dann trat der Mann vor und versetzte ihm einen heftigen Schlag auf die Nase.

Kemudian lelaki itu melangkah dan membuat pukulan jahat ke hidung.

Die Qualen waren schlimmer als alles, was Buck je gespürt hatte.

Kesakitan itu lebih tajam daripada apa yang Buck pernah rasa.

Mit einem Brüllen, das eher an ein Tier als an einen Hund erinnerte, sprang er erneut zum Angriff.

Dengan mengaum lebih banyak daripada anjing, dia melompat sekali lagi untuk menyerang.

Doch der Mann packte seinen Unterkiefer und drehte ihn nach hinten.

Tetapi lelaki itu menangkap rahang bawahnya dan memusingkannya ke belakang.

Buck überschlug sich kopfüber und stürzte erneut hart auf den Boden.

Buck menoleh ke belakang, terhempas kuat sekali lagi.

Ein letztes Mal stürmte Buck auf ihn zu, jetzt konnte er kaum noch stehen.

Pada kali terakhir, Buck menyerangnya, kini hampir tidak dapat berdiri.

Der Mann schlug mit perfektem Timing zu und versetzte den letzten Schlag.

Lelaki itu menyerang dengan pemasaan yang pakar, memberikan pukulan terakhir.
Buck brach bewusstlos und regungslos zusammen.
Buck rebah dalam timbunan, tidak sedarkan diri dan tidak bergerak.
„Er ist kein Stümper im Hundezähmen, das sage ich", rief ein Mann.
"Dia tidak lengah dalam memecahkan anjing, itulah yang saya katakan," jerit seorang lelaki.
„Druther kann den Willen eines Hundes an jedem Tag der Woche brechen."
"Druther boleh mematahkan keinginan anjing pada bila-bila hari dalam seminggu."
„Und zweimal an einem Sonntag!", fügte der Fahrer hinzu.
"Dan dua kali pada hari Ahad!" tambah pemandu itu.
Er stieg in den Wagen und ließ die Zügel knacken, um loszufahren.
Dia naik ke dalam gerabak dan memecahkan kekang untuk pergi.
Buck erlangte langsam die Kontrolle über sein Bewusstsein zurück
Buck perlahan-lahan mengawal kesedarannya
aber sein Körper war noch zu schwach und gebrochen, um sich zu bewegen.
tetapi badannya masih terlalu lemah dan patah untuk bergerak.
Er blieb liegen, wo er hingefallen war, und beobachtete den Mann im roten Pullover.
Dia berbaring di tempat dia terjatuh sambil memerhatikan lelaki berbaju merah itu.
„Er hört auf den Namen Buck", sagte der Mann und las laut vor.
"Dia menjawab nama Buck," kata lelaki itu sambil membaca dengan kuat.
Er zitierte aus der Notiz und den Einzelheiten, die mit Bucks Kiste geschickt wurden.

Dia memetik daripada nota yang dihantar bersama peti dan butiran Buck.

„Also, Buck, mein Junge", fuhr der Mann freundlich fort,
"Baiklah, Buck, anakku," lelaki itu menyambung dengan nada ramah,

„Wir hatten unseren kleinen Streit, und jetzt ist es zwischen uns vorbei."
"Kami telah bergaduh kecil, dan kini sudah berakhir antara kami."

„Sie haben Ihren Platz kennengelernt und ich habe meinen kennengelernt", fügte er hinzu.
"Anda telah belajar tempat anda, dan saya telah belajar tempat saya," tambahnya.

„Sei brav, dann wird alles gut und das Leben wird angenehm sein."
"Jadilah baik, maka semuanya akan berjalan lancar, dan hidup akan menyenangkan."

„Aber wenn du böse bist, schlage ich dir die Seele aus dem Leib, verstanden?"
"Tetapi jadi buruk, dan saya akan mengalahkan pemadat daripada anda, faham?"

Während er sprach, streckte er die Hand aus und tätschelte Bucks schmerzenden Kopf.
Sambil bercakap, dia menghulurkan tangan dan menepuk kepala Buck yang sakit.

Bucks Haare stellten sich bei der Berührung des Mannes auf, aber er wehrte sich nicht.
Rambut Buck naik apabila disentuh lelaki itu, tetapi dia tidak melawan.

Der Mann brachte ihm Wasser, das Buck in großen Schlucken trank.
Lelaki itu membawanya air, yang Buck minum dalam tegukan besar.

Dann kam rohes Fleisch, das Buck Stück für Stück verschlang.
Kemudian datang daging mentah, yang Buck memakan ketul demi ketul.

Er wusste, dass er geschlagen war, aber er wusste auch, dass er nicht gebrochen war.
Dia tahu dia dipukul, tetapi dia juga tahu dia tidak patah.
Gegen einen mit einer Keule bewaffneten Mann hatte er keine Chance.
Dia tidak mempunyai peluang menentang lelaki yang bersenjatakan kayu.
Er hatte die Wahrheit erfahren und diese Lektion nie vergessen.
Dia telah mempelajari kebenaran, dan dia tidak pernah melupakan pelajaran itu.
Diese Waffe war der Beginn des Gesetzes in Bucks neuer Welt.
Senjata itu adalah permulaan undang-undang di dunia baru Buck.
Es war der Beginn einer harten, primitiven Ordnung, die er nicht leugnen konnte.
Ia adalah permulaan perintah yang keras dan primitif yang tidak dapat dia nafikan.
Er akzeptierte die Wahrheit; seine wilden Instinkte waren nun erwacht.
Dia menerima kebenaran; naluri liarnya kini terjaga.
Die Welt war härter geworden, aber Buck stellte sich ihr tapfer.
Dunia telah menjadi lebih keras, tetapi Buck menghadapinya dengan berani.
Er begegnete dem Leben mit neuer Vorsicht, List und stiller Stärke.
Dia menghadapi kehidupan dengan berhati-hati, licik, dan kekuatan yang tenang.
Weitere Hunde kamen an, an Seilen oder in Kisten festgebunden, so wie Buck.
Lebih banyak anjing tiba, diikat dalam tali atau peti seperti Buck.
Einige Hunde kamen ruhig, andere tobten und kämpften wie wilde Tiere.

Beberapa anjing datang dengan tenang, yang lain mengamuk dan bertarung seperti binatang buas.
Sie alle wurden der Herrschaft des Mannes im roten Pullover unterworfen.
Kesemua mereka dibawa ke bawah pemerintahan lelaki berbaju merah itu.
Jedes Mal sah Buck zu und sah, wie sich ihm die gleiche Lektion erschloss.
Setiap kali, Buck memerhati dan melihat pelajaran yang sama berlaku.
Der Mann mit der Keule war das Gesetz, ein Herr, dem man gehorchen musste.
Lelaki dengan kelab itu adalah undang-undang; seorang tuan yang harus dipatuhi.
Er musste nicht gemocht werden, aber man musste ihm gehorchen.
Dia tidak perlu disenangi, tetapi dia harus dipatuhi.
Buck schmeichelte oder wedelte nie mit dem Schwanz, wie es die schwächeren Hunde taten.
Buck tidak pernah menjilat atau menggoyang-goyang seperti yang dilakukan oleh anjing yang lebih lemah.
Er sah Hunde, die geschlagen wurden und trotzdem die Hand des Mannes leckten.
Dia melihat anjing yang dipukul dan masih menjilat tangan lelaki itu.
Er sah einen Hund, der überhaupt nicht gehorchte oder sich unterwarf.
Dia melihat seekor anjing yang tidak akan patuh atau tunduk sama sekali.
Dieser Hund kämpfte, bis er im Kampf um die Kontrolle getötet wurde.
Anjing itu melawan sehingga dia terbunuh dalam pertempuran untuk mengawal.
Manchmal kamen Fremde, um den Mann im roten Pullover zu sehen.
Orang asing kadang-kadang datang untuk melihat lelaki berbaju merah itu.

Sie sprachen in seltsamem Ton, flehten, feilschten und lachten.
Mereka bercakap dalam nada pelik, merayu, tawar-menawar, dan ketawa.

Als das Geld ausgetauscht wurde, gingen sie mit einem oder mehreren Hunden.
Apabila wang ditukar, mereka pergi dengan satu atau lebih anjing.

Buck fragte sich, wohin diese Hunde gingen, denn keiner kam jemals zurück.
Buck tertanya-tanya ke mana anjing-anjing ini pergi, kerana tidak ada yang pernah kembali.

Angst vor dem Unbekannten erfüllte Buck jedes Mal, wenn ein fremder Mann kam
ketakutan Buck yang tidak diketahui diisi setiap kali lelaki aneh datang

Er war jedes Mal froh, wenn ein anderer Hund mitgenommen wurde und nicht er selbst.
dia gembira setiap kali anjing lain diambil, bukannya dirinya sendiri.

Doch schließlich kam Buck an die Reihe, als ein fremder Mann eintraf.
Tetapi akhirnya, giliran Buck datang dengan kedatangan seorang lelaki pelik.

Er war klein, drahtig und sprach gebrochenes Englisch und fluchte.
Dia kecil, kekar, dan bercakap dalam bahasa Inggeris yang rosak dan kutukan.

„Heilig!", schrie er, als er Bucks Gestalt erblickte.
"Sacredam!" dia menjerit apabila dia meletakkan mata pada bingkai Buck.

„Das ist aber ein verdammter Rüpel! Wie viel?", fragte er laut.
"Itu seekor anjing pembuli! Eh? Berapa harganya?" dia bertanya dengan kuat.

„Dreihundert, und für diesen Preis ist er ein Geschenk."
"Tiga ratus, dan dia adalah hadiah pada harga itu,"

„Da es sich um staatliche Gelder handelt, sollten Sie sich nicht beschweren, Perrault."
"Memandangkan ia adalah wang kerajaan, anda tidak sepatutnya merungut, Perrault."
Perrault grinste über den Deal, den er gerade mit dem Mann gemacht hatte.
Perrault tersengih melihat perjanjian yang baru dibuatnya dengan lelaki itu.
Aufgrund der plötzlichen Nachfrage waren die Preise für Hunde in die Höhe geschossen.
Harga anjing telah melambung tinggi kerana permintaan yang mendadak.
Dreihundert Dollar waren für so ein tolles Tier nicht unfair.
Tiga ratus dolar tidak adil untuk binatang yang begitu baik.
Die kanadische Regierung würde bei dem Abkommen nichts verlieren
Kerajaan Kanada tidak akan kehilangan apa-apa dalam perjanjian itu
Auch ihre offiziellen Depeschen würden während des Transports nicht verzögert.
Penghantaran rasmi mereka juga tidak akan ditangguhkan dalam transit.
Perrault kannte sich gut mit Hunden aus und erkannte, dass Buck etwas Seltenes war.
Perrault mengenali anjing dengan baik, dan dapat melihat Buck adalah sesuatu yang jarang berlaku.
„Einer von zehntausend", dachte er, als er Bucks Körperbau betrachtete.
"Satu dalam sepuluh sepuluh ribu," fikirnya, sambil mengkaji binaan Buck.
Buck sah, wie das Geld den Besitzer wechselte, zeigte sich jedoch nicht überrascht.
Buck melihat wang bertukar tangan, tetapi tidak menunjukkan kejutan.
Bald wurden er und Curly, ein sanfter Neufundländer, weggeführt.

Tidak lama kemudian dia dan Kerinting, Newfoundland yang lembut, dibawa pergi.

Sie folgten dem kleinen Mann aus dem Hof des roten Pullovers.

Mereka mengikut lelaki kecil itu dari halaman baju sejuk merah itu.

Das war das letzte Mal, dass Buck den Mann mit der Holzkeule sah.

Itulah yang terakhir Buck pernah melihat lelaki dengan kayu kayu itu.

Vom Deck der Narwhal aus beobachtete er, wie Seattle in der Ferne verschwand.

Dari dek Narwhal dia melihat Seattle memudar ke kejauhan.

Es war auch das letzte Mal, dass er das warme Südland sah.

Ia juga kali terakhir dia melihat Southland yang hangat.

Perrault brachte sie unter Deck und ließ sie bei François zurück.

Perrault membawa mereka ke bawah dek, dan meninggalkan mereka bersama François.

François war ein Riese mit schwarzem Gesicht und rauen, schwieligen Händen.

François ialah gergasi berwajah hitam dengan tangan yang kasar dan kapalan.

Er war dunkelhäutig und hatte eine dunkle Hautfarbe, ein französisch-kanadischer Mischling.

Dia gelap dan berkulit gelap; keturunan Perancis-Kanada.

Für Buck waren diese Männer von einer Art, die er noch nie zuvor gesehen hatte.

Bagi Buck, lelaki ini adalah sejenis yang tidak pernah dilihatnya sebelum ini.

Er würde in den kommenden Tagen viele solcher Männer kennenlernen.

Dia akan mengenali ramai lelaki seperti itu pada hari-hari mendatang.

Er konnte sie zwar nicht lieb gewinnen, aber er begann, sie zu respektieren.

Dia tidak menyukai mereka, tetapi dia menghormati mereka.

Sie waren fair und weise und ließen sich von keinem Hund so leicht täuschen.
Mereka adil dan bijak, dan tidak mudah tertipu oleh mana-mana anjing.
Sie beurteilten Hunde ruhig und bestraften sie nur, wenn es angebracht war.
Mereka menilai anjing dengan tenang, dan menghukum hanya apabila patut.
Im Unterdeck der Narwhal trafen Buck und Curly zwei Hunde.
Di dek bawah Narwhal, Buck dan Kerinting bertemu dua ekor anjing.
Einer war ein großer weißer Hund aus dem fernen, eisigen Spitzbergen.
Salah satunya ialah seekor anjing putih besar dari Spitzbergen berais yang jauh.
Er war einmal mit einem Walfänger gesegelt und hatte sich einer Erkundungsgruppe angeschlossen.
Dia pernah belayar dengan pemburu paus dan menyertai kumpulan tinjauan.
Er war auf eine schlaue, hinterhältige und listige Art freundlich.
Dia mesra dengan cara yang licik, curang dan licik.
Bei ihrer ersten Mahlzeit stahl er ein Stück Fleisch aus Bucks Pfanne.
Pada hidangan pertama mereka, dia mencuri sekeping daging dari kuali Buck.
Buck sprang, um ihn zu bestrafen, aber François' Peitsche schlug zuerst zu.
Buck melompat untuk menghukumnya, tetapi cambuk François melanda terlebih dahulu.
Der weiße Dieb schrie auf und Buck holte sich den gestohlenen Knochen zurück.
Pencuri putih menjerit, dan Buck menuntut semula tulang yang dicuri.
Diese Fairness beeindruckte Buck und François verdiente sich seinen Respekt.

Keadilan itu mengagumkan Buck, dan François mendapat penghormatannya.
Der andere Hund grüßte nicht und wollte auch nichts zurück.
Anjing yang lain tidak memberi salam, dan tidak mahu membalas.
Er stahl weder Essen noch beschnüffelte er die Neuankömmlinge interessiert.
Dia tidak mencuri makanan, atau menghidu orang baru dengan penuh minat.
Dieser Hund war grimmig und ruhig, düster und bewegte sich langsam.
Anjing ini suram dan pendiam, muram dan bergerak perlahan.
Er warnte Curly, sich fernzuhalten, indem er sie einfach anstarrte.
Dia memberi amaran kepada Kerinting supaya menjauhkan diri dengan hanya menjeling ke arahnya.
Seine Botschaft war klar: Lass mich in Ruhe, sonst gibt es Ärger.
Mesejnya jelas; biarkan saya sendiri atau akan ada masalah.
Er hieß Dave und nahm seine Umgebung kaum wahr.
Dia dipanggil Dave, dan dia hampir tidak menyedari persekitarannya.
Er schlief oft, aß ruhig und gähnte ab und zu.
Dia sering tidur, makan dengan tenang, dan menguap sekali-kali.

Das Schiff summte ständig, während unten der Propeller schlug.
Kapal itu berdengung sentiasa dengan kipas yang dipukul di bawah.
Die Tage vergingen, ohne dass sich viel änderte, aber das Wetter wurde kälter.
Hari berlalu dengan sedikit perubahan, tetapi cuaca semakin sejuk.

Buck spürte es in seinen Knochen und bemerkte, dass es den anderen genauso ging.
Buck dapat merasakannya dalam tulangnya, dan perasan yang lain juga.

Dann blieb eines Morgens der Propeller stehen und alles war still.
Kemudian pada suatu pagi, kipas itu berhenti dan semuanya diam.

Eine Energie durchströmte das Schiff; etwas hatte sich verändert.
Tenaga menyapu melalui kapal; sesuatu telah berubah.

François kam herunter, legte ihnen die Leinen an und brachte sie hoch.
François turun, mengikatnya pada tali, dan membawanya ke atas.

Buck stieg aus und fand den Boden weich, weiß und kalt.
Buck melangkah keluar dan mendapati tanah itu lembut, putih, dan sejuk.

Er sprang erschrocken zurück und schnaubte völlig verwirrt.
Dia melompat ke belakang dalam ketakutan dan mendengus dalam kekeliruan.

Seltsames weißes Zeug fiel vom grauen Himmel.
Benda putih pelik jatuh dari langit kelabu.

Er schüttelte sich, aber die weißen Flocken landeten immer wieder auf ihm.
Dia menggoncang dirinya sendiri, tetapi kepingan putih itu terus mendarat di atasnya.

Er roch vorsichtig an dem weißen Zeug und leckte an ein paar eisigen Stückchen.
Dia menghidu barang putih itu dengan berhati-hati dan menjilat beberapa ketulan berais.

Das Pulver brannte wie Feuer und verschwand dann einfach von seiner Zunge.
Serbuk itu terbakar seperti api, kemudian hilang terus dari lidahnya.

Buck versuchte es noch einmal und war verwirrt über die seltsame, verschwindende Kälte.

Buck mencuba lagi, hairan dengan kesejukan yang hilang.
Die Männer um ihn herum lachten und Buck war verlegen.
Lelaki di sekelilingnya ketawa, dan Buck berasa malu.
Er wusste nicht warum, aber er schämte sich für seine Reaktion.
Dia tidak tahu kenapa, tetapi dia malu dengan reaksinya.
Es war seine erste Erfahrung mit Schnee und es verwirrte ihn.
Ia adalah pengalaman pertamanya dengan salji, dan ia mengelirukan dia.

Das Gesetz von Keule und Fang
Undang-undang Kelab dan Fang

Bucks erster Tag am Strand von Dyea fühlte sich wie ein schrecklicher Albtraum an.
Hari pertama Buck di pantai Dyea terasa seperti mimpi ngeri yang dahsyat.
Jede Stunde brachte neue Schocks und unerwartete Veränderungen für Buck.
Setiap jam membawa kejutan baru dan perubahan yang tidak dijangka untuk Buck.
Er war aus der Zivilisation gerissen und ins wilde Chaos gestürzt worden.
Dia telah ditarik dari tamadun dan dilemparkan ke dalam keadaan huru-hara.
Dies war kein sonniges, faules Leben mit Langeweile und Ruhe.
Ini bukan kehidupan yang cerah dan malas dengan kebosanan dan rehat.
Es gab keinen Frieden, keine Ruhe und keinen Moment ohne Gefahr.
Tiada kedamaian, tiada rehat, dan tiada saat tanpa bahaya.
Überall herrschte Verwirrung und die Gefahr war immer in der Nähe.
Kekeliruan menguasai segala-galanya, dan bahaya sentiasa dekat.
Buck musste wachsam bleiben, denn diese Männer und Hunde waren anders.
Buck terpaksa berjaga-jaga kerana lelaki dan anjing ini berbeza.
Sie kamen nicht aus der Stadt, sie waren wild und gnadenlos.
Mereka bukan dari bandar; mereka liar dan tanpa belas kasihan.
Diese Männer und Hunde kannten nur das Gesetz der Keule und der Reißzähne.

Lelaki dan anjing ini hanya tahu undang-undang kelab dan taring.
Buck hatte noch nie Hunde so kämpfen sehen wie diese wilden Huskys.
Buck tidak pernah melihat anjing bergaduh seperti serak ganas ini.
Seine erste Erfahrung lehrte ihn eine Lektion, die er nie vergessen würde.
Pengalaman pertamanya mengajarnya satu pengajaran yang tidak akan dapat dilupakannya.
Er hatte Glück, dass er es nicht war, sonst wäre auch er gestorben.
Dia bernasib baik itu bukan dia, atau dia akan mati juga.
Curly war derjenige, der litt, während Buck zusah und lernte.
Kerinting adalah orang yang menderita semasa Buck menonton dan belajar.
Sie hatten ihr Lager in der Nähe eines aus Baumstämmen gebauten Ladens aufgeschlagen.
Mereka telah membuat perkhemahan berhampiran sebuah kedai yang dibina daripada kayu balak.
Curly versuchte, einem großen, wolfsähnlichen Husky gegenüber freundlich zu sein.
Kerinting cuba mesra dengan seekor serak yang besar seperti serigala.
Der Husky war kleiner als Curly, sah aber wild und böse aus.
Husky itu lebih kecil daripada Kerinting, tetapi kelihatan liar dan jahat.
Ohne Vorwarnung sprang er auf und schlug ihr ins Gesicht.
Tanpa amaran, dia melompat dan menetak mukanya.
Seine Zähne schnitten in einer Bewegung von ihrem Auge bis zu ihrem Kiefer.
Giginya dipotong dari matanya hingga ke rahang dalam satu gerakan.
So kämpften Wölfe: Sie schlugen schnell zu und sprangen weg.

Beginilah cara serigala bertarung—memukul dengan pantas dan melompat pergi.

Aber es gab mehr zu lernen als nur diesen einen Angriff.
Tetapi banyak lagi yang perlu dipelajari daripada serangan itu.

Dutzende Huskys stürmten herein und bildeten einen stillen Kreis.
Berpuluh-puluh huskies meluru masuk dan membuat bulatan senyap.

Sie schauten aufmerksam zu und leckten sich hungrig die Lippen.
Mereka memerhati dengan teliti dan menjilat bibir kerana kelaparan.

Buck verstand weder ihr Schweigen noch ihre begierigen Blicke.
Buck tidak memahami kesunyian mereka atau mata mereka yang bersemangat.

Curly stürzte sich ein zweites Mal auf den Husky, um ihn anzugreifen.
Kerinting meluru menyerang husky buat kali kedua.

Mit einer kräftigen Bewegung seiner Brust warf er sie um.
Dia menggunakan dadanya untuk menjatuhkannya dengan gerakan yang kuat.

Sie fiel auf die Seite und konnte nicht wieder aufstehen.
Dia jatuh terlentang dan tidak dapat bangun semula.

Darauf hatten die anderen die ganze Zeit gewartet.
Itulah yang ditunggu-tunggu oleh yang lain selama ini.

Die Huskies sprangen sie an und jaulten und knurrten wie wild.
Huskies melompat ke atasnya, menjerit dan menggeram dalam kegilaan.

Sie schrie, als sie unter einem Haufen Hunde begruben.
Dia menjerit ketika mereka menanamnya di bawah timbunan anjing.

Der Angriff erfolgte so schnell, dass Buck vor Schreck erstarrte.

Serangan itu begitu pantas sehingga Buck terkaku di tempatnya kerana terkejut.

Er sah, wie Spitz die Zunge herausstreckte, als würde er lachen.

Dia melihat Spitz menjelirkan lidahnya dengan cara yang kelihatan seperti ketawa.

François schnappte sich eine Axt und rannte direkt in die Hundegruppe hinein.

François mengambil kapak dan berlari terus ke dalam kumpulan anjing itu.

Drei weitere Männer halfen mit Knüppeln, die Huskies zu vertreiben.

Tiga lelaki lain menggunakan kayu untuk membantu mengalahkan huskies itu.

In nur zwei Minuten war der Kampf vorbei und die Hunde waren verschwunden.

Hanya dalam masa dua minit, pergaduhan telah berakhir dan anjing-anjing itu telah hilang.

Curly lag tot im roten, zertrampelten Schnee, ihr Körper war zerfetzt.

Kerinting terbaring mati di dalam salji merah yang dipijak, badannya terkoyak.

Ein dunkelhäutiger Mann stand über ihr und verfluchte die brutale Szene.

Seorang lelaki berkulit gelap berdiri di atasnya, mengutuk adegan kejam itu.

Die Erinnerung blieb bei Buck und verfolgte ihn nachts in seinen Träumen.

Kenangan itu kekal bersama Buck dan menghantui mimpinya pada waktu malam.

So war es hier: keine Fairness, keine zweite Chance.

Itulah caranya di sini; tiada keadilan, tiada peluang kedua.

Sobald ein Hund fiel, töteten die anderen ihn gnadenlos.

Apabila seekor anjing jatuh, yang lain akan membunuh tanpa belas kasihan.

Buck beschloss damals, dass er niemals zulassen würde, dass er fällt.

Buck memutuskan bahawa dia tidak akan membiarkan dirinya jatuh.
Spitz streckte erneut die Zunge heraus und lachte über das Blut.
Spitz menjelirkan lidahnya lagi dan ketawa melihat darah itu.
Von diesem Moment an hasste Buck Spitz aus vollem Herzen.
Sejak saat itu, Buck membenci Spitz sepenuh hati.

Bevor Buck sich von Curlys Tod erholen konnte, passierte etwas Neues.
Sebelum Buck pulih daripada kematian Kerinting, sesuatu yang baru berlaku.
François kam herüber und schnallte etwas um Bucks Körper.
François datang dan mengikat sesuatu pada badan Buck.
Es war ein Geschirr wie das, das auf der Ranch für Pferde verwendet wurde.
Ia adalah abah-abah seperti yang digunakan pada kuda di ladang.
Buck hatte gesehen, wie Pferde arbeiteten, und nun musste auch er arbeiten.
Memandangkan Buck telah melihat kuda berfungsi, kini dia juga terpaksa bekerja.
Er musste François auf einem Schlitten in den nahegelegenen Wald ziehen.
Dia terpaksa menarik François menaiki kereta luncur ke dalam hutan berhampiran.
Anschließend musste er eine Ladung schweres Brennholz zurückziehen.
Kemudian dia terpaksa menarik balik muatan kayu api yang berat.
Buck war stolz und deshalb tat es ihm weh, wie ein Arbeitstier behandelt zu werden.
Buck bangga, jadi ia menyakitkan dia untuk dilayan seperti haiwan kerja.
Aber er war klug und versuchte nicht, gegen die neue Situation anzukämpfen.

Tetapi dia bijak dan tidak cuba melawan keadaan baru.
Er akzeptierte sein neues Leben und gab bei jeder Aufgabe sein Bestes.
Dia menerima kehidupan barunya dan memberikan yang terbaik dalam setiap tugas.
Alles an der Arbeit war ihm fremd und ungewohnt.
Segala-galanya tentang kerja itu pelik dan tidak dikenalinya.
François war streng und verlangte unverzüglichen Gehorsam.
François tegas dan menuntut ketaatan tanpa berlengah-lengah.
Seine Peitsche sorgte dafür, dass jeder Befehl sofort befolgt wurde.
Pecutnya memastikan setiap arahan dituruti sekali gus.
Dave war der Schlittenführer, der Hund, der dem Schlitten hinter Buck am nächsten war.
Dave adalah pemandu roda, anjing yang paling hampir dengan kereta luncur di belakang Buck.
Dave biss Buck in die Hinterbeine, wenn er einen Fehler machte.
Dave menggigit kaki belakang Buck jika dia membuat kesilapan.
Spitz war der Leithund und in dieser Rolle geschickt und erfahren.
Spitz ialah anjing utama, mahir dan berpengalaman dalam peranan itu.
Spitz konnte Buck nicht leicht erreichen, korrigierte ihn aber trotzdem.
Spitz tidak dapat menghubungi Buck dengan mudah, tetapi masih membetulkannya.
Er knurrte barsch oder zog den Schlitten auf eine Art, die Buck etwas beibrachte.
Dia menggeram dengan kasar atau menarik kereta luncur dengan cara yang mengajar Buck.
Durch dieses Training lernte Buck schneller, als alle erwartet hatten.

Di bawah latihan ini, Buck belajar lebih cepat daripada yang mereka jangkakan.

Er hat hart gearbeitet und sowohl von François als auch von den anderen Hunden gelernt.

Dia bekerja keras dan belajar daripada François dan anjing lain.

Als sie zurückkamen, kannte Buck die wichtigsten Befehle bereits.

Pada masa mereka kembali, Buck sudah tahu arahan utama.

Von François hat er gelernt, beim Laut „ho" anzuhalten.

Dia belajar untuk berhenti pada bunyi "ho" dari François.

Er lernte, wann er den Schlitten ziehen und rennen musste.

Dia belajar apabila dia terpaksa menarik kereta luncur dan berlari.

Er lernte, in den Kurven des Weges ohne Probleme weit abzubiegen.

Dia belajar membelok lebar di selekoh di denai tanpa masalah.

Er lernte auch, Dave auszuweichen, wenn der Schlitten schnell bergab fuhr.

Dia juga belajar untuk mengelakkan Dave apabila kereta luncur itu menuruni bukit dengan pantas.

„Das sind sehr gute Hunde", sagte François stolz zu Perrault.

"Mereka anjing yang sangat baik," François dengan bangga memberitahu Perrault.

„Dieser Buck zieht wie der Teufel – ich bringe ihm das so schnell bei, wie ich nur kann."

"Buck itu menarik seperti neraka-saya mengajarnya secepat mungkin."

Später am Tag kam Perrault mit zwei weiteren Huskys zurück.

Kemudian pada hari itu, Perrault kembali dengan dua lagi anjing serak.

Ihre Namen waren Billee und Joe und sie waren Brüder.

Nama mereka ialah Billee dan Joe, dan mereka adalah adik beradik.

Sie stammten von derselben Mutter, waren sich aber überhaupt nicht ähnlich.
Mereka berasal dari ibu yang sama, tetapi tidak serupa sama sekali.
Billee war gutmütig und zu allen sehr freundlich.
Billee seorang yang manis dan terlalu mesra dengan semua orang.
Joe war das Gegenteil – ruhig, wütend und immer am Knurren.
Joe adalah sebaliknya — pendiam, marah, dan sentiasa merengus.
Buck begrüßte sie freundlich und blieb beiden gegenüber ruhig.
Buck menyambut mereka dengan mesra dan tenang dengan kedua-duanya.
Dave schenkte ihnen keine Beachtung und blieb wie üblich still.
Dave tidak menghiraukan mereka dan diam seperti biasa.
Um seine Dominanz zu demonstrieren, griff Spitz zuerst Billee und dann Joe an.
Spitz menyerang Billee pertama, kemudian Joe, untuk menunjukkan penguasaannya.
Billee wedelte mit dem Schwanz und versuchte, freundlich zu Spitz zu sein.
Billee mengibas-ngibaskan ekornya dan cuba bersikap mesra dengan Spitz.
Als das nicht funktionierte, versuchte er stattdessen wegzulaufen.
Apabila itu tidak berjaya, dia cuba melarikan diri sebaliknya.
Er weinte traurig, als Spitz ihn fest in die Seite biss.
Dia menangis sedih apabila Spitz menggigitnya kuat di sebelah.
Aber Joe war ganz anders und ließ sich nicht einschüchtern.
Tetapi Joe sangat berbeza dan enggan dibuli.
Jedes Mal, wenn Spitz näher kam, drehte sich Joe schnell um, um ihm in die Augen zu sehen.

Setiap kali Spitz mendekat, Joe berpusing menghadapnya dengan pantas.
Sein Fell sträubte sich, seine Lippen kräuselten sich und seine Zähne schnappten wild.
Bulunya berbulu, bibirnya melengkung, dan giginya berketap liar.
Joes Augen glänzten vor Angst und Wut und forderten Spitz heraus, zuzuschlagen.
Mata Joe bersinar-sinar dengan ketakutan dan kemarahan, berani Spitz untuk menyerang.
Spitz gab den Kampf auf und wandte sich gedemütigt und wütend ab.
Spitz berputus asa dan berpaling, terhina dan marah.
Er ließ seine Frustration an dem armen Billee aus und jagte ihn davon.
Dia meluahkan kekecewaannya pada Billee yang malang dan menghalaunya.
An diesem Abend fügte Perrault dem Team einen weiteren Hund hinzu.
Petang itu, Perrault menambah satu lagi anjing kepada pasukan itu.
Dieser Hund war alt, mager und mit Kampfnarben übersät.
Anjing ini sudah tua, kurus, dan dipenuhi parut pertempuran.
Eines seiner Augen fehlte, doch das andere blitzte kraftvoll auf.
Sebelah matanya hilang, tetapi sebelah lagi berkelip dengan kuasa.
Der neue Hund hieß Solleks, was „der Wütende" bedeutet.
Nama anjing baru itu ialah Solleks, yang bermaksud Si Marah.
Wie Dave verlangte Solleks nichts von anderen und gab nichts zurück.
Seperti Dave, Solleks tidak meminta apa-apa daripada orang lain, dan tidak membalas apa-apa.
Als Solleks langsam ins Lager ging, blieb sogar Spitz fern.
Apabila Solleks berjalan perlahan-lahan ke kem, malah Spitz menjauhkan diri.

Er hatte eine seltsame Angewohnheit, die Buck unglücklicherweise entdeckte.
Dia mempunyai tabiat aneh yang Buck tidak bernasib baik untuk menemuinya.
Solleks hasste es, von der Seite angesprochen zu werden, auf der er blind war.
Solleks benci didekati di sebelah dia buta.
Buck wusste das nicht und machte diesen Fehler versehentlich.
Buck tidak tahu ini dan membuat kesilapan itu secara tidak sengaja.
Solleks wirbelte herum und versetzte Buck einen schnellen, tiefen Schlag auf die Schulter.
Solleks berpusing dan menetak bahu Buck dalam dan pantas.
Von diesem Moment an kam Buck nie wieder in die Nähe von Solleks' blinder Seite.
Sejak saat itu, Buck tidak pernah mendekati sisi buta Solleks.
Für den Rest ihrer gemeinsamen Zeit gab es nie wieder Probleme.
Mereka tidak pernah mengalami masalah lagi sepanjang masa mereka bersama.
Solleks wollte nur in Ruhe gelassen werden, wie der ruhige Dave.
Solleks hanya mahu ditinggalkan sendirian, seperti Dave yang pendiam.
Doch Buck erfuhr später, dass jeder von ihnen ein anderes geheimes Ziel hatte.
Tetapi Buck kemudiannya akan mengetahui bahawa mereka masing-masing mempunyai matlamat rahsia yang lain.
In dieser Nacht stand Buck vor einer neuen und beunruhigenden Herausforderung: Wie sollte er schlafen?
Malam itu Buck menghadapi cabaran baru dan merisaukan — cara tidur.
Das Zelt leuchtete warm im Kerzenlicht auf dem schneebedeckten Feld.
Khemah itu bercahaya mesra dengan cahaya lilin di padang bersalji.

Buck ging hinein und dachte, er könnte sich dort wie zuvor ausruhen.
Buck masuk ke dalam, memikirkan dia boleh berehat di sana seperti sebelum ini.
Aber Perrault und François schrien ihn an und warfen Pfannen.
Tetapi Perrault dan François menjerit kepadanya dan membaling kuali.
Schockiert und verwirrt rannte Buck in die eisige Kälte hinaus.
Terkejut dan keliru, Buck berlari keluar ke dalam kesejukan yang membeku.
Ein bitterkalter Wind stach ihm in die verletzte Schulter und ließ seine Pfoten erfrieren.
Angin pahit menyengat bahunya yang cedera dan membekukan kakinya.
Er legte sich in den Schnee und versuchte, im Freien zu schlafen.
Dia berbaring di salji dan cuba tidur di tempat terbuka.
Doch die Kälte zwang ihn bald, heftig zitternd wieder aufzustehen.
Tetapi kesejukan tidak lama kemudian memaksanya untuk bangun semula, menggigil teruk.
Er wanderte durch das Lager und versuchte, ein wärmeres Plätzchen zu finden.
Dia bersiar-siar di kem, cuba mencari tempat yang lebih hangat.
Aber jede Ecke war genauso kalt wie die vorherige.
Tetapi setiap sudut adalah sama sejuk seperti yang sebelum ini.
Manchmal sprangen ihn wilde Hunde aus der Dunkelheit an.
Kadang-kadang anjing buas melompat ke arahnya dari kegelapan.
Buck sträubte sein Fell, fletschte die Zähne und knurrte warnend.

Buck berbulu bulunya, menampakkan giginya, dan menggeram dengan amaran.

Er lernte schnell und die anderen Hunde zogen sich schnell zurück.

Dia belajar dengan cepat, dan anjing lain berundur dengan cepat.

Trotzdem hatte er keinen Platz zum Schlafen und keine Ahnung, was er tun sollte.

Namun, dia tidak mempunyai tempat untuk tidur, dan tidak tahu apa yang perlu dilakukan.

Endlich kam ihm ein Gedanke: Er sollte nach seinen Teamkollegen sehen.

Akhirnya, terlintas di fikirannya—periksa rakan sepasukannya.

Er kehrte in ihre Gegend zurück und war überrascht, dass sie verschwunden waren.

Dia kembali ke kawasan mereka dan terkejut apabila mendapati mereka sudah tiada.

Erneut durchsuchte er das Lager, konnte sie jedoch immer noch nicht finden.

Sekali lagi dia mencari kem itu, tetapi masih tidak menjumpai mereka.

Er wusste, dass sie nicht im Zelt sein durften, sonst wäre er auch dort gewesen.

Dia tahu mereka tidak boleh berada di dalam khemah, atau dia akan turut.

Wo also waren all die Hunde in diesem eisigen Lager geblieben?

Jadi ke mana perginya semua anjing di kem beku ini?

Buck, kalt und elend, umrundete langsam das Zelt.

Buck, sejuk dan sengsara, perlahan-lahan mengelilingi khemah.

Plötzlich sanken seine Vorderbeine in den weichen Schnee und er erschrak.

Tiba-tiba, kaki depannya tenggelam ke dalam salji lembut dan mengejutkannya.

Etwas zappelte unter seinen Füßen und er sprang ängstlich zurück.
Sesuatu menggeliat di bawah kakinya, dan dia melompat ke belakang kerana ketakutan.
Er knurrte und fauchte, ohne zu wissen, was sich unter dem Schnee verbarg.
Dia menggeram dan menggeram, tidak tahu apa yang ada di bawah salji.
Dann hörte er ein freundliches kleines Bellen, das seine Angst linderte.
Kemudian dia mendengar kulit kayu kecil yang mesra yang meredakan ketakutannya.
Er schnüffelte in der Luft und kam näher, um zu sehen, was verborgen war.
Dia menghidu udara dan mendekat untuk melihat apa yang tersembunyi.
Unter dem Schnee lag, zu einer warmen Kugel zusammengerollt, der kleine Billee.
Di bawah salji, melengkung menjadi bola hangat, adalah Billee kecil.
Billee wedelte mit dem Schwanz und leckte Bucks Gesicht zur Begrüßung.
Billee mengibaskan ekornya dan menjilat muka Buck untuk menyambutnya.
Buck sah, wie Billee im Schnee einen Schlafplatz gebaut hatte.
Buck melihat bagaimana Billee telah membuat tempat tidur di dalam salji.
Er hatte sich eingegraben und nutzte seine eigene Wärme, um sich warm zu halten.
Dia telah menggali dan menggunakan habanya sendiri untuk kekal hangat.
Buck hatte eine weitere Lektion gelernt – so schliefen die Hunde.
Buck telah belajar satu lagi pelajaran—beginilah anjing-anjing itu tidur.

Er suchte sich eine Stelle aus und begann, sein eigenes Loch in den Schnee zu graben.
Dia memilih tempat dan mula menggali lubang sendiri di salji.
Anfangs bewegte er sich zu viel und verschwendete Energie.
Pada mulanya, dia terlalu banyak bergerak dan membuang tenaga.
Doch bald erwärmte sein Körper den Raum und er fühlte sich sicher.
Tetapi tidak lama kemudian badannya menghangatkan ruang, dan dia berasa selamat.
Er rollte sich fest zusammen und schlief bald fest.
Dia meringkuk rapat, dan tidak lama kemudian dia tertidur.
Der Tag war lang und hart gewesen und Buck war erschöpft.
Hari yang panjang dan sukar, dan Buck telah letih.
Er schlief tief und fest, obwohl seine Träume wild waren.
Dia tidur dengan nyenyak dan selesa, walaupun mimpinya liar.
Er knurrte und bellte im Schlaf und wand sich im Traum.
Dia menggeram dan menyalak dalam tidurnya, berpusing sambil bermimpi.

Buck wachte erst auf, als im Lager bereits Leben erwachte.
Buck tidak bangun sehingga kem itu sudah mula hidup.
Zuerst wusste er nicht, wo er war oder was passiert war.
Pada mulanya, dia tidak tahu di mana dia berada atau apa yang telah berlaku.
Über Nacht war Schnee gefallen und hatte seinen Körper vollständig begraben.
Salji telah turun semalaman dan membenamkan tubuhnya sepenuhnya.
Der Schnee umgab ihn von allen Seiten dicht.
Salji menyelubunginya, ketat di semua sisi.
Plötzlich durchfuhr eine Welle der Angst Bucks ganzen Körper.
Tiba-tiba gelombang ketakutan menyerbu seluruh tubuh Buck.

Es war die Angst, gefangen zu sein, eine Angst aus tiefen Instinkten.
Ia adalah ketakutan untuk terperangkap, ketakutan dari naluri yang mendalam.

Obwohl er noch nie eine Falle gesehen hatte, lebte die Angst in ihm.
Walaupun dia tidak pernah melihat perangkap, ketakutan itu hidup dalam dirinya.

Er war ein zahmer Hund, aber jetzt erwachten seine alten wilden Instinkte.
Dia adalah seekor anjing yang jinak, tetapi kini naluri liarnya yang lama terjaga.

Bucks Muskeln spannten sich an und sein Fell stellte sich auf seinem ganzen Rücken auf.
Otot Buck menjadi tegang, dan bulunya berdiri di seluruh punggungnya.

Er knurrte wild und sprang senkrecht durch den Schnee nach oben.
Dia menggeram dengan kuat dan melompat terus ke atas melalui salji.

Als er ins Tageslicht trat, flog Schnee in alle Richtungen.
Salji berterbangan ke setiap arah ketika dia mencecah cahaya matahari.

Schon vor der Landung sah Buck das Lager vor sich ausgebreitet.
Malah sebelum mendarat, Buck melihat kem itu tersebar di hadapannya.

Er erinnerte sich auf einmal an alles vom Vortag.
Dia mengingati segala-galanya dari hari sebelumnya, sekaligus.

Er erinnerte sich daran, wie er mit Manuel spazieren gegangen war und an diesem Ort gelandet war.
Dia teringat berjalan-jalan dengan Manuel dan berakhir di tempat ini.

Er erinnerte sich daran, wie er das Loch gegraben hatte und in der Kälte eingeschlafen war.
Dia ingat menggali lubang dan tertidur dalam kesejukan.

Jetzt war er wach und die wilde Welt um ihn herum war klar.
Sekarang dia terjaga, dan dunia liar di sekelilingnya jelas.
Ein Ruf von François begrüßte Bucks plötzliches Auftauchen.
Jeritan dari François memuji kemunculan Buck secara tiba-tiba.
„Was habe ich gesagt?", rief der Hundeführer Perrault laut zu.
"Apa yang saya cakap?" pemandu anjing itu menangis dengan kuat kepada Perrault.
„Dieser Buck lernt wirklich sehr schnell", fügte François hinzu.
"Buck itu pastinya belajar dengan pantas," tambah François.
Perrault nickte ernst und war offensichtlich mit dem Ergebnis zufrieden.
Perrault mengangguk serius, jelas gembira dengan hasilnya.
Als Kurier für die kanadische Regierung beförderte er Depeschen.
Sebagai kurier untuk Kerajaan Kanada, dia membawa kiriman.
Er war bestrebt, die besten Hunde für seine wichtige Mission zu finden.
Dia tidak sabar-sabar untuk mencari anjing terbaik untuk misi pentingnya.
Er war besonders erfreut, dass Buck nun Teil des Teams war.
Dia berasa sangat gembira sekarang bahawa Buck adalah sebahagian daripada pasukan.
Innerhalb einer Stunde kamen drei weitere Huskies zum Team hinzu.
Tiga lagi huskie telah ditambah kepada pasukan dalam masa sejam.
Damit betrug die Gesamtzahl der Hunde im Team neun.
Itu menjadikan jumlah anjing dalam pasukan kepada sembilan.
Innerhalb von fünfzehn Minuten lagen alle Hunde im Geschirr.

Dalam masa lima belas minit semua anjing berada dalam abah-abah mereka.

Das Schlittenteam schwang sich den Weg hinauf in Richtung Dyea Cañon.

Pasukan kereta luncur sedang menghayun laluan ke arah Dyea Cañon.

Buck war froh, gehen zu können, auch wenn die Arbeit, die vor ihm lag, hart war.

Buck berasa gembira untuk pergi, walaupun kerja di hadapan adalah sukar.

Er stellte fest, dass er weder die Arbeit noch die Kälte besonders verabscheute.

Dia mendapati dia tidak begitu menghina buruh atau kesejukan.

Er war überrascht von der Begeisterung, die das gesamte Team erfüllte.

Dia terkejut dengan keghairahan yang memenuhi seluruh pasukan.

Noch überraschender war die Veränderung, die bei Dave und Solleks vor sich ging.

Lebih memeranjatkan ialah perubahan yang berlaku pada Dave dan Solleks.

Diese beiden Hunde waren völlig unterschiedlich, als sie ein Geschirr trugen.

Kedua-dua anjing ini sama sekali berbeza apabila mereka dimanfaatkan.

Ihre Passivität und Sorglosigkeit waren völlig verschwunden.

Sikap pasif dan kurang prihatin mereka telah hilang sepenuhnya.

Sie waren aufmerksam und aktiv und bestrebt, ihre Arbeit gut zu machen.

Mereka berjaga-jaga dan aktif, dan bersemangat untuk melakukan kerja mereka dengan baik.

Sie reagierten äußerst verärgert über alles, was zu Verzögerungen oder Verwirrung führte.

Mereka menjadi sangat jengkel pada apa-apa yang menyebabkan kelewatan atau kekeliruan.

Die harte Arbeit an den Zügeln stand im Mittelpunkt ihres gesamten Wesens.

Kerja keras di tampuk adalah pusat seluruh makhluk mereka.

Das Schlittenziehen schien das Einzige zu sein, was ihnen wirklich Spaß machte.

Menarik kereta luncur nampaknya satu-satunya perkara yang benar-benar mereka gemari.

Dave war am Ende der Gruppe und dem Schlitten am nächsten.

Dave berada di belakang kumpulan itu, paling hampir dengan kereta luncur itu sendiri.

Buck landete vor Dave und Solleks zog an Buck vorbei.

Buck diletakkan di hadapan Dave, dan Solleks mendahului Buck.

Die übrigen Hunde liefen in einer Reihe vorn.

Anjing-anjing yang lain digantung di hadapan dalam satu fail.

Die Führungsposition an der Spitze besetzte Spitz.

Kedudukan utama di hadapan diisi oleh Spitz.

Buck war zur Einweisung zwischen Dave und Solleks platziert worden.

Buck telah diletakkan di antara Dave dan Solleks untuk arahan.

Er lernte schnell und sie waren strenge und fähige Lehrer.

Dia seorang yang cepat belajar, dan mereka adalah guru yang tegas dan berkebolehan.

Sie ließen nie zu, dass Buck lange im Irrtum blieb.

Mereka tidak pernah membenarkan Buck kekal dalam kesilapan lama.

Sie erteilten ihre Lektionen, wenn nötig, mit scharfen Zähnen.

Mereka mengajar pelajaran mereka dengan gigi yang tajam apabila diperlukan.

Dave war fair und zeigte eine ruhige, ernste Art von Weisheit.

Dave bersikap adil dan menunjukkan kebijaksanaan yang tenang dan serius.
Er hat Buck nie ohne guten Grund gebissen.
Dia tidak pernah menggigit Buck tanpa alasan yang kukuh untuk berbuat demikian.
Aber er hat es nie versäumt, zuzubeißen, wenn Buck eine Korrektur brauchte.
Tetapi dia tidak pernah gagal untuk menggigit apabila Buck memerlukan pembetulan.
François' Peitsche war immer bereit und untermauerte ihre Autorität.
Cambuk François sentiasa bersedia dan menyokong kuasa mereka.
Buck merkte bald, dass es besser war zu gehorchen, als sich zu wehren.
Buck tidak lama kemudian mendapati ia adalah lebih baik untuk mematuhi daripada melawan.
Einmal verhedderte sich Buck während einer kurzen Pause in den Zügeln.
Suatu ketika, semasa berehat sebentar, Buck tersangkut di kekang.
Er verzögerte den Start und brachte die Bewegungen des Teams durcheinander.
Dia menangguhkan permulaan dan mengelirukan pergerakan pasukan.
Dave und Solleks stürzten sich auf ihn und verprügelten ihn brutal.
Dave dan Solleks terbang ke arahnya dan memukulnya dengan kasar.
Das Gewirr wurde nur noch schlimmer, aber Buck lernte seine Lektion.
Kekusutan semakin teruk, tetapi Buck belajar pelajarannya dengan baik.
Von da an hielt er die Zügel straff und arbeitete vorsichtig.
Sejak itu, dia mengekalkan tali kekang, dan bekerja dengan berhati-hati.

Bevor der Tag zu Ende war, hatte Buck einen Großteil seiner Aufgabe gemeistert.
Sebelum hari itu berakhir, Buck telah menguasai banyak tugasnya.
Seine Teamkollegen hörten fast auf, ihn zu korrigieren oder zu beißen.
Rakan sepasukannya hampir berhenti membetulkan atau menggigitnya.
François' Peitsche knallte immer seltener durch die Luft.
Pukulan François semakin jarang retak di udara.
Perrault hob sogar Bucks Füße an und untersuchte sorgfältig jede Pfote.
Perrault juga mengangkat kaki Buck dan memeriksa setiap cakar dengan teliti.
Es war ein harter Tageslauf gewesen, lang und anstrengend für alle.
Ia adalah larian hari yang sukar, panjang dan meletihkan bagi mereka semua.
Sie reisten den Cañon hinauf, durch Sheep Camp und an den Scales vorbei.
Mereka mengembara ke atas Cañon, melalui Kem Biri-biri, dan melepasi Scales.
Sie überquerten die Baumgrenze, dann Gletscher und meterhohe Schneeverwehungen.
Mereka melintasi garisan kayu, kemudian glasier dan hanyut salji sedalam beberapa kaki.
Sie erklommen die große, kalte und unwirtliche Chilkoot-Wasserscheide.
Mereka mendaki sejuk yang hebat dan melarang Chilkoot Divide.
Dieser hohe Bergrücken lag zwischen Salzwasser und dem gefrorenen Landesinneren.
Permatang tinggi itu berdiri di antara air masin dan pedalaman beku.
Die Berge bewachten den traurigen und einsamen Norden mit Eis und steilen Anstiegen.

Pergunungan menjaga Utara yang sedih dan sunyi dengan ais dan pendakian yang curam.
Sie kamen gut voran und erreichten eine lange Kette von Seen unterhalb der Wasserscheide.
Mereka membuat masa yang baik menyusuri rantaian tasik yang panjang di bawah jurang.
Diese Seen füllten die alten Krater erloschener Vulkane.
Tasik tersebut memenuhi kawah purba gunung berapi yang telah pupus.
Spät in der Nacht erreichten sie ein großes Lager am Lake Bennett.
Lewat malam itu, mereka tiba di sebuah kem besar di Tasik Bennett.
Tausende Goldsucher waren dort und bauten Boote für den Frühling.
Beribu-ribu pencari emas berada di sana, membina bot untuk musim bunga.
Das Eis würde bald aufbrechen und sie mussten bereit sein.
Ais akan pecah tidak lama lagi, dan mereka perlu bersedia.
Buck grub sein Loch in den Schnee und fiel in einen tiefen Schlaf.
Buck menggali lubangnya di salji dan tertidur dengan nyenyak.
Er schlief wie ein Arbeiter, erschöpft von einem harten Arbeitstag.
Dia tidur seperti orang yang bekerja, keletihan dari hari kerja yang keras.
Doch zu früh wurde er in der Dunkelheit aus dem Schlaf gerissen.
Tetapi terlalu awal dalam kegelapan, dia diseret dari tidur.
Er wurde wieder mit seinen Kumpels angeschirrt und vor den Schlitten gespannt.
Dia diikat dengan rakan-rakannya sekali lagi dan diikat pada kereta luncur.
An diesem Tag legten sie sechzig Kilometer zurück, weil der Schnee festgetreten war.

Pada hari itu mereka berjalan sejauh empat puluh batu, kerana salji telah dipijak dengan baik.

Am nächsten Tag und noch viele Tage danach war der Schnee weich.

Keesokan harinya, dan selama beberapa hari selepas itu, salji lembut.

Sie mussten den Weg selbst bahnen, härter arbeiten und langsamer vorankommen.

Mereka terpaksa membuat jalan itu sendiri, bekerja lebih keras dan bergerak lebih perlahan.

Normalerweise ging Perrault mit Schwimmhäuten an den Schneeschuhen vor dem Team her.

Biasanya, Perrault berjalan mendahului pasukan dengan kasut salji berselaput.

Seine Schritte verdichteten den Schnee und erleichterten so die Fortbewegung des Schlittens.

Langkahnya memenuhi salji, memudahkan kereta luncur itu bergerak.

François, der vom Steuerstand aus steuerte, übernahm manchmal die Kontrolle.

François, yang mengemudi dari tiang gee, kadang-kadang mengambil alih.

Aber es kam selten vor, dass François die Führung übernahm

Tetapi jarang sekali François mendahului

weil Perrault es eilig hatte, die Briefe und Pakete auszuliefern.

kerana Perrault tergesa-gesa menghantar surat dan bungkusan.

Perrault war stolz auf sein Wissen über Schnee und insbesondere Eis.

Perrault berbangga dengan pengetahuannya tentang salji, dan terutamanya ais.

Dieses Wissen war von entscheidender Bedeutung, da das Eis im Herbst gefährlich dünn war.

Pengetahuan itu penting, kerana ais musim gugur sangat nipis.

Wo das Wasser unter der Oberfläche schnell floss, gab es überhaupt kein Eis.
Di mana air mengalir deras di bawah permukaan, tiada ais langsung.

Tag für Tag wiederholte sich endlos die gleiche Routine.
Hari demi hari, rutin yang sama berulang tanpa kesudahan.
Buck arbeitete unermüdlich von morgens bis abends in den Zügeln.
Buck bekerja keras tanpa henti di tampuk dari subuh hingga malam.
Sie verließen das Lager im Dunkeln, lange bevor die Sonne aufgegangen war.
Mereka meninggalkan perkhemahan dalam kegelapan, jauh sebelum matahari terbit.
Als es Tag wurde, hatten sie bereits viele Kilometer zurückgelegt.
Pada waktu siang tiba, banyak batu sudah berada di belakang mereka.
Sie schlugen ihr Lager nach Einbruch der Dunkelheit auf, aßen Fisch und gruben sich in den Schnee ein.
Mereka berkhemah selepas gelap, makan ikan dan menggali salji.
Buck war immer hungrig und mit seiner Ration nie wirklich zufrieden.
Buck sentiasa lapar dan tidak pernah benar-benar puas dengan catuannya.
Er erhielt jeden Tag anderthalb Pfund getrockneten Lachs.
Dia menerima setengah paun salmon kering setiap hari.
Doch das Essen schien in ihm zu verschwinden und ließ den Hunger zurück.
Tetapi makanan itu seolah-olah lenyap di dalam dirinya, meninggalkan rasa lapar.
Er litt unter ständigem Hunger und träumte von mehr Essen.
Dia mengalami rasa lapar yang berterusan, dan mengimpikan lebih banyak makanan.

Die anderen Hunde haben nur ein Pfund abgenommen, sind aber stark geblieben.
Anjing-anjing lain hanya mendapat satu paun makanan, tetapi mereka tetap kuat.

Sie waren kleiner und in das Leben im Norden hineingeboren.
Mereka lebih kecil, dan telah dilahirkan dalam kehidupan utara.

Er verlor rasch die Sorgfalt, die sein früheres Leben geprägt hatte.
Dia dengan cepat kehilangan ketekunan yang telah menandakan kehidupan lamanya.

Er war ein gieriger Esser gewesen, aber jetzt war das nicht mehr möglich.
Dia adalah seorang pemakan manis, tetapi sekarang itu tidak lagi mungkin.

Seine Kameraden waren zuerst fertig und raubten ihm seine noch nicht aufgegessene Ration.
Rakan-rakannya selesai dahulu dan merampas makanannya yang belum selesai.

Als sie einmal damit anfingen, gab es keine Möglichkeit mehr, sein Essen vor ihnen zu verteidigen.
Sebaik sahaja mereka mula tidak ada cara untuk mempertahankan makanannya daripada mereka.

Während er zwei oder drei Hunde abwehrte, stahlen die anderen den Rest.
Semasa dia melawan dua atau tiga anjing, yang lain mencuri yang lain.

Um dies zu beheben, begann er, so schnell zu essen wie die anderen.
Untuk membetulkannya, dia mula makan secepat yang lain makan.

Der Hunger trieb ihn so sehr an, dass er sogar Essen zu sich nahm, das ihm nicht gehörte.
Kelaparan mendorongnya dengan kuat sehingga dia mengambil makanan yang bukan miliknya.

Er beobachtete die anderen und lernte schnell aus ihren Handlungen.
Dia memerhati yang lain dan belajar dengan cepat daripada tindakan mereka.
Er sah, wie Pike, ein neuer Hund, Perrault eine Scheibe Speck stahl.
Dia melihat Pike, seekor anjing baru, mencuri sepotong daging dari Perrault.
Pike hatte gewartet, bis Perrault sich umdrehte, um den Speck zu stehlen.
Pike telah menunggu sehingga punggung Perrault dipusingkan untuk mencuri daging.
Am nächsten Tag machte Buck es Pike nach und stahl das ganze Stück.
Keesokan harinya, Buck menyalin Pike dan mencuri keseluruhan bahagian.
Es folgte ein großer Aufruhr, doch Buck wurde nicht verdächtigt.
Kegemparan hebat diikuti, tetapi Buck tidak disyaki.
Stattdessen wurde Dub bestraft, ein tollpatschiger Hund, der immer erwischt wurde.
Dub, anjing kekok yang selalu ditangkap, sebaliknya dihukum.
Dieser erste Diebstahl machte Buck zu einem Hund, der in der Lage war, im Norden zu überleben.
Kecurian pertama itu menandakan Buck sebagai anjing yang sesuai untuk bertahan di Utara.
Er zeigte, dass er sich an neue Bedingungen anpassen und schnell lernen konnte.
Dia menunjukkan dia boleh menyesuaikan diri dengan keadaan baru dan belajar dengan cepat.
Ohne diese Anpassungsfähigkeit wäre er schnell und auf schlimme Weise gestorben.
Tanpa kebolehsuaian sedemikian, dia akan mati dengan pantas dan teruk.
Es markierte auch den Zusammenbruch seiner moralischen Natur und seiner früheren Werte.

Ia juga menandakan kerosakan sifat moral dan nilai masa lalunya.

Im Südland hatte er nach dem Gesetz der Liebe und Güte gelebt.
Di Southland, dia telah hidup di bawah undang-undang cinta dan kebaikan.

Dort war es sinnvoll, Eigentum und die Gefühle anderer Hunde zu respektieren.
Di sana masuk akal untuk menghormati harta benda dan perasaan anjing lain.

Aber das Nordland befolgte das Gesetz der Keule und das Gesetz der Reißzähne.
Tetapi Northland mengikut undang-undang kelab dan undang-undang taring.

Wer hier alte Werte respektierte, war dumm und würde scheitern.
Sesiapa yang menghormati nilai lama di sini adalah bodoh dan akan gagal.

Buck hat das alles nicht durchdacht.
Buck tidak memikirkan semua ini dalam fikirannya.

Er war fit und passte sich daher an, ohne darüber nachdenken zu müssen.
Dia cergas, jadi dia menyesuaikan diri tanpa perlu berfikir.

Sein ganzes Leben lang war er noch nie vor einem Kampf davongelaufen.
Sepanjang hidupnya, dia tidak pernah lari dari pergaduhan.

Doch die Holzkeule des Mannes im roten Pullover änderte diese Regel.
Tetapi kayu kayu lelaki berbaju sweater merah itu mengubah peraturan itu.

Jetzt folgte er einem tieferen, älteren Code, der in sein Wesen eingeschrieben war.
Kini dia mengikuti kod yang lebih dalam dan lebih lama yang ditulis ke dalam dirinya.

Er stahl nicht aus Vergnügen, sondern aus Hunger.
Dia tidak mencuri kerana keseronokan, tetapi dari kesakitan kelaparan.

Er raubte nie offen, sondern stahl mit List und Sorgfalt.
Dia tidak pernah merompak secara terbuka, tetapi mencuri dengan licik dan berhati-hati.
Er handelte aus Respekt vor der Holzkeule und aus Angst vor dem Fangzahn.
Dia bertindak kerana menghormati kayu kayu dan takut kepada taring.
Kurz gesagt, er hat das getan, was einfacher und sicherer war, als es nicht zu tun.
Pendek kata, dia melakukan apa yang lebih mudah dan lebih selamat daripada tidak melakukannya.
Seine Entwicklung – oder vielleicht seine Rückkehr zu alten Instinkten – verlief schnell.
Perkembangannya-atau mungkin kembalinya kepada naluri lama-cepat.
Seine Muskeln verhärteten sich, bis sie sich stark wie Eisen anfühlten.
Ototnya mengeras sehingga terasa sekuat besi.
Schmerzen machten ihm nichts mehr aus, es sei denn, sie waren ernst.
Dia tidak lagi mempedulikan kesakitan, melainkan ia serius.
Er wurde durch und durch effizient und verschwendete überhaupt nichts.
Dia menjadi cekap luar dan dalam, tidak membazir langsung.
Er konnte Dinge essen, die scheußlich, verdorben oder schwer verdaulich waren.
Dia boleh makan benda yang keji, busuk, atau sukar dihadam.
Was auch immer er aß, sein Magen verbrauchte das letzte bisschen davon.
Apa sahaja yang dia makan, perutnya menggunakan setiap nilai terakhir.
Sein Blut transportierte die Nährstoffe weit durch seinen kräftigen Körper.
Darahnya membawa nutrien jauh melalui tubuhnya yang kuat.
Dadurch baute er starkes Gewebe auf, das ihm eine unglaubliche Ausdauer verlieh.

Ini membina tisu yang kuat yang memberikannya ketahanan yang luar biasa.

Sein Seh- und Geruchssinn wurden viel feiner als zuvor.

Penglihatan dan baunya menjadi lebih sensitif daripada sebelumnya.

Sein Gehör wurde so scharf, dass er im Schlaf leise Geräusche wahrnehmen konnte.

Pendengarannya semakin tajam sehingga dapat mengesan bunyi samar dalam tidur.

In seinen Träumen wusste er, ob die Geräusche Sicherheit oder Gefahr bedeuteten.

Dia tahu dalam mimpinya sama ada bunyi itu bermaksud keselamatan atau bahaya.

Er lernte, mit den Zähnen auf das Eis zwischen seinen Zehen zu beißen.

Dia belajar menggigit ais di antara jari kakinya dengan giginya.

Wenn ein Wasserloch zufror, brach er das Eis mit seinen Beinen.

Jika lubang air membeku, dia akan memecahkan ais dengan kakinya.

Er bäumte sich auf und schlug mit seinen steifen Vorderbeinen hart auf das Eis.

Dia bangun dan memukul ais dengan kuat dengan anggota hadapan yang kaku.

Seine bemerkenswerteste Fähigkeit war die Vorhersage von Windänderungen über Nacht.

Keupayaannya yang paling menarik ialah meramalkan perubahan angin dalam sekelip mata.

Selbst bei Windstille suchte er sich windgeschützte Stellen aus.

Walaupun udara sunyi, dia memilih tempat yang terlindung dari angin.

Wo auch immer er sein Nest grub, der Wind des nächsten Tages strich an ihm vorbei.

Di mana sahaja dia menggali sarangnya, angin keesokan harinya melewatinya.

Er landete immer gemütlich und geschützt, in Lee der Brise.
Dia sentiasa selesa dan dilindungi, ke angin sepoi-sepoi.
Buck hat nicht nur durch Erfahrung gelernt – auch seine Instinkte sind zurückgekehrt.
Buck bukan sahaja belajar melalui pengalaman—nalurinya juga kembali.
Die Gewohnheiten der domestizierten Generationen begannen zu verschwinden.
Tabiat generasi yang dijinakkan mula hilang.
Er erinnerte sich vage an die alten Zeiten seiner Rasse.
Dengan cara yang tidak jelas, dia teringat zaman purba bakanya.
Er dachte an die Zeit zurück, als wilde Hunde in Rudeln durch die Wälder rannten.
Dia teringat kembali apabila anjing liar berlari beramai-ramai melalui hutan.
Sie hatten ihre Beute gejagt und getötet, während sie sie verfolgten.
Mereka telah mengejar dan membunuh mangsa mereka sambil berlari ke bawah.
Buck lernte leicht, mit Biss und Schnelligkeit zu kämpfen.
Mudah untuk Buck belajar cara bertarung dengan gigi dan laju.
Er verwendete Schnitte, Hiebe und schnelle Schnappschüsse, genau wie seine Vorfahren.
Dia menggunakan luka, tebasan dan sentakan cepat seperti nenek moyangnya.
Diese Vorfahren regten sich in ihm und erweckten seine wilde Natur.
Nenek moyang itu bergerak dalam dirinya dan membangunkan sifat liarnya.
Ihre alten Fähigkeiten waren ihm durch die Blutlinie vererbt worden.
Kemahiran lama mereka telah diturunkan kepadanya melalui garis keturunan.
Ihre Tricks gehörten ihm nun, ohne dass er üben oder sich anstrengen musste.

Helah mereka adalah miliknya sekarang, tanpa perlu latihan atau usaha.

In stillen, kalten Nächten hob Buck die Nase und heulte.
Pada malam yang sejuk, Buck mengangkat hidungnya dan melolong.
Er heulte lang und tief, so wie es die Wölfe vor langer Zeit getan hatten.
Dia melolong panjang dan dalam, seperti yang dilakukan serigala dahulu.
Durch ihn streckten seine toten Vorfahren ihre Nasen und heulten.
Melalui dia, nenek moyangnya yang sudah mati menunjukkan hidung mereka dan melolong.
Sie heulten durch die Jahrhunderte mit seiner Stimme und Gestalt.
Mereka melolong selama berabad-abad dalam suara dan bentuknya.
Seine Kadenzen waren ihre, alte Schreie, die von Kummer und Kälte erzählten.
Iramanya adalah milik mereka, tangisan lama yang menceritakan tentang kesedihan dan kesejukan.
Sie sangen von Dunkelheit, Hunger und der Bedeutung des Winters.
Mereka menyanyikan tentang kegelapan, kelaparan, dan makna musim sejuk.
Buck bewies, wie das Leben von Kräften jenseits des eigenen Ichs geprägt wird.
Buck membuktikan bagaimana kehidupan dibentuk oleh kuasa di luar diri sendiri,
Das uralte Lied stieg durch Buck auf und ergriff seine Seele.
lagu purba naik melalui Buck dan memegang jiwanya.
Er fand sich selbst, weil Menschen im Norden Gold gefunden hatten.
Dia mendapati dirinya kerana lelaki telah menemui emas di Utara.

Und er fand sich selbst, weil Manuel, der Gärtnergehilfe, Geld brauchte.
Dan dia mendapati dirinya kerana Manuel, pembantu tukang kebun, memerlukan wang.

Das dominante Urtier
Binatang Primordial yang Dominan

In Buck war das dominante Urtier so stark wie eh und je.
Binatang purba yang dominan adalah sekuat biasa di Buck.
Doch das dominante Urtier hatte in ihm geschlummert.
Tetapi binatang primordial yang dominan telah tertidur dalam dirinya.
Das Leben auf dem Trail war hart, aber es stärkte das Tier in Buck.
Kehidupan jejak adalah keras, tetapi ia menguatkan binatang di dalam Buck.
Insgeheim wurde das Biest von Tag zu Tag stärker.
Diam-diam binatang itu bertambah kuat dan lebih kuat setiap hari.
Doch dieses innere Wachstum blieb der Außenwelt verborgen.
Tetapi pertumbuhan dalaman itu tetap tersembunyi kepada dunia luar.
In Buck baute sich eine stille und ruhige Urkraft auf.
Satu kuasa primordial yang tenang dan tenang sedang membina di dalam Buck.
Neue Gerissenheit verlieh Buck Gleichgewicht, Ruhe und Selbstbeherrschung.
Kelicikan baru memberikan Buck keseimbangan, kawalan tenang, dan ketenangan.
Buck konzentrierte sich sehr auf die Anpassung und fühlte sich nie völlig entspannt.
Buck memberi tumpuan keras untuk menyesuaikan diri, tidak pernah berasa tenang sepenuhnya.
Er ging Konflikten aus dem Weg, fing nie Streit an und suchte auch nie Ärger.
Dia mengelakkan konflik, tidak pernah memulakan pergaduhan, atau mencari masalah.
Jede Bewegung von Buck war von langsamer, stetiger Nachdenklichkeit geprägt.

Perhatian yang perlahan dan mantap membentuk setiap pergerakan Buck.
Er vermied überstürzte Entscheidungen und plötzliche, rücksichtslose Entschlüsse.
Dia mengelakkan pilihan yang terburu-buru dan keputusan yang tiba-tiba dan melulu.
Obwohl Buck Spitz zutiefst hasste, zeigte er ihm gegenüber keine Aggression.
Walaupun Buck sangat membenci Spitz, dia tidak menunjukkan pencerobohan kepadanya.
Buck hat Spitz nie provoziert und sein Verhalten zurückhaltend gehalten.
Buck tidak pernah memprovokasi Spitz, dan mengekalkan tindakannya dihalang.
Spitz hingegen spürte die wachsende Gefahr, die von Buck ausging.
Spitz, sebaliknya, merasakan bahaya yang semakin meningkat dalam Buck.
Er sah in Buck eine Bedrohung und eine ernsthafte Herausforderung seiner Macht.
Dia melihat Buck sebagai ancaman dan cabaran serius terhadap kuasanya.
Er nutzte jede Gelegenheit, um zu knurren und seine scharfen Zähne zu zeigen.
Dia menggunakan setiap peluang untuk menggerutu dan menunjukkan giginya yang tajam.
Er versuchte, den tödlichen Kampf zu beginnen, der bevorstand.
Dia cuba memulakan pergaduhan maut yang akan datang.
Schon zu Beginn der Reise wäre es beinahe zu einem Streit zwischen ihnen gekommen.
Pada awal perjalanan, pergaduhan hampir tercetus antara mereka.
Doch ein unerwarteter Unfall verhinderte den Kampf.
Tetapi kemalangan yang tidak dijangka menghalang pergaduhan daripada berlaku.

An diesem Abend schlugen sie ihr Lager am bitterkalten Lake Le Barge auf.
Petang itu mereka berkhemah di Tasik Le Barge yang sangat sejuk.

Es schneite heftig und der Wind war schneidend wie ein Messer.
Salji turun dengan kuat, dan angin memotong seperti pisau.

Die Nacht war zu schnell hereingebrochen und Dunkelheit umgab sie.
Malam telah datang terlalu cepat, dan kegelapan mengelilingi mereka.

Sie hätten sich kaum einen schlechteren Ort zum Ausruhen aussuchen können.
Mereka hampir tidak boleh memilih tempat yang lebih buruk untuk berehat.

Die Hunde suchten verzweifelt nach einem Platz zum Hinlegen.
Anjing-anjing itu mencari-cari tempat untuk berbaring.

Hinter der kleinen Gruppe erhob sich steil eine hohe Felswand.
Tembok batu tinggi naik curam di belakang kumpulan kecil itu.

Das Zelt wurde in Dyea zurückgelassen, um die Last zu erleichtern.
Khemah telah ditinggalkan di Dyea untuk meringankan beban.

Ihnen blieb nichts anderes übrig, als das Feuer auf dem Eis selbst zu machen.
Mereka tiada pilihan selain membuat api di atas ais itu sendiri.

Sie breiten ihre Schlafmäntel direkt auf dem zugefrorenen See aus.
Mereka membentangkan jubah tidur mereka terus di atas tasik beku.

Ein paar Stücke Treibholz gaben ihnen ein wenig Feuer.
Beberapa batang kayu hanyut memberi mereka sedikit api.

Doch das Feuer wurde auf dem Eis entfacht und taute hindurch.
Tetapi api itu dibina di atas ais, dan dicairkan melaluinya.
Schließlich aßen sie ihr Abendessen im Dunkeln.
Akhirnya mereka makan malam dalam kegelapan.
Buck rollte sich neben dem Felsen zusammen, geschützt vor dem kalten Wind.
Buck meringkuk di sebelah batu, terlindung dari angin sejuk.
Der Platz war so warm und sicher, dass Buck es hasste, wegzugehen.
Tempat itu begitu hangat dan selamat sehinggakan Buck tidak suka berpindah.
Aber François hatte den Fisch aufgewärmt und verteilte die Rationen.
Tetapi François telah memanaskan ikan dan sedang mengedarkan makanan.
Buck aß schnell fertig und ging zurück in sein Bett.
Buck selesai makan dengan cepat, dan kembali ke katilnya.
Aber Spitz lag jetzt dort, wo Buck sein Bett gemacht hatte.
Tetapi Spitz kini berbaring di mana Buck telah mengemas katilnya.
Ein leises Knurren warnte Buck, dass Spitz sich weigerte, sich zu bewegen.
Tengkingan rendah memberi amaran kepada Buck bahawa Spitz enggan bergerak.
Bisher hatte Buck diesen Kampf mit Spitz vermieden.
Sehingga kini, Buck telah mengelak pergaduhan dengan Spitz ini.
Doch tief in Bucks Innerem brach das Biest schließlich aus.
Tetapi jauh di dalam Buck binatang itu akhirnya terlepas.
Der Diebstahl seines Schlafplatzes war zu viel für ihn.
Kecurian tempat tidurnya terlalu banyak untuk diterima.
Buck stürzte sich voller Wut und Zorn auf Spitz.
Buck melancarkan dirinya di Spitz, penuh kemarahan dan kemarahan.
Bis jetzt hatte Spitz gedacht, Buck sei bloß ein großer Hund.

Sehingga tidak Spitz menyangka Buck hanyalah seekor anjing besar.
Er glaubte nicht, dass Buck durch seinen Geist überlebt hatte.
Dia tidak menyangka Buck telah terselamat melalui rohnya.
Er erwartete Angst und Feigheit, nicht Wut und Rache.
Dia mengharapkan ketakutan dan pengecut, bukan kemarahan dan dendam.
François starrte die beiden Hunde an, als sie aus dem zerstörten Nest stürmten.
François merenung apabila kedua-dua anjing itu keluar dari sarang yang musnah.
Er verstand sofort, was den wilden Kampf ausgelöst hatte.
Dia segera memahami apa yang telah memulakan perjuangan liar.
„Aa-ah!", rief François, um dem braunen Hund zuzujubeln.
"Aa-ah!" François menjerit menyokong anjing coklat itu.
„Verprügelt ihn! Bei Gott, bestraft diesen hinterhältigen Dieb!"
"Beri dia pukul! Demi Tuhan, hukum pencuri licik itu!"
Spitz zeigte gleichermaßen Bereitschaft und wilden Kampfeswillen.
Spitz menunjukkan kesediaan yang sama dan keinginan liar untuk bertarung.
Er schrie wütend auf, während er schnell im Kreis kreiste und nach einer Öffnung suchte.
Dia menjerit marah sambil berputar laju, mencari celah.
Buck zeigte den gleichen Kampfeshunger und die gleiche Vorsicht.
Buck menunjukkan rasa lapar yang sama untuk melawan, dan berhati-hati yang sama.
Auch er umkreiste seinen Gegner und versuchte, im Kampf die Oberhand zu gewinnen.
Dia mengelilingi lawannya juga, cuba untuk mendapatkan kelebihan dalam pertempuran.
Dann geschah etwas Unerwartetes und veränderte alles.

Kemudian sesuatu yang tidak dijangka berlaku dan mengubah segala-galanya.

Dieser Moment verzögerte den letztendlichen Kampf um die Führung.

Detik itu melambatkan perjuangan akhirnya untuk kepimpinan.

Bis zum Ende warteten noch viele Meilen voller Mühe und Anstrengung.

Banyak batu jejak dan perjuangan masih menunggu sebelum akhirnya.

Perrault stieß einen Fluch aus, als eine Keule auf Knochen schlug.

Perrault menjerit sumpah apabila sebatang kayu terhantuk ke tulang.

Es folgte ein scharfer Schmerzensschrei, dann brach überall Chaos aus.

Jeritan kesakitan diikuti, kemudian huru-hara meletup di sekeliling.

Dunkle Gestalten bewegten sich im Lager; wilde Huskys, ausgehungert und wild.

Bentuk gelap bergerak di kem; husky liar, kelaparan dan garang.

Vier oder fünf Dutzend Huskys hatten das Lager von weitem erschnüffelt.

Empat atau lima dozen huskies telah menghidu kem dari jauh.

Sie hatten sich leise hineingeschlichen, während die beiden Hunde in der Nähe kämpften.

Mereka telah merayap masuk secara senyap-senyap manakala kedua-dua anjing itu bergaduh berhampiran.

François und Perrault griffen an und schwangen Knüppel auf die Eindringlinge.

François dan Perrault menyerang, menghayunkan kayu ke arah penceroboh.

Die ausgehungerten Huskies zeigten ihre Zähne und wehrten sich rasend.

Huskie yang kelaparan menunjukkan gigi dan melawan dalam kegilaan.

Der Geruch von Fleisch und Brot hatte sie alle Angst vertreiben lassen.

Bau daging dan roti telah mendorong mereka melepasi semua ketakutan.

Perrault schlug einen Hund, der seinen Kopf in der Fresskiste vergraben hatte.

Perrault mengalahkan seekor anjing yang telah membenamkan kepalanya di dalam kotak grub.

Der Schlag war hart, die Schachtel kippte um und das Essen quoll heraus.

Pukulan itu terkena dengan kuat, dan kotak itu terbalik, makanan tertumpah keluar.

Innerhalb von Sekunden rissen sich zwanzig wilde Tiere über das Brot und das Fleisch her.

Dalam beberapa saat, sebilangan besar binatang liar mengoyak roti dan daging.

Die Keulen der Männer landeten Schlag auf Schlag, doch kein Hund ließ nach.

Kelab lelaki mendarat pukulan demi pukulan, tetapi tiada anjing berpaling.

Sie schrien vor Schmerz, kämpften aber, bis kein Futter mehr übrig war.

Mereka meraung kesakitan, tetapi bertempur sehingga tiada makanan yang tinggal.

Inzwischen waren die Schlittenhunde aus ihren verschneiten Betten gesprungen.

Sementara itu, anjing kereta luncur telah melompat dari katil bersalji mereka.

Sie wurden sofort von den bösartigen, hungrigen Huskys angegriffen.

Mereka serta-merta diserang oleh huskie lapar yang ganas.

Buck hatte noch nie zuvor so wilde und ausgehungerte Tiere gesehen.

Buck tidak pernah melihat makhluk liar dan kelaparan seperti itu sebelum ini.

Ihre Haut hing lose und verbarg kaum ihr Skelett.
Kulit mereka tergantung longgar, hampir tidak menyembunyikan rangka mereka.
In ihren Augen brannte ein Feuer aus Hunger und Wahnsinn
Terdapat api di mata mereka, kerana kelaparan dan kegilaan.
Sie waren nicht aufzuhalten, ihrem wilden Ansturm war kein Widerstand zu leisten.
Tidak ada yang menghalang mereka; tidak menahan tergesa-gesa ganas mereka.
Die Schlittenhunde wurden zurückgedrängt und gegen die Felswand gedrückt.
Anjing kereta luncur ditolak ke belakang, ditekan ke dinding tebing.
Drei Huskies griffen Buck gleichzeitig an und rissen ihm das Fleisch auf.
Tiga ekor serak menyerang Buck sekaligus, mengoyakkan dagingnya.
Aus den Schnittwunden an seinem Kopf und seinen Schultern strömte Blut.
Darah mengalir dari kepala dan bahunya, di mana dia telah dipotong.
Der Lärm erfüllte das Lager: Knurren, Jaulen und Schmerzensschreie.
Bunyi bising memenuhi kem; geram, jeritan, dan tangisan kesakitan.
Billee weinte wie immer laut, gefangen im Kampf und in der Panik.
Billee menangis dengan kuat, seperti biasa, terperangkap dalam pergaduhan dan panik.
Dave und Solleks standen Seite an Seite, blutend, aber trotzig.
Dave dan Solleks berdiri sebelah menyebelah, berdarah tetapi menentang.
Joe kämpfte wie ein Dämon und biss alles, was ihm zu nahe kam.

Joe bertarung seperti syaitan, menggigit apa sahaja yang dekat.
Mit einem brutalen Schnappen seines Kiefers zerquetschte er das Bein eines Huskys.
Dia meremukkan kaki seekor husky dengan satu patah kejam rahangnya.
Pike sprang auf den verletzten Husky und brach ihm sofort das Genick.
Pike melompat ke atas husky yang cedera dan mematahkan lehernya serta-merta.
Buck packte einen Husky an der Kehle und riss ihm die Ader auf.
Buck menangkap serak di kerongkong dan merobek urat.
Blut spritzte und der warme Geschmack trieb Buck in Raserei.
Darah menyembur, dan rasa hangat mendorong Buck menjadi kegilaan.
Ohne zu zögern stürzte er sich auf einen anderen Angreifer.
Dia melemparkan dirinya kepada penyerang lain tanpa teragak-agak.
Im selben Moment gruben sich scharfe Zähne in Bucks Kehle.
Pada masa yang sama, gigi tajam digali ke dalam kerongkong Buck sendiri.
Spitz hatte von der Seite zugeschlagen und ohne Vorwarnung angegriffen.
Spitz telah menyerang dari sisi, menyerang tanpa amaran.
Perrault und François hatten die Hunde besiegt, die das Futter stahlen.
Perrault dan François telah mengalahkan anjing yang mencuri makanan.
Nun eilten sie ihren Hunden zu Hilfe, um die Angreifer abzuwehren.
Kini mereka bergegas membantu anjing mereka melawan penyerang.
Die ausgehungerten Hunde zogen sich zurück, als die Männer ihre Keulen schwangen.

Anjing-anjing yang kelaparan berundur ketika lelaki itu menghayunkan kayu mereka.
Buck konnte sich dem Angriff befreien, doch die Flucht war nur von kurzer Dauer.
Buck melepaskan diri dari serangan, tetapi melarikan diri adalah singkat.
Die Männer rannten los, um ihre Hunde zu retten, und die Huskies kamen erneut zum Vorschein.
Lelaki itu berlari untuk menyelamatkan anjing mereka, dan huskies mengerumuni lagi.
Billee, der aus Angst Mut fasste, sprang in die Hundemeute.
Billee, ketakutan menjadi berani, melompat ke dalam kumpulan anjing.
Doch dann floh er in blanker Angst und Panik über das Eis.
Tetapi kemudian dia melarikan diri melintasi ais, dalam ketakutan dan panik.
Pike und Dub folgten dicht dahinter und rannten um ihr Leben.
Pike dan Dub mengikuti dari belakang, berlari menyelamatkan nyawa mereka.
Der Rest des Teams löste sich auf, zerstreute sich und folgte ihnen.
Selebihnya pasukan pecah dan bertaburan, mengikuti mereka.
Buck nahm all seine Kräfte zusammen, um loszurennen, doch dann sah er einen Blitz.
Buck mengumpul kekuatannya untuk berlari, tetapi kemudian melihat kilat.
Spitz stürzte sich auf Buck und versuchte, ihn zu Boden zu schlagen.
Spitz menerjang ke sisi Buck, cuba menjatuhkannya ke tanah.
Unter dieser Meute von Huskys hätte Buck nicht entkommen können.
Di bawah gerombolan huskies itu, Buck tidak akan dapat melarikan diri.
Aber Buck blieb standhaft und wappnete sich für den Schlag von Spitz.

Tetapi Buck berdiri teguh dan bersedia untuk tamparan daripada Spitz.

Dann drehte er sich um und rannte mit dem fliehenden Team auf das Eis hinaus.

Kemudian dia berpaling dan berlari keluar ke atas ais bersama pasukan yang melarikan diri.

Später versammelten sich die neun Schlittenhunde im Schutz des Waldes.

Kemudian, sembilan anjing kereta luncur itu berkumpul di tempat perlindungan hutan.

Niemand verfolgte sie mehr, aber sie waren geschlagen und verwundet.

Tiada siapa yang mengejar mereka lagi, tetapi mereka dipukul dan cedera.

Jeder Hund hatte Wunden; vier oder fünf tiefe Schnitte an jedem Körper.

Setiap anjing mempunyai luka; empat atau lima luka dalam pada setiap badan.

Dub hatte ein verletztes Hinterbein und konnte kaum noch laufen.

Dub mengalami kecederaan kaki belakang dan sukar untuk berjalan sekarang.

Dolly, der neueste Hund aus Dyea, hatte eine aufgeschlitzte Kehle.

Dolly, anjing terbaharu dari Dyea, mengalami kerongkong.

Joe hatte ein Auge verloren und Billees Ohr war in Stücke geschnitten

Joe telah kehilangan mata, dan telinga Billee dipotong

Alle Hunde schrien die ganze Nacht vor Schmerz und Niederlage.

Semua anjing menangis kesakitan dan kekalahan sepanjang malam.

Im Morgengrauen krochen sie wund und gebrochen zurück ins Lager.

Pada waktu subuh mereka merangkak kembali ke kem, sakit dan patah.

Die Huskies waren verschwunden, aber der Schaden war angerichtet.
Huskies telah hilang, tetapi kerosakan telah dilakukan.
Perrault und François standen schlecht gelaunt vor der Ruine.
Perrault dan François berdiri dalam mood busuk di atas kehancuran itu.
Die Hälfte der Lebensmittel war verschwunden und von den hungrigen Dieben geschnappt worden.
Separuh daripada makanan telah hilang, diragut oleh pencuri yang kelaparan.
Die Huskies hatten Schlittenbindungen und Planen zerrissen.
Huskies telah terkoyak melalui ikatan kereta luncur dan kanvas.
Alles, was nach Essen roch, wurde vollständig verschlungen.
Apa-apa sahaja yang berbau makanan telah dimakan sepenuhnya.
Sie aßen ein Paar von Perraults Reisestiefeln aus Elchleder.
Mereka makan sepasang but perjalanan kulit rusa utara Perrault.
Sie zerkauten Lederreis und ruinierten Riemen, sodass sie nicht mehr verwendet werden konnten.
Mereka mengunyah reis kulit dan tali yang rosak tidak dapat digunakan.
François hörte auf, auf die zerrissene Peitsche zu starren, um nach den Hunden zu sehen.
François berhenti merenung sebatan yang terkoyak untuk memeriksa anjing-anjing itu.
„Ah, meine Freunde", sagte er mit leiser, besorgter Stimme.
"Ah, kawan-kawan saya," katanya, suaranya rendah dan penuh dengan kebimbangan.
„Vielleicht verwandeln euch all diese Bisse in tollwütige Tiere."
"Mungkin semua gigitan ini akan mengubah kamu menjadi binatang gila."

„Vielleicht alles tollwütige Hunde, heiliger Scheiß! Was meinst du, Perrault?"
"Mungkin semua anjing gila, sacredam! Apa pendapat awak, Perrault?"
Perrault schüttelte den Kopf, seine Augen waren dunkel vor Sorge und Angst.
Perrault menggelengkan kepalanya, matanya gelap dengan kebimbangan dan ketakutan.
Zwischen ihnen und Dawson lagen noch sechshundertvierzig Kilometer.
Empat ratus batu masih terletak di antara mereka dan Dawson.
Der Hundewahnsinn könnte nun jede Überlebenschance zerstören.
Kegilaan anjing kini boleh memusnahkan sebarang peluang untuk terus hidup.
Sie verbrachten zwei Stunden damit, zu fluchen und zu versuchen, die Ausrüstung zu reparieren.
Mereka menghabiskan dua jam bersumpah dan cuba membetulkan gear.
Das verwundete Team verließ schließlich gebrochen und besiegt das Lager.
Pasukan yang cedera akhirnya meninggalkan kem, rosak dan kalah.
Dies war der bisher schwierigste Weg und jeder Schritt war schmerzhaft.
Ini adalah laluan yang paling sukar, dan setiap langkah adalah menyakitkan.
Der Thirty Mile River war nicht zugefroren und rauschte wild.
Sungai Thirty Mile tidak membeku, dan mengalir deras.
Nur an ruhigen Stellen und in wirbelnden Wirbeln konnte das Eis halten.
Hanya di tempat yang tenang dan pusaran yang berpusar barulah ais berjaya ditahan.
Sechs Tage harter Arbeit vergingen, bis die dreißig Meilen geschafft waren.

Enam hari kerja keras berlalu sehingga tiga puluh batu selesai.
Jeder Kilometer des Weges barg Gefahren und Todesgefahr.
Setiap batu dari laluan itu membawa bahaya dan ancaman kematian.
Die Männer und Hunde riskierten mit jedem schmerzhaften Schritt ihr Leben.
Lelaki dan anjing itu mempertaruhkan nyawa mereka dengan setiap langkah yang menyakitkan.
Perrault durchbrach ein Dutzend Mal dünne Eisbrücken.
Perrault menerobos jambatan ais nipis beberapa kali berbeza.
Er trug eine Stange und ließ sie über das Loch fallen, das sein Körper hinterlassen hatte.
Dia memikul sebatang tiang dan membiarkannya jatuh di atas lubang yang dibuat badannya.
Mehr als einmal rettete diese Stange Perrault vor dem Ertrinken.
Lebih daripada sekali tiang itu menyelamatkan Perrault daripada lemas.
Die Kältewelle hielt an, die Lufttemperatur lag bei minus fünfzig Grad.
Rasa sejuk itu dipegang teguh, udara lima puluh darjah di bawah sifar.
Jedes Mal, wenn er hineinfiel, musste Perrault ein Feuer anzünden, um zu überleben.
Setiap kali dia terjatuh, Perrault terpaksa menyalakan api untuk terus hidup.
Nasse Kleidung gefror schnell, also trocknete er sie in der Nähe der sengenden Hitze.
Pakaian basah membeku dengan cepat, jadi dia mengeringkannya berhampiran panas terik.
Perrault hatte nie Angst und das machte ihn zu einem Kurier.
Tiada rasa takut pernah menyentuh Perrault, dan itu menjadikannya seorang kurier.
Er wurde für die Gefahr auserwählt und begegnete ihr mit stiller Entschlossenheit.

Dia dipilih untuk bahaya, dan dia menghadapinya dengan tekad yang tenang.

Er drängte sich gegen den Wind vorwärts, sein runzliges Gesicht war erfroren.

Dia menekan ke hadapan ke arah angin, mukanya yang keriput beku.

Von der Morgendämmerung bis zum Einbruch der Nacht führte Perrault sie weiter.

Dari subuh yang redup hingga malam, Perrault membawa mereka ke hadapan.

Er ging auf einer schmalen Eiskante, die bei jedem Schritt knackte.

Dia berjalan di atas ais sempit yang retak setiap langkah.

Sie wagten nicht, anzuhalten – jede Pause hätte das Risiko eines tödlichen Zusammenbruchs bedeutet.

Mereka tidak berani berhenti-setiap jeda berisiko mengalami keruntuhan maut.

Einmal brach der Schlitten durch und zog Dave und Buck hinein.

Suatu ketika kereta luncur itu menceroboh, menarik Dave dan Buck masuk.

Als sie freigezogen wurden, waren beide fast erfroren.

Pada masa mereka diseret bebas, kedua-duanya hampir beku.

Die Männer machten schnell ein Feuer, um Buck und Dave am Leben zu halten.

Lelaki itu membakar api dengan cepat untuk memastikan Buck dan Dave terus hidup.

Die Hunde waren von der Nase bis zum Schwanz mit Eis bedeckt und steif wie geschnitztes Holz.

Anjing-anjing itu disalut dengan ais dari hidung ke ekor, kaku seperti kayu berukir.

Die Männer ließen sie in der Nähe des Feuers im Kreis laufen, um ihre Körper aufzutauen.

Lelaki itu berlari mereka dalam bulatan berhampiran api untuk mencairkan badan mereka.

Sie kamen den Flammen so nahe, dass ihr Fell versengt wurde.

Mereka datang begitu dekat dengan api sehingga bulu mereka hangus.
Als nächster durchbrach Spitz das Eis und zog das Team hinter sich her.
Spitz menerobos ais seterusnya, menyeret pasukan di belakangnya.
Der Bruch reichte bis zu der Stelle, an der Buck zog.
Masa rehat itu sampai ke tempat Buck menarik.
Buck lehnte sich weit zurück, seine Pfoten rutschten und zitterten auf der Kante.
Buck bersandar kuat, kaki tergelincir dan menggeletar di tepi.
Dave streckte sich ebenfalls nach hinten, direkt hinter Buck auf der Leine.
Dave juga tegang ke belakang, tepat di belakang Buck di barisan.
François zog den Schlitten, seine Muskeln knackten vor Anstrengung.
François menarik kereta luncur, ototnya retak dengan usaha.
Ein anderes Mal brach das Randeis vor und hinter dem Schlitten.
Lain kali, rim ais retak sebelum dan belakang kereta luncur.
Sie hatten keinen anderen Ausweg, als eine gefrorene Felswand zu erklimmen.
Mereka tidak mempunyai jalan keluar kecuali memanjat dinding tebing beku.
Perrault schaffte es irgendwie, die Mauer zu erklimmen; wie durch ein Wunder blieb er am Leben.
Perrault entah bagaimana memanjat dinding; satu keajaiban membuatkan dia hidup.
François blieb unten und betete um dasselbe Glück.
François tinggal di bawah, berdoa untuk nasib yang sama.
Sie banden jeden Riemen, jede Zurrschnur und jede Leine zu einem langen Seil zusammen.
Mereka mengikat setiap tali, sebatan, dan kesan ke dalam satu tali panjang.
Die Männer zogen jeden Hund einzeln nach oben.

Lelaki itu menarik setiap anjing ke atas, satu demi satu ke atas.

François kletterte als Letzter, nach dem Schlitten und der gesamten Ladung.
François mendaki terakhir, selepas kereta luncur dan keseluruhan muatan.

Dann begann eine lange Suche nach einem Weg von den Klippen hinunter.
Kemudian bermula pencarian panjang untuk laluan turun dari tebing.

Schließlich stiegen sie mit demselben Seil ab, das sie selbst hergestellt hatten.
Mereka akhirnya turun menggunakan tali yang sama yang mereka buat.

Es wurde Nacht, als sie erschöpft und wund zum Flussbett zurückkehrten.
Malam tiba ketika mereka kembali ke dasar sungai, letih dan sakit.

Der ganze Tag hatte ihnen nur eine Viertelmeile Gewinn eingebracht.
Mereka telah mengambil masa sehari penuh untuk menempuh hanya seperempat batu.

Als sie das Hootalinqua erreichten, war Buck erschöpft.
Pada masa mereka sampai ke Hootalinqua, Buck sudah haus.

Die anderen Hunde litten ebenso sehr unter den Bedingungen auf dem Trail.
Anjing-anjing lain menderita sama teruk akibat keadaan laluan.

Aber Perrault musste Zeit gutmachen und trieb sie jeden Tag weiter an.
Tetapi Perrault perlu memulihkan masa, dan menolaknya setiap hari.

Am ersten Tag reisten sie dreißig Meilen nach Big Salmon.
Hari pertama mereka mengembara tiga puluh batu ke Big Salmon.

Am nächsten Tag reisten sie fünfunddreißig Meilen nach Little Salmon.

Keesokan harinya mereka mengembara tiga puluh lima batu ke Little Salmon.
Am dritten Tag kämpften sie sich durch sechzig Kilometer lange, eisige Strecken.
Pada hari ketiga mereka menempuh empat puluh batu beku yang panjang.
Zu diesem Zeitpunkt näherten sie sich der Siedlung Five Fingers.
Ketika itu, mereka sedang menghampiri penempatan Five Fingers.

Bucks Füße waren weicher als die harten Füße der einheimischen Huskys.
Kaki Buck lebih lembut daripada kaki keras huskies asli.
Seine Pfoten waren im Laufe vieler zivilisierter Generationen zart geworden.
Cakarnya telah menjadi lembut selama beberapa generasi bertamadun.
Vor langer Zeit wurden seine Vorfahren von Flussmännern oder Jägern gezähmt.
Dahulu, nenek moyangnya telah dijinakkan oleh lelaki sungai atau pemburu.
Jeden Tag humpelte Buck unter Schmerzen und ging auf wunden, schmerzenden Pfoten.
Setiap hari Buck terkial-kial dalam kesakitan, berjalan di atas kaki yang mentah dan sakit.
Im Lager fiel Buck wie eine leblose Gestalt in den Schnee.
Di kem, Buck jatuh seperti bentuk tidak bermaya di atas salji.
Obwohl Buck am Verhungern war, stand er nicht auf, um sein Abendessen einzunehmen.
Walaupun kelaparan, Buck tidak bangun untuk makan malamnya.
François brachte Buck seine Ration und legte ihm Fisch neben die Schnauze.
François membawa Buck makanannya, meletakkan ikan di dekat muncungnya.

Jeden Abend massierte der Fahrer Bucks Füße eine halbe Stunde lang.
Setiap malam pemandu itu menggosok kaki Buck selama setengah jam.
François hat sogar seine eigenen Mokassins zerschnitten, um daraus Hundeschuhe zu machen.
Françoi juga memotong moccasinnya sendiri untuk membuat kasut anjing.
Vier warme Schuhe waren für Buck eine große und willkommene Erleichterung.
Empat kasut hangat memberi Buck kelegaan yang hebat dan dialu-alukan.
Eines Morgens vergaß François die Schuhe und Buck weigerte sich aufzustehen.
Suatu pagi, François terlupa kasut itu, dan Buck enggan bangun.
Buck lag auf dem Rücken, die Füße in der Luft, und wedelte mitleiderregend damit herum.
Buck berbaring di belakangnya, kaki di udara, melambai-lambai dengan menyedihkan.
Sogar Perrault grinste beim Anblick von Bucks dramatischer Bitte.
Malah Perrault tersengih melihat rayuan dramatik Buck.
Bald wurden Bucks Füße hart und die Schuhe konnten weggeworfen werden.
Tidak lama kemudian kaki Buck menjadi keras, dan kasut itu boleh dibuang.
In Pelly stieß Dolly beim Angeschirrtwerden ein schreckliches Heulen aus.
Di Pelly, semasa masa abah-abah, Dolly mengeluarkan lolongan yang mengerikan.
Der Schrei war lang und voller Wahnsinn und erschütterte jeden Hund.
Tangisan itu panjang dan penuh dengan kegilaan, menggegarkan setiap anjing.
Jeder Hund zuckte vor Angst zusammen, ohne den Grund zu kennen.

Setiap anjing berbulu ketakutan tanpa mengetahui sebabnya.
Dolly war verrückt geworden und stürzte sich direkt auf Buck.
Dolly telah menjadi gila dan melemparkan dirinya terus ke arah Buck.
Buck hatte noch nie Wahnsinn gesehen, aber sein Herz war von Entsetzen erfüllt.
Buck tidak pernah melihat kegilaan, tetapi seram memenuhi hatinya.
Ohne nachzudenken, drehte er sich um und floh in absoluter Panik.
Tanpa berfikir panjang, dia berpaling dan melarikan diri dalam keadaan panik.
Dolly jagte ihm hinterher, ihre Augen waren wild, Speichel spritzte aus ihrem Maul.
Dolly mengejarnya, matanya liar, air liur berterbangan dari rahangnya.
Sie blieb direkt hinter Buck, holte nie auf und fiel nie zurück.
Dia terus berada di belakang Buck, tidak pernah mendapat dan tidak pernah mundur.
Buck rannte durch den Wald, die Insel hinunter und über zerklüftetes Eis.
Buck berlari melalui hutan, menyusuri pulau, melintasi ais bergerigi.
Er überquerte die Insel und erreichte eine weitere, bevor er im Kreis zurück zum Fluss ging.
Dia menyeberang ke sebuah pulau, kemudian yang lain, berputar kembali ke sungai.
Dolly jagte ihn immer noch und knurrte ihn bei jedem Schritt an.
Dolly masih mengejarnya, geramnya dekat di belakang pada setiap langkah.
Buck konnte ihren Atem und ihre Wut hören, obwohl er es nicht wagte, zurückzublicken.
Buck boleh mendengar nafas dan kemarahannya, walaupun dia tidak berani menoleh ke belakang.

François rief aus der Ferne und Buck drehte sich in die Richtung der Stimme um.
François menjerit dari jauh, dan Buck menoleh ke arah suara itu.
Immer noch nach Luft schnappend rannte Buck vorbei und setzte seine ganze Hoffnung auf François.
Masih tercungap-cungap, Buck berlari melepasi, meletakkan semua harapan pada François.
Der Hundeführer hob eine Axt und wartete, während Buck vorbeiflog.
Pemandu anjing itu mengangkat kapak dan menunggu Buck terbang lalu.
Die Axt kam schnell herunter und traf Dollys Kopf mit tödlicher Wucht.
Kapak itu turun dengan pantas dan menghentak kepala Dolly dengan kekuatan maut.
Buck brach neben dem Schlitten zusammen, keuchte und konnte sich nicht bewegen.
Buck rebah berhampiran kereta luncur, semput dan tidak dapat bergerak.
In diesem Moment hatte Spitz die Chance, einen erschöpften Gegner zu schlagen.
Detik itu memberi peluang kepada Spitz untuk menyerang musuh yang keletihan.
Zweimal biss er Buck und riss das Fleisch bis auf den weißen Knochen auf.
Dua kali dia menggigit Buck, mengoyakkan daging hingga ke tulang putih.
François' Peitsche knallte und traf Spitz mit voller, wütender Wucht.
Cambuk François retak, memukul Spitz dengan kekuatan penuh dan marah.
Buck sah mit Freude zu, wie Spitz seine bisher härteste Tracht Prügel bekam.
Buck memerhati dengan gembira apabila Spitz menerima pukulan paling kerasnya.

„Er ist ein Teufel, dieser Spitz", murmelte Perrault düster vor sich hin.
"Dia syaitan, Spitz itu," gumam Perrault dalam hati.
„Eines Tages wird dieser verfluchte Hund Buck töten – das schwöre ich."
"Suatu hari nanti, anjing terkutuk itu akan membunuh Buck-saya bersumpah."
„Dieser Buck hat zwei Teufel in sich", antwortete François mit einem Nicken.
"Buck itu mempunyai dua syaitan dalam dirinya," jawab François sambil mengangguk.
„Wenn ich Buck beobachte, weiß ich, dass etwas Wildes in ihm lauert."
"Apabila saya menonton Buck, saya tahu sesuatu yang sengit menantinya."
„Eines Tages wird er rasend vor Wut werden und Spitz in Stücke reißen."
"Suatu hari nanti, dia akan marah seperti api dan mengoyakkan Spitz."
„Er wird den Hund zerkauen und ihn auf den gefrorenen Schnee spucken."
"Dia akan mengunyah anjing itu dan meludahkannya pada salji beku."
„Das weiß ich ganz sicher tief in meinem Innern."
"Sebenarnya, saya tahu perkara ini jauh di dalam tulang saya."
Von diesem Moment an befanden sich die beiden Hunde im Krieg.
Sejak saat itu, kedua-dua anjing itu dikunci dalam peperangan.
Spitz führte das Team an und hatte die Macht, aber Buck stellte das in Frage.
Spitz mengetuai pasukan dan memegang kuasa, tetapi Buck mencabarnya.
Spitz sah seinen Rang durch diesen seltsamen Fremden aus dem Süden bedroht.
Spitz melihat pangkatnya terancam oleh orang asing di Southland yang ganjil ini.

Buck war anders als alle Südstaatenhunde, die Spitz zuvor gekannt hatte.
Buck tidak seperti mana-mana anjing selatan yang pernah diketahui Spitz sebelum ini.

Die meisten von ihnen scheiterten – sie waren zu schwach, um Kälte und Hunger zu überleben.
Kebanyakan mereka gagal—terlalu lemah untuk hidup melalui kesejukan dan kelaparan.

Sie starben schnell unter der harten Arbeit, dem Frost und der langsamen Hungersnot.
Mereka mati dengan cepat di bawah buruh, fros, dan kelaparan yang perlahan.

Buck stand abseits – mit jedem Tag stärker, klüger und wilder.
Buck berdiri berasingan—lebih kuat, lebih bijak dan lebih ganas setiap hari.

Er gedieh trotz aller Härte und wuchs heran, bis er den nördlichen Huskies ebenbürtig war.
Dia berkembang maju dalam kesusahan, berkembang untuk menandingi huskie utara.

Buck hatte Kraft, wilde Geschicklichkeit und einen geduldigen, tödlichen Instinkt.
Buck mempunyai kekuatan, kemahiran liar, dan sabar, naluri maut.

Der Mann mit der Keule hatte Buck die Unbesonnenheit ausgetrieben.
Lelaki dengan kelab itu telah mengalahkan rasa terburu-buru daripada Buck.

Die blinde Wut war verschwunden und durch stille Gerissenheit und Kontrolle ersetzt worden.
Kemarahan buta telah hilang, digantikan dengan kelicikan dan kawalan yang tenang.

Er wartete ruhig und ursprünglich und wartete auf den richtigen Moment.
Dia menunggu, tenang dan prima, memerhatikan masa yang sesuai.

Ihr Kampf um die Vorherrschaft wurde unvermeidlich und deutlich.
Perjuangan mereka untuk perintah menjadi tidak dapat dielakkan dan jelas.
Buck strebte nach einer Führungsposition, weil sein Geist es verlangte.
Buck inginkan kepimpinan kerana semangatnya menuntutnya.
Er wurde von dem seltsamen Stolz getrieben, der aus der Jagd und dem Geschirr entstand.
Dia didorong oleh kebanggaan aneh yang lahir dari jejak dan abah-abah.
Dieser Stolz ließ die Hunde ziehen, bis sie im Schnee zusammenbrachen.
Kebanggaan itu membuat anjing menarik sehingga mereka rebah di atas salji.
Der Stolz verleitete sie dazu, all ihre Kraft einzusetzen.
Kebanggaan memikat mereka untuk memberikan semua kekuatan yang mereka ada.
Stolz kann einen Schlittenhund sogar in den Tod treiben.
Kesombongan boleh memikat anjing kereta luncur hingga ke tahap kematian.
Der Verlust des Geschirrs ließ die Hunde gebrochen und ziellos zurück.
Kehilangan abah menyebabkan anjing patah dan tanpa tujuan.
Das Herz eines Schlittenhundes kann vor Scham brechen, wenn er in den Ruhestand geht.
Hati anjing kereta luncur boleh dihancurkan oleh rasa malu apabila mereka bersara.
Dave lebte von diesem Stolz, während er den Schlitten hinter sich herzog.
Dave hidup dengan kebanggaan itu ketika dia menyeret kereta luncur dari belakang.
Auch Solleks gab mit grimmiger Stärke und Loyalität alles.
Solleks juga memberikan segalanya dengan kekuatan dan kesetiaan yang suram.

Jeden Morgen verwandelte der Stolz ihre Verbitterung in Entschlossenheit.
Setiap pagi, kesombongan mengubah mereka dari pahit kepada tekad.
Sie drängten den ganzen Tag und verstummten dann am Ende des Lagers.
Mereka menolak sepanjang hari, kemudian berdiam diri di penghujung kem.
Dieser Stolz gab Spitz die Kraft, Drückeberger zur Räson zu bringen.
Kebanggaan itu memberi Spitz kekuatan untuk menewaskan syirik ke dalam barisan.
Spitz fürchtete Buck, weil Buck denselben tiefen Stolz in sich trug.
Spitz takut Buck kerana Buck membawa kebanggaan mendalam yang sama.
Bucks Stolz wandte sich nun gegen Spitz, und er ließ nicht locker.
Kebanggaan Buck kini dikacau terhadap Spitz, dan dia tidak berhenti.
Buck widersetzte sich Spitz' Macht und hinderte ihn daran, Hunde zu bestrafen.
Buck menentang kuasa Spitz dan menghalangnya daripada menghukum anjing.
Als andere versagten, stellte sich Buck zwischen sie und ihren Anführer.
Apabila yang lain gagal, Buck melangkah di antara mereka dan ketua mereka.
Er tat dies mit Absicht und brachte seine Herausforderung offen und deutlich zum Ausdruck.
Dia melakukan ini dengan niat, menjadikan cabarannya terbuka dan jelas.
In einer Nacht hüllte schwerer Schnee die Welt in tiefe Stille.
Pada suatu malam salji tebal menyelubungi dunia dalam kesunyian yang mendalam.

Am nächsten Morgen stand Pike, faul wie immer, nicht zur Arbeit auf.
Keesokan paginya, Pike, malas seperti biasa, tidak bangun untuk bekerja.
Er blieb in seinem Nest unter einer dicken Schneeschicht verborgen.
Dia bersembunyi di dalam sarangnya di bawah lapisan salji yang tebal.
François rief und suchte, konnte den Hund jedoch nicht finden.
François memanggil dan mencari, tetapi tidak menemui anjing itu.
Spitz wurde wütend und stürmte durch das schneebedeckte Lager.
Spitz menjadi marah dan menyerbu melalui kem yang dilitupi salji.
Er knurrte und schnüffelte und grub wie verrückt mit flammenden Augen.
Dia menggeram dan menghidu, menggali gila dengan mata yang menyala.
Seine Wut war so heftig, dass Pike vor Angst unter dem Schnee zitterte.
Kemarahannya sangat hebat sehingga Pike bergegar di bawah salji kerana ketakutan.
Als Pike schließlich gefunden wurde, stürzte sich Spitz auf den versteckten Hund, um ihn zu bestrafen.
Apabila Pike akhirnya ditemui, Spitz menerjang untuk menghukum anjing yang bersembunyi.
Doch Buck sprang mit einer Wut zwischen sie, die Spitz' eigener ebenbürtig war.
Tetapi Buck muncul di antara mereka dengan kemarahan yang sama dengan kemarahan Spitz sendiri.
Der Angriff erfolgte so plötzlich und geschickt, dass Spitz umfiel.
Serangan itu begitu mendadak dan bijak sehingga Spitz jatuh dari kakinya.

Pike, der gezittert hatte, schöpfte aus diesem Trotz neuen Mut.
Pike, yang telah gemetar, mengambil keberanian daripada penentangan ini.
Er sprang auf den gefallenen Spitz und folgte Bucks mutigem Beispiel.
Dia melompat ke atas Spitz yang jatuh, mengikuti contoh berani Buck.
Buck, der nicht länger an Fairness gebunden war, beteiligte sich am Angriff auf Spitz.
Buck, tidak lagi terikat dengan keadilan, menyertai mogok ke atas Spitz.
François, amüsiert, aber dennoch diszipliniert, schwang seine schwere Peitsche.
François, geli namun tegas dalam disiplin, menghayunkan sebatannya yang berat.
Er schlug Buck mit aller Kraft, um den Kampf zu beenden.
Dia memukul Buck dengan sekuat tenaga untuk meleraikan pergaduhan itu.
Buck weigerte sich, sich zu bewegen und blieb auf dem gefallenen Anführer sitzen.
Buck enggan bergerak dan kekal di atas ketua yang jatuh.
Dann benutzte François den Griff der Peitsche und schlug Buck damit heftig.
François kemudian menggunakan pegangan cemeti, memukul Buck dengan kuat.
Buck taumelte unter dem Schlag und fiel zurück.
Terhuyung-huyung akibat pukulan itu, Buck jatuh kembali di bawah serangan itu.
François schlug immer wieder zu, während Spitz Pike bestrafte.
François menyerang berulang kali manakala Spitz menghukum Pike.

Die Tage vergingen und Dawson City kam immer näher.
Hari berlalu, dan Bandar Dawson semakin dekat dan dekat.

Buck mischte sich immer wieder ein und schlüpfte zwischen Spitz und andere Hunde.
Buck terus campur tangan, menyelinap di antara Spitz dan anjing lain.
Er wählte seine Momente gut und wartete immer darauf, dass François ging.
Dia memilih momennya dengan baik, sentiasa menunggu François pergi.
Bucks stille Rebellion breitete sich aus und im Team breitete sich Unordnung aus.
Pemberontakan senyap Buck merebak, dan kekacauan berakar dalam pasukan.
Dave und Solleks blieben loyal, andere jedoch wurden widerspenstig.
Dave dan Solleks tetap setia, tetapi yang lain menjadi tidak terkawal.
Die Situation im Team wurde immer schlimmer – es wurde unruhig, streitsüchtig und geriet aus der Reihe.
Pasukan itu bertambah teruk—gelisah, bergaduh dan keluar dari barisan.
Nichts lief mehr reibungslos und es kam immer wieder zu Streit.
Tiada apa-apa yang berfungsi dengan lancar lagi, dan pergaduhan menjadi perkara biasa.
Buck blieb im Zentrum des Chaos und provozierte ständig Unruhe.
Buck kekal di tengah-tengah masalah, sentiasa mencetuskan kekacauan.
François blieb wachsam, aus Angst vor dem Kampf zwischen Buck und Spitz.
François tetap berjaga-jaga, takut akan pergaduhan antara Buck dan Spitz.
Jede Nacht wurde er durch Rangeleien geweckt, aus Angst, dass es endlich losgehen würde.
Setiap malam, pergelutan menyedarkannya, takut permulaannya akhirnya tiba.
Er sprang aus seiner Robe, bereit, den Kampf zu beenden.

Dia melompat dari jubahnya, bersedia untuk meleraikan pergaduhan.
Aber der Moment kam nie und sie erreichten schließlich Dawson.
Tetapi saat itu tidak pernah tiba, dan mereka sampai ke Dawson akhirnya.
Das Team betrat die Stadt an einem trüben Nachmittag, angespannt und still.
Pasukan itu memasuki bandar pada suatu petang yang suram, tegang dan sunyi.
Der große Kampf um die Führung hing noch immer in der eisigen Luft.
Pertempuran hebat untuk kepimpinan masih tergantung di udara beku.
Dawson war voller Männer und Schlittenhunde, die alle mit der Arbeit beschäftigt waren.
Dawson penuh dengan lelaki dan anjing kereta luncur, semuanya sibuk dengan kerja.
Buck beobachtete die Hunde von morgens bis abends beim Lastenziehen.
Buck melihat anjing-anjing itu menarik beban dari pagi hingga malam.
Sie transportierten Baumstämme und Brennholz und lieferten Vorräte an die Minen.
Mereka mengangkut kayu balak dan kayu api, mengangkut bekalan ke lombong.
Wo früher im Süden Pferde arbeiteten, schufteten heute Hunde.
Di mana kuda pernah bekerja di Southland, anjing kini bekerja.
Buck sah einige Hunde aus dem Süden, aber die meisten waren wolfsähnliche Huskys.
Buck melihat beberapa anjing dari Selatan, tetapi kebanyakannya adalah serak seperti serigala.
Nachts erhoben die Hunde pünktlich zum ersten Mal ihre Stimmen zum Singen.

Pada waktu malam, seperti jam, anjing meninggikan suara mereka dalam lagu.

Um neun, um Mitternacht und erneut um drei begann der Gesang.

Pada pukul sembilan, pada tengah malam, dan sekali lagi pada pukul tiga, nyanyian bermula.

Buck liebte es, in ihren unheimlichen Gesang einzustimmen, der wild und uralt klang.

Buck suka menyertai nyanyian menakutkan mereka, liar dan kuno dalam bunyi.

Das Polarlicht flammte, die Sterne tanzten und das Land war mit Schnee bedeckt.

Aurora menyala, bintang menari, dan salji menyelimuti bumi.

Der Gesang der Hunde erhob sich als Aufschrei gegen die Stille und die bittere Kälte.

Lagu anjing meningkat sebagai tangisan menentang kesunyian dan kesejukan yang pahit.

Doch in jedem langen Ton ihres Heulens war Trauer und nicht Trotz zu hören.

Tetapi lolongan mereka menahan kesedihan, bukan pembangkangan, dalam setiap nada yang panjang.

Jeder Klageschrei war voller Flehen; die Last des Lebens selbst.

Setiap tangisan ratapan penuh dengan rayuan; beban hidup itu sendiri.

Dieses Lied war alt – älter als Städte und älter als Feuer

Lagu itu sudah lama—lebih tua daripada bandar, dan lebih tua daripada api

Dieses Lied war sogar älter als die Stimmen der Menschen.

Lagu itu lebih kuno daripada suara lelaki.

Es war ein Lied aus der jungen Welt, als alle Lieder traurig waren.

Ia adalah lagu dari dunia muda, apabila semua lagu sedih.

Das Lied trug den Kummer unzähliger Hundegenerationen in sich.

Lagu itu membawa kesedihan daripada generasi anjing yang tidak terkira banyaknya.

Buck spürte die Melodie tief und stöhnte vor jahrhundertealtem Schmerz.
Buck merasakan melodi itu dengan mendalam, mengerang kesakitan yang berakar pada zaman.
Er schluchzte aus einem Kummer, der so alt war wie das wilde Blut in seinen Adern.
Dia menangis teresak-esak kerana kesedihan yang setua darah liar dalam uratnya.
Die Kälte, die Dunkelheit und das Geheimnisvolle berührten Bucks Seele.
Sejuk, gelap, dan misteri itu menyentuh jiwa Buck.
Dieses Lied bewies, wie weit Buck zu seinen Ursprüngen zurückgekehrt war.
Lagu itu membuktikan sejauh mana Buck telah kembali ke asalnya.
Durch Schnee und Heulen hatte er den Anfang seines eigenen Lebens gefunden.
Melalui salji dan melolong dia telah menemui permulaan hidupnya sendiri.

Sieben Tage nach ihrer Ankunft in Dawson brachen sie erneut auf.
Tujuh hari selepas tiba di Dawson, mereka berangkat sekali lagi.
Das Team verließ die Kaserne und fuhr hinunter zum Yukon Trail.
Pasukan itu turun dari Berek turun ke Laluan Yukon.
Sie begannen die Rückreise nach Dyea und Salt Water.
Mereka memulakan perjalanan pulang ke arah Dyea dan Air Garam.
Perrault überbrachte noch dringlichere Depeschen als zuvor.
Perrault membawa penghantaran yang lebih mendesak daripada sebelumnya.
Auch ihn packte der Trail-Stolz, und er wollte einen Rekord aufstellen.
Dia juga dirampas oleh kebanggaan jejak dan bertujuan untuk mencipta rekod.

Diesmal hatte Perrault mehrere Vorteile.
Kali ini, beberapa kelebihan berada di pihak Perrault.
Die Hunde hatten eine ganze Woche lang geruht und ihre Kräfte wiedererlangt.
Anjing-anjing itu telah berehat selama seminggu penuh dan memulihkan kekuatan mereka.
Die Spur, die sie gebahnt hatten, wurde nun von anderen festgestampft.
Laluan yang telah mereka patahkan kini telah dimasuki oleh orang lain.
An manchen Stellen hatte die Polizei Futter für Hunde und Menschen gelagert.
Di beberapa tempat, polis telah menyimpan makanan untuk anjing dan lelaki.
Perrault reiste mit leichtem Gepäck und bewegte sich schnell, ohne dass ihn etwas belastete.
Perrault mengembara ringan, bergerak pantas dengan sedikit yang membebankannya.
Sie erreichten Sixty-Mile, eine Strecke von achtzig Kilometern, noch in der ersten Nacht.
Mereka mencapai Sixty-Mile, larian lima puluh batu, pada malam pertama.
Am zweiten Tag eilten sie den Yukon hinauf nach Pelly.
Pada hari kedua, mereka bergegas menaiki Yukon ke arah Pelly.
Doch dieser tolle Fortschritt war für François mit vielen Strapazen verbunden.
Tetapi kemajuan yang begitu baik datang dengan banyak tekanan untuk François.
Bucks stille Rebellion hatte die Disziplin des Teams zerstört.
Pemberontakan Buck secara senyap telah menghancurkan disiplin pasukan.
Sie zogen nicht mehr wie ein Tier an den Zügeln.
Mereka tidak lagi bersatu seperti satu binatang dalam kekang.
Buck hatte durch sein mutiges Beispiel andere zum Trotz verleitet.

Buck telah menyebabkan orang lain menentang melalui contoh beraninya.

Spitz' Befehl stieß weder auf Furcht noch auf Respekt.
Arahan Spitz tidak lagi disambut dengan rasa takut atau hormat.

Die anderen verloren ihre Ehrfurcht vor ihm und wagten es, sich seiner Herrschaft zu widersetzen.
Yang lain hilang rasa kagum terhadapnya dan berani menentang pemerintahannya.

Eines Nachts stahl Pike einen halben Fisch und aß ihn vor Bucks Augen.
Pada suatu malam, Pike mencuri separuh ikan dan memakannya di bawah mata Buck.

In einer anderen Nacht kämpften Dub und Joe gegen Spitz und blieben ungestraft.
Satu malam lagi, Dub dan Joe melawan Spitz dan tidak dihukum.

Sogar Billee jammerte weniger süß und zeigte eine neue Schärfe.
Malah Billee merengek kurang manis dan menunjukkan ketajaman baru.

Buck knurrte Spitz jedes Mal an, wenn sich ihre Wege kreuzten.
Buck menengking Spitz setiap kali mereka bersilang jalan.

Bucks Haltung wurde dreist und bedrohlich, fast wie die eines Tyrannen.
Sikap Buck semakin berani dan mengancam, hampir seperti pembuli.

Mit stolzgeschwellter Brust und voller spöttischer Bedrohung schritt er vor Spitz auf und ab.
Dia mundar-mandir di hadapan Spitz dengan angkuh, penuh dengan ancaman mengejek.

Dieser Zusammenbruch der Ordnung breitete sich auch unter den Schlittenhunden aus.
Keruntuhan perintah itu juga merebak di kalangan anjing kereta luncur.

Sie stritten und stritten mehr denn je und erfüllten das Lager mit Lärm.
Mereka bergaduh dan bertengkar lebih daripada sebelumnya, mengisi kem dengan bunyi bising.
Das Lagerleben verwandelte sich jede Nacht in ein wildes, heulendes Chaos.
Kehidupan perkhemahan bertukar menjadi huru-hara, melolong setiap malam.
Nur Dave und Solleks blieben ruhig und konzentriert.
Hanya Dave dan Solleks yang kekal stabil dan fokus.
Doch selbst sie wurden durch die ständigen Schlägereien ungehalten.
Tetapi mereka menjadi pemarah kerana pergaduhan yang berterusan.
François fluchte in fremden Sprachen und stampfte frustriert auf.
François mengutuk dalam bahasa pelik dan menghentak-hentak dalam kekecewaan.
Er riss sich die Haare aus und schrie, während der Schnee unter seinen Füßen wirbelte.
Dia mengoyakkan rambutnya dan menjerit semasa salji berterbangan di bawah kaki.
Seine Peitsche knallte über das Rudel, konnte es aber kaum in Schach halten.
Cambuknya menerpa bungkusan itu tetapi hampir-hampir tidak dapat memastikan mereka berada dalam barisan.
Immer wenn er sich umdrehte, brachen die Kämpfe erneut aus.
Setiap kali dia berpaling, pergaduhan berlaku lagi.
François setzte die Peitsche für Spitz ein, während Buck die Rebellen anführte.
François menggunakan sebatan untuk Spitz, manakala Buck mengetuai pemberontak.
Jeder kannte die Rolle des anderen, aber Buck vermied jegliche Schuldzuweisungen.
Masing-masing tahu peranan masing-masing, tetapi Buck mengelak sebarang kesalahan.

François hat Buck nie dabei erwischt, wie er eine Schlägerei anfing oder sich vor seiner Arbeit drückte.
François tidak pernah menangkap Buck memulakan pergaduhan atau mengabaikan tugasnya.
Buck arbeitete hart im Geschirr – die Mühe erfüllte ihn jetzt mit Begeisterung.
Buck bekerja keras dalam abah-abah—penat lelah kini menggembirakan semangatnya.
Doch noch mehr Freude bereitete ihm das Anzetteln von Kämpfen und Chaos im Lager.
Tetapi dia mendapati lebih banyak kegembiraan dalam mencetuskan pergaduhan dan huru-hara di kem.

Eines Abends schreckte Dub an der Mündung des Tahkeena ein Kaninchen auf.
Di mulut Tahkeena pada suatu petang, Dub mengejutkan seekor arnab.
Er verpasste den Fang und das Schneeschuhkaninchen sprang davon.
Dia terlepas tangkapan, dan arnab kasut salji melompat pergi.
Innerhalb von Sekunden nahm das gesamte Schlittenteam unter wildem Geschrei die Verfolgung auf.
Dalam beberapa saat, seluruh pasukan kereta luncur mengejar dengan teriakan liar.
In der Nähe beherbergte ein Lager der Northwest Police fünfzig Huskys.
Berdekatan, sebuah kem Polis Barat Laut menempatkan lima puluh anjing serak.
Sie schlossen sich der Jagd an und stürmten gemeinsam den zugefrorenen Fluss hinunter.
Mereka menyertai perburuan, menyusuri sungai beku bersama-sama.
Das Kaninchen verließ den Fluss und floh in ein gefrorenes Bachbett.
Arnab itu mematikan sungai, melarikan diri ke atas dasar sungai beku.

Das Kaninchen hüpfte leichtfüßig über den Schnee, während die Hunde sich durchkämpften.
Arnab itu melompat ringan di atas salji manakala anjing-anjing itu bergelut.
Buck führte das riesige Rudel von sechzig Hunden um jede Kurve.
Buck mengetuai kumpulan besar enam puluh anjing mengelilingi setiap selekoh berpusing.
Er drängte tief und eifrig vorwärts, konnte jedoch keinen Boden gutmachen.
Dia menolak ke hadapan, rendah dan bersemangat, tetapi tidak dapat memperoleh tanah.
Bei jedem kraftvollen Sprung blitzte sein Körper im blassen Mondlicht auf.
Tubuhnya bersinar di bawah bulan pucat dengan setiap lompatan yang kuat.
Vor uns bewegte sich das Kaninchen wie ein Geist, lautlos und zu schnell, um es einzufangen.
Di hadapan, arnab itu bergerak seperti hantu, senyap dan terlalu pantas untuk ditangkap.
All diese alten Instinkte – der Hunger, der Nervenkitzel – durchströmten Buck.
Semua naluri lama itu-kelaparan, keseronokan-tergesa-gesa melalui Buck.
Manchmal verspüren Menschen diesen Instinkt und werden dazu getrieben, mit Gewehr und Kugel zu jagen.
Manusia merasakan naluri ini kadang-kadang, didorong untuk memburu dengan pistol dan peluru.
Aber Buck empfand dieses Gefühl auf einer tieferen und persönlicheren Ebene.
Tetapi Buck merasakan perasaan ini pada tahap yang lebih mendalam dan lebih peribadi.
Sie konnten die Wildnis nicht in ihrem Blut spüren, so wie Buck sie spüren konnte.
Mereka tidak dapat merasakan darah liar mereka seperti yang dapat dirasakan oleh Buck.

Er jagte lebendes Fleisch, bereit, mit seinen Zähnen zu töten und Blut zu schmecken.
Dia mengejar daging hidup, bersedia untuk membunuh dengan giginya dan merasakan darah.
Sein Körper spannte sich vor Freude, er wollte in warmem, rotem Leben baden.
Badannya tegang kegembiraan, ingin bermandi kehidupan merah hangat.
Eine seltsame Freude markiert den höchsten Punkt, den das Leben jemals erreichen kann.
Kegembiraan aneh menandakan titik tertinggi yang boleh dicapai oleh kehidupan.
Das Gefühl eines Gipfels, bei dem die Lebenden vergessen, dass sie überhaupt am Leben sind.
Perasaan puncak di mana yang hidup lupa bahawa mereka masih hidup.
Diese tiefe Freude berührt den Künstler, der sich in glühender Inspiration verliert.
Kegembiraan yang mendalam ini menyentuh artis yang hilang dalam inspirasi yang berkobar-kobar.
Diese Freude ergreift den Soldaten, der wild kämpft und keinen Feind verschont.
Kegembiraan ini merampas askar yang bertarung secara liar dan tidak menghindarkan musuh.
Diese Freude erfasste nun Buck, der das Rudel mit seinem Urhunger anführte.
Kegembiraan ini kini menuntut Buck ketika dia memimpin kumpulan itu dalam kelaparan.
Er heulte mit dem uralten Wolfsschrei, aufgeregt durch die lebendige Jagd.
Dia melolong dengan jeritan serigala purba, teruja dengan pengejaran hidup.
Buck hat den ältesten Teil seiner selbst angezapft, der in der Wildnis verloren war.
Buck mengetuk bahagian tertua dirinya, tersesat di alam liar.
Er griff tief in sein Inneres, in die Vergangenheit, in die raue, uralte Zeit.

Dia mencapai jauh di dalam, ingatan lampau, ke masa mentah, kuno.

Eine Welle puren Lebens durchströmte jeden Muskel und jede Sehne.

Gelombang kehidupan murni melonjak melalui setiap otot dan tendon.

Jeder Sprung schrie, dass er lebte, dass er durch den Tod ging.

Setiap lompatan menjerit bahawa dia hidup, bahawa dia bergerak melalui kematian.

Sein Körper schwebte freudig über stilles, kaltes Land, das sich nie regte.

Tubuhnya melonjak riang di atas tanah yang tenang dan sejuk yang tidak pernah bergolak.

Spitz blieb selbst in seinen wildesten Momenten kalt und listig.

Spitz tetap dingin dan licik, walaupun dalam momen paling liarnya.

Er verließ den Pfad und überquerte das Land, wo der Bach eine weite Biegung machte.

Dia meninggalkan denai dan menyeberangi tanah di mana anak sungai itu melengkung luas.

Buck, der davon nichts wusste, blieb auf dem gewundenen Pfad des Kaninchens.

Buck, tidak menyedari perkara ini, tinggal di laluan berliku arnab.

Dann, als Buck um eine Kurve bog, stand das geisterhafte Kaninchen vor ihm.

Kemudian, sebagai Buck bulat selekoh, arnab seperti hantu berada di hadapannya.

Er sah, wie eine zweite Gestalt vor der Beute vom Ufer sprang.

Dia melihat sosok kedua melompat dari tebing mendahului mangsa.

Bei der Gestalt handelte es sich um Spitz, der direkt auf dem Weg des fliehenden Kaninchens landete.

Angka itu ialah Spitz, mendarat betul-betul di laluan arnab yang melarikan diri.

Das Kaninchen konnte sich nicht umdrehen und traf mitten in der Luft auf Spitz' Kiefer.

Arnab itu tidak boleh berpusing dan bertemu dengan rahang Spitz di udara.

Das Rückgrat des Kaninchens brach mit einem Schrei, der so scharf war wie der Schrei eines sterbenden Menschen.

Tulang belakang arnab itu patah dengan jeritan setajam tangisan manusia yang hampir mati.

Bei diesem Geräusch – dem Sturz vom Leben in den Tod – heulte das Rudel laut auf.

Mendengar bunyi itu—kejatuhan daripada kehidupan kepada kematian—sekumpulan itu melolong dengan kuat.

Hinter Buck erhob sich ein wilder Chor voller dunkler Freude.

Paduan suara buas bangkit dari belakang Buck, penuh kegembiraan gelap.

Buck gab keinen Schrei von sich, keinen Laut, und stürmte direkt auf Spitz zu.

Buck tidak menangis, tiada bunyi, dan terus menyerang Spitz.

Er zielte auf die Kehle, traf aber stattdessen die Schulter.

Dia membidik kerongkong, tetapi sebaliknya memukul bahu.

Sie stürzten durch den weichen Schnee, ihre Körper waren in einen Kampf verstrickt.

Mereka jatuh melalui salji lembut; badan mereka terkunci dalam pertempuran.

Spitz sprang schnell auf, als wäre er nie niedergeschlagen worden.

Spitz melompat dengan cepat, seolah-olah tidak pernah jatuh sama sekali.

Er schlug auf Bucks Schulter und sprang dann aus dem Kampf.

Dia menetak bahu Buck, kemudian melompat keluar dari pertarungan.

Zweimal schnappten seine Zähne wie Stahlfallen, seine Lippen waren grimmig gekräuselt.

Dua kali giginya patah seperti perangkap keluli, bibir melengkung dan garang.

Er wich langsam zurück und suchte festen Boden unter seinen Füßen.

Dia berundur perlahan-lahan, mencari tanah yang kukuh di bawah kakinya.

Buck verstand den Moment sofort und vollkommen.

Buck memahami masa itu dengan serta-merta dan sepenuhnya.

Die Zeit war gekommen; der Kampf würde ein Kampf auf Leben und Tod werden.

Masanya telah tiba; pergaduhan itu akan menjadi pergaduhan hingga mati.

Die beiden Hunde umkreisten knurrend den Raum, legten die Ohren an und kniffen die Augen zusammen.

Kedua-dua anjing itu mengelilingi, menggeram, telinga rata, mata mengecil.

Jeder Hund wartete darauf, dass der andere Schwäche zeigte oder einen Fehltritt machte.

Setiap anjing menunggu yang lain untuk menunjukkan kelemahan atau salah langkah.

Buck hatte ein unheimliches Gefühl, die Szene zu kennen und tief in Erinnerung zu behalten.

Bagi Buck, adegan itu terasa sangat dikenali dan diingati dengan mendalam.

Die weißen Wälder, die kalte Erde, die Schlacht im Mondlicht.

Hutan putih, bumi yang sejuk, pertempuran di bawah cahaya bulan.

Eine schwere Stille erfüllte das Land, tief und unnatürlich.

Kesunyian yang mendalam memenuhi bumi, dalam dan tidak wajar.

Kein Wind regte sich, kein Blatt bewegte sich, kein Geräusch unterbrach die Stille.

Tiada angin bergolak, tiada daun yang bergerak, tiada bunyi yang memecahkan kesunyian.

Der Atem der Hunde stieg wie Rauch in die eiskalte, stille Luft.
Nafas anjing naik seperti asap di udara beku dan tenang.
Das Kaninchen war von der Meute der wilden Tiere längst vergessen.
Arnab itu telah lama dilupakan oleh sekumpulan binatang buas.
Diese halb gezähmten Wölfe standen nun still in einem weiten Kreis.
Serigala yang separuh jinak ini kini berdiri diam dalam bulatan yang luas.
Sie waren still, nur ihre leuchtenden Augen verrieten ihren Hunger.
Mereka diam, hanya mata mereka yang bersinar-sinar menunjukkan rasa lapar mereka.
Ihr Atem stieg auf, als sie den Beginn des Endkampfes beobachteten.
Nafas mereka melayang ke atas, menyaksikan pertarungan terakhir bermula.
Für Buck war dieser Kampf alt und erwartet, überhaupt nicht ungewöhnlich.
Bagi Buck, pertempuran ini sudah lama dan dijangka, tidak pelik sama sekali.
Es fühlte sich an wie die Erinnerung an etwas, das schon immer passieren sollte.
Terasa seperti ingatan tentang sesuatu yang sentiasa dimaksudkan untuk berlaku.
Spitz war ein ausgebildeter Kampfhund, gestählt durch zahllose wilde Schlägereien.
Spitz ialah anjing pejuang terlatih, diasah oleh pergaduhan liar yang tidak terkira banyaknya.
Von Spitzbergen bis Kanada hatte er viele Feinde besiegt.
Dari Spitzbergen ke Kanada, dia telah menguasai banyak musuh.
Er war voller Wut, ließ seiner Wut jedoch nie freien Lauf.
Dia dipenuhi dengan kemarahan, tetapi tidak pernah mengawal kemarahan.

Seine Leidenschaft war scharf, aber immer durch einen harten Instinkt gemildert.
Keghairahannya tajam, tetapi sentiasa diganggu oleh naluri yang keras.
Er griff nie an, bis seine eigene Verteidigung stand.
Dia tidak pernah menyerang sehingga pertahanannya sendiri berada di tempatnya.
Buck versuchte immer wieder, Spitz' verwundbaren Hals zu erreichen.
Buck cuba lagi dan lagi untuk mencapai leher Spitz yang terdedah.
Doch jeder Schlag wurde von Spitz' scharfen Zähnen mit einem Hieb beantwortet.
Tetapi setiap serangan disambut dengan tetakan dari gigi tajam Spitz.
Ihre Reißzähne prallten aufeinander und beide Hunde bluteten aus den aufgerissenen Lippen.
Taring mereka bertembung, dan kedua-dua anjing berdarah dari bibir yang koyak.
Egal, wie sehr Buck sich auch wehrte, er konnte die Verteidigung nicht durchbrechen.
Tidak kira bagaimana Buck menerjang, dia tidak dapat mematahkan pertahanan.
Er wurde immer wütender und stürmte mit wilden Kraftausbrüchen hinein.
Dia menjadi lebih marah, meluru masuk dengan semburan kuasa yang liar.
Immer wieder schlug Buck nach der weißen Kehle von Spitz.
Berkali-kali, Buck menyerang tekak putih Spitz.
Jedes Mal wich Spitz aus und schlug mit einem schneidenden Biss zurück.
Setiap kali Spitz mengelak dan menyerang balik dengan gigitan menghiris.
Dann änderte Buck seine Taktik und stürzte sich erneut darauf, als wolle er ihm die Kehle zu Leibe rücken.

Kemudian Buck beralih taktik, bergegas seolah-olah untuk tekak lagi.

Doch er zog sich mitten im Angriff zurück und drehte sich um, um von der Seite zuzuschlagen.

Tetapi dia menarik balik pertengahan serangan, beralih untuk menyerang dari sisi.

Er warf Spitz seine Schulter entgegen, um ihn niederzuschlagen.

Dia melemparkan bahunya ke Spitz, bertujuan untuk menjatuhkannya.

Bei jedem Versuch wich Spitz aus und konterte mit einem Hieb.

Setiap kali dia mencuba, Spitz mengelak dan membalas dengan tebasan.

Bucks Schulter wurde wund, als Spitz nach jedem Schlag davonsprang.

Bahu Buck bertambah mentah apabila Spitz melonjak jelas selepas setiap pukulan.

Spitz war nicht berührt worden, während Buck aus vielen Wunden blutete.

Spitz tidak disentuh, manakala Buck berdarah akibat banyak luka.

Bucks Atem ging schnell und schwer, sein Körper war blutverschmiert.

Nafas Buck datang laju dan berat, badannya licin dengan darah.

Mit jedem Biss und Angriff wurde der Kampf brutaler.

Pergaduhan menjadi lebih kejam dengan setiap gigitan dan caj.

Um sie herum warteten sechzig stille Hunde darauf, dass der erste fiel.

Di sekeliling mereka, enam puluh anjing senyap menunggu yang pertama jatuh.

Wenn ein Hund zu Boden ging, würde das Rudel den Kampf beenden.

Jika seekor anjing jatuh, kumpulan itu akan menamatkan pertarungan.

Spitz sah, dass Buck schwächer wurde, und begann, den Angriff voranzutreiben.
Spitz melihat Buck semakin lemah, dan mula menekan serangan itu.
Er brachte Buck aus dem Gleichgewicht und zwang ihn, um Halt zu kämpfen.
Dia menyimpan Buck hilang keseimbangan, memaksa dia untuk berjuang untuk pijakan.
Einmal stolperte Buck und fiel, und alle Hunde standen auf.
Sekali Buck tersandung dan jatuh, dan semua anjing bangkit.
Doch Buck richtete sich mitten im Fall auf und alle sanken wieder zu Boden.
Tetapi Buck membetulkan dirinya pada pertengahan musim gugur, dan semua orang tenggelam kembali.
Buck hatte etwas Seltenes – eine Vorstellungskraft, die aus tiefem Instinkt geboren war.
Buck mempunyai sesuatu yang jarang berlaku — imaginasi yang lahir daripada naluri yang mendalam.
Er kämpfte mit natürlichem Antrieb, aber auch mit List.
Dia bertarung dengan dorongan semula jadi, tetapi dia juga bertarung dengan licik.
Er griff erneut an, als würde er seinen Schulterangriffstrick wiederholen.
Dia mengecas lagi seolah-olah mengulangi helah serangan bahunya.
Doch in der letzten Sekunde ließ er sich fallen und flog unter Spitz hindurch.
Tetapi pada saat terakhir, dia jatuh rendah dan menyapu ke bawah Spitz.
Seine Zähne schnappten um Spitz' linkes Vorderbein.
Giginya terkunci pada kaki kiri hadapan Spitz dengan patah.
Spitz stand nun unsicher da, sein Gewicht ruhte nur noch auf drei Beinen.
Spitz kini berdiri goyah, beratnya hanya pada tiga kaki.
Buck schlug erneut zu und versuchte dreimal, ihn zu Fall zu bringen.
Buck menyerang lagi, cuba tiga kali untuk menjatuhkannya.

Beim vierten Versuch nutzte er denselben Zug mit Erfolg
Pada percubaan keempat dia menggunakan langkah yang sama dengan kejayaan
Diesmal gelang es Buck, Spitz in das rechte Bein zu beißen.
Kali ini Buck berjaya menggigit kaki kanan Spitz.
Obwohl Spitz verkrüppelt war und große Schmerzen litt, kämpfte er weiter ums Überleben.
Spitz, walaupun lumpuh dan dalam kesakitan, terus bergelut untuk terus hidup.
Er sah, wie der Kreis der Huskys enger wurde, die Zungen herausstreckten und deren Augen leuchteten.
Dia melihat bulatan huskies mengetatkan, lidah keluar, mata bersinar.
Sie warteten darauf, ihn zu verschlingen, so wie sie es mit anderen getan hatten.
Mereka menunggu untuk memakan dia, sama seperti yang telah mereka lakukan kepada orang lain.
Dieses Mal stand er im Mittelpunkt: besiegt und verdammt.
Kali ini, dia berdiri di tengah; dikalahkan dan ditakdirkan.
Für den weißen Hund gab es jetzt keine Möglichkeit mehr zu entkommen.
Tiada pilihan untuk melarikan diri untuk anjing putih itu sekarang.
Buck kannte keine Gnade, denn Gnade hatte in der Wildnis nichts zu suchen.
Buck tidak menunjukkan belas kasihan, kerana belas kasihan tidak berada di alam liar.
Buck bewegte sich vorsichtig und bereitete sich auf den letzten Angriff vor.
Buck bergerak dengan berhati-hati, bersedia untuk pertuduhan terakhir.
Der Kreis der Huskys schloss sich, er spürte ihren warmen Atem.
Bulatan huskies ditutup; dia merasakan nafas hangat mereka.
Sie duckten sich und waren bereit, im richtigen Moment zu springen.

Mereka membongkok rendah, bersedia untuk musim bunga apabila tiba saatnya.

Spitz zitterte im Schnee, knurrte und veränderte seine Haltung.
Spitz bergetar di dalam salji, menggeram dan mengubah pendiriannya.

Seine Augen funkelten, seine Lippen waren gekräuselt und seine Zähne blitzten in verzweifelter Drohung.
Matanya mencerlung, bibir melengkung, gigi berkelip-kelip tanda terdesak.

Er taumelte und versuchte immer noch, dem kalten Biss des Todes standzuhalten.
Dia terhuyung-hayang, masih cuba menahan dingin gigitan kematian.

Er hatte das schon früher erlebt, aber immer von der Gewinnerseite.
Dia pernah melihat ini sebelum ini, tetapi sentiasa dari pihak yang menang.

Jetzt war er auf der Verliererseite, der Besiegte, die Beute, der Tod.
Sekarang dia berada di pihak yang kalah; yang kalah; mangsa; kematian.

Buck umkreiste ihn für den letzten Schlag, der Hundekreis rückte näher.
Buck berpusing untuk pukulan terakhir, cincin anjing ditekan lebih dekat.

Er konnte ihren heißen Atem spüren; bereit zum Töten.
Dia dapat merasakan nafas panas mereka; bersedia untuk membunuh.

Stille breitete sich aus; alles war an seinem Platz; die Zeit war stehen geblieben.
Keheningan jatuh; semua berada di tempatnya; masa telah berhenti.

Sogar die kalte Luft zwischen ihnen gefror für einen letzten Moment.
Malah udara sejuk di antara mereka membeku buat saat terakhir.

Nur Spitz bewegte sich und versuchte, sein bitteres Ende abzuwenden.
Hanya Spitz yang bergerak, cuba menahan kepahitannya.
Der Kreis der Hunde schloss sich um ihn, und das war sein Schicksal.
Bulatan anjing mengepungnya, begitu juga nasibnya.
Er war jetzt verzweifelt, da er wusste, was passieren würde.
Dia terdesak sekarang, tahu apa yang akan berlaku.
Buck sprang hinein, Schulter an Schulter traf ein letztes Mal.
Buck melompat masuk, bahu bertemu bahu buat kali terakhir.
Die Hunde drängten vorwärts und deckten Spitz in der verschneiten Dunkelheit.
Anjing-anjing itu melonjak ke hadapan, menutupi Spitz dalam kegelapan bersalji.
Buck sah zu, aufrecht stehend; der Sieger in einer wilden Welt.
Buck memerhati, berdiri tegak; pemenang dalam dunia yang ganas.
Das dominante Urtier hatte seine Beute gemacht, und es war gut.
Binatang purba yang dominan telah membunuhnya, dan ia bagus.

Wer die Meisterschaft erlangt hat
Dia, Yang Telah Menang untuk Menguasai

„Wie? Was habe ich gesagt? Ich sage die Wahrheit, wenn ich sage, dass Buck ein Teufel ist."

"Eh? Apa yang saya katakan? Saya bercakap benar apabila saya mengatakan Buck adalah syaitan."

François sagte dies am nächsten Morgen, nachdem er festgestellt hatte, dass Spitz verschwunden war.

François berkata demikian pada keesokan harinya selepas mendapati Spitz hilang.

Buck stand da, übersät mit Wunden aus dem erbitterten Kampf.

Buck berdiri di sana, ditutup dengan luka akibat pergaduhan yang kejam.

François zog Buck zum Feuer und zeigte auf die Verletzungen.

François menarik Buck berhampiran api dan menunjuk ke arah kecederaan.

„Dieser Spitz hat gekämpft wie der Devik", sagte Perrault und beäugte die tiefen Schnittwunden.

"Spitz itu bertarung seperti Devik," kata Perrault, sambil melihat luka yang dalam.

„Und dieser Buck hat wie zwei Teufel gekämpft", antwortete François sofort.

"Dan Buck itu bertarung seperti dua syaitan," jawab François serentak.

„Jetzt kommen wir gut voran; kein Spitz mehr, kein Ärger mehr."

"Sekarang kita akan membuat masa yang baik; tiada lagi Spitz, tiada lagi masalah."

Perrault packte die Ausrüstung und belud den Schlitten sorgfältig.

Perrault sedang mengemas gear dan memuatkan kereta luncur dengan berhati-hati.

François spannte die Hunde für den Lauf des Tages an.

François memanfaatkan anjing-anjing itu sebagai persediaan untuk larian hari itu.

Buck trabte direkt an die Führungsposition, die einst Spitz innehatte.

Buck berlari terus ke kedudukan pendahulu yang pernah dipegang oleh Spitz.

Doch François bemerkte es nicht und führte Solleks nach vorne.

Tetapi François, tidak perasan, membawa Solleks ke hadapan ke hadapan.

Nach François' Einschätzung war Solleks nun der beste Leithund.

Dalam pertimbangan François, Solleks kini adalah anjing utama yang terbaik.

Buck stürzte sich wütend auf Solleks und trieb ihn aus Protest zurück.

Buck menyerbu Solleks dalam keadaan marah dan menghalaunya kembali sebagai protes.

Er stand dort, wo einst Spitz gestanden hatte, und beanspruchte die Führungsposition.

Dia berdiri di tempat Spitz pernah berdiri, menuntut kedudukan utama.

„Wie? Wie?", rief François und schlug sich amüsiert auf die Schenkel.

"Eh? Eh?" jerit François sambil menepuk pehanya kerana geli.

„Sehen Sie sich Buck an – er hat Spitz umgebracht und jetzt will er ihm den Job wegnehmen!"

"Lihat Buck-dia membunuh Spitz, sekarang dia mahu mengambil kerja itu!"

„Geh weg, Chook!", schrie er und versuchte, Buck zu vertreiben.

"Pergi, Chook!" Dia menjerit, cuba menghalau Buck.

Aber Buck weigerte sich, sich zu bewegen und blieb fest im Schnee stehen.

Tetapi Buck enggan bergerak dan berdiri teguh di dalam salji.

François packte Buck am Genick und zog ihn beiseite.

François mencengkam Buck, menyeretnya ke tepi.

Buck knurrte leise und drohend, griff aber nicht an.
Buck menggeram rendah dan mengancam tetapi tidak menyerang.

François brachte Solleks wieder in Führung und versuchte, den Streit zu schlichten
François meletakkan Solleks kembali di hadapan, cuba menyelesaikan pertikaian itu

Der alte Hund zeigte Angst vor Buck und wollte nicht bleiben.
Anjing tua itu menunjukkan ketakutan kepada Buck dan tidak mahu tinggal.

Als François ihm den Rücken zuwandte, verjagte Buck Solleks wieder.
Apabila François berpaling ke belakang, Buck menghalau Solleks keluar semula.

Solleks leistete keinen Widerstand und trat erneut leise zur Seite.
Solleks tidak melawan dan diam-diam melangkah ke tepi sekali lagi.

François wurde wütend und schrie: „Bei Gott, ich werde dich heilen!"
François menjadi marah dan menjerit, "Demi Tuhan, saya memperbaiki kamu!".

Er kam mit einer schweren Keule in der Hand auf Buck zu.
Dia datang ke arah Buck memegang kayu berat di tangannya.

Buck erinnerte sich gut an den Mann im roten Pullover.
Buck mengingati lelaki berbaju sweater merah itu dengan baik.

Er zog sich langsam zurück, beobachtete François, knurrte jedoch tief.
Dia berundur perlahan-lahan, memerhati François, tetapi menggeram dalam-dalam.

Er eilte nicht zurück, auch nicht, als Solleks an seiner Stelle stand.
Dia tidak tergesa-gesa kembali, walaupun Solleks berdiri di tempatnya.

Buck kreiste knapp außerhalb seiner Reichweite und knurrte wütend und protestierend.
Buck mengelilingi di luar jangkauan, menggeram dalam kemarahan dan protes.
Er behielt den Schläger im Auge und war bereit auszuweichen, falls François warf.
Dia terus memandang ke arah kelab, bersedia untuk mengelak jika François membaling.
Er war weise und vorsichtig geworden im Umgang mit bewaffneten Männern.
Dia telah menjadi bijak dan berhati-hati dalam cara lelaki dengan senjata.
François gab auf und rief Buck erneut an seinen alten Platz.
François menyerah dan memanggil Buck ke tempatnya semula.
Aber Buck trat vorsichtig zurück und weigerte sich, dem Befehl Folge zu leisten.
Tetapi Buck berundur dengan berhati-hati, enggan mematuhi perintah itu.
François folgte ihm, aber Buck wich nur ein paar Schritte zurück.
François mengikut, tetapi Buck hanya berundur beberapa langkah lagi.
Nach einiger Zeit warf François frustriert die Waffe hin.
Selepas beberapa lama, François melemparkan senjata itu kerana kecewa.
Er dachte, Buck hätte Angst vor einer Tracht Prügel und würde ruhig kommen.
Dia fikir Buck takut dipukul dan akan datang secara senyap-senyap.
Aber Buck wollte sich nicht vor einer Strafe drücken – er kämpfte um seinen Rang.
Tetapi Buck tidak mengelak daripada hukuman-dia berjuang untuk pangkat.
Er hatte sich den Platz als Leithund durch einen Kampf auf Leben und Tod verdient

Dia telah mendapat tempat anjing utama melalui pertarungan hingga mati

er würde sich mit nichts Geringerem zufrieden geben, als der Anführer zu sein.
dia tidak akan berpuas hati dengan apa-apa yang kurang daripada menjadi ketua.

Perrault beteiligte sich an der Verfolgung, um den rebellischen Buck zu fangen.
Perrault mengambil tangan dalam mengejar untuk membantu menangkap Buck yang memberontak.

Gemeinsam ließen sie ihn fast eine Stunde lang durch das Lager laufen.
Bersama-sama, mereka berlari dia mengelilingi kem selama hampir sejam.

Sie warfen Knüppel nach ihm, aber Buck wich jedem Schlag geschickt aus.
Mereka membaling kayu ke arahnya, tetapi Buck mengelak setiap satunya dengan mahir.

Sie verfluchten ihn, seine Vorfahren, seine Nachkommen und jedes Haar an ihm.
Mereka mengutuk dia, nenek moyangnya, keturunannya, dan setiap rambut yang ada padanya.

Aber Buck knurrte nur zurück und blieb gerade außerhalb ihrer Reichweite.
Tetapi Buck hanya merengus dan tinggal di luar jangkauan mereka.

Er versuchte nie wegzulaufen, sondern umkreiste das Lager absichtlich.
Dia tidak pernah cuba melarikan diri tetapi mengelilingi kem dengan sengaja.

Er machte klar, dass er gehorchen würde, sobald sie ihm gäben, was er wollte.
Dia menjelaskan dia akan patuh sebaik sahaja mereka memberikan apa yang dia mahu.

Schließlich setzte sich François hin und kratzte sich frustriert am Kopf.

François akhirnya duduk dan menggaru kepalanya kerana kecewa.

Perrault sah auf seine Uhr, fluchte und murmelte etwas über die verlorene Zeit.

Perrault memeriksa jam tangannya, bersumpah, dan bergumam tentang masa yang hilang.

Obwohl sie eigentlich auf der Spur sein sollten, war bereits eine Stunde vergangen.

Sejam sudah berlalu ketika mereka sepatutnya berada di laluan itu.

François zuckte verlegen mit den Achseln, als der Kurier resigniert seufzte.

François mengangkat bahu malu ke arah kurier, yang mengeluh kerana kekalahan.

Dann ging François zu Solleks und rief Buck noch einmal.

Kemudian François berjalan ke Solleks dan memanggil Buck sekali lagi.

Buck lachte wie ein Hund, wahrte jedoch vorsichtig seine Distanz.

Buck ketawa seperti anjing ketawa, tetapi menjaga jarak berhati-hati.

François nahm Solleks das Geschirr ab und brachte ihn an seinen Platz zurück.

François menanggalkan tali pinggang Solleks dan mengembalikannya ke tempatnya.

Das Schlittenteam stand voll angespannt da, nur ein Platz war unbesetzt.

Pasukan kereta luncur berdiri sepenuhnya, dengan hanya satu tempat yang belum diisi.

Die Führungsposition blieb leer und war eindeutig nur für Buck bestimmt.

Kedudukan utama kekal kosong, jelas dimaksudkan untuk Buck sahaja.

François rief erneut, und wieder lachte Buck und blieb standhaft.

François memanggil lagi, dan sekali lagi Buck ketawa dan menahan pendiriannya.

„Wirf die Keule weg", befahl Perrault ohne zu zögern.
"Buang kelab itu," perintah Perrault tanpa teragak-agak.
François gehorchte und Buck trabte sofort stolz vorwärts.
François menurut, dan Buck segera berlari ke hadapan dengan bangga.
Er lachte triumphierend und übernahm die Führungsposition.
Dia ketawa penuh kemenangan dan melangkah ke posisi utama.
François befestigte seine Leinen und der Schlitten wurde losgerissen.
François memastikan jejaknya, dan kereta luncur itu terlepas.
Beide Männer liefen neben dem Team her, als es auf den Flusspfad rannte.
Kedua-dua lelaki berlari bersama ketika pasukan itu berlumba ke denai sungai.
François hatte Bucks „zwei Teufel" sehr geschätzt,
François sangat menghargai "dua syaitan" Buck.
aber er merkte bald, dass er den Hund tatsächlich unterschätzt hatte.
tetapi dia tidak lama kemudian menyedari bahawa dia sebenarnya meremehkan anjing itu.
Buck übernahm schnell die Führung und erbrachte hervorragende Leistungen.
Buck dengan cepat mengambil alih kepimpinan dan beraksi dengan cemerlang.
In puncto Urteilsvermögen, schnelles Denken und schnelles Handeln übertraf Buck Spitz.
Dalam pertimbangan, pemikiran pantas, dan tindakan pantas, Buck mengatasi Spitz.
François hatte noch nie einen Hund gesehen, der dem von Buck gleichkam.
François tidak pernah melihat anjing yang setara dengan apa yang dipamerkan Buck sekarang.
Aber Buck war wirklich herausragend darin, für Ordnung zu sorgen und Respekt zu erlangen.

Tetapi Buck benar-benar cemerlang dalam menegakkan perintah dan menghormati.
Dave und Solleks akzeptierten die Änderung ohne Bedenken oder Protest.
Dave dan Solleks menerima perubahan itu tanpa kebimbangan atau bantahan.
Sie konzentrierten sich nur auf die Arbeit und zogen kräftig die Zügel an.
Mereka hanya menumpukan perhatian kepada kerja dan menarik tali pinggang dengan kuat.
Es war ihnen egal, wer führte, solange der Schlitten in Bewegung blieb.
Mereka tidak peduli siapa yang memimpin, selagi kereta luncur itu terus bergerak.
Billee, der Fröhliche, hätte, soweit es sie interessierte, die Führung übernehmen können.
Billee, yang ceria, boleh memimpin untuk semua yang mereka ambil berat.
Was ihnen wichtig war, waren Frieden und Ordnung in den Reihen.
Apa yang penting bagi mereka ialah keamanan dan ketenteraman dalam barisan.

Der Rest des Teams war während Spitz' Niedergang unbändig geworden.
Selebihnya pasukan telah menjadi tidak terkawal semasa kemerosotan Spitz.
Sie waren schockiert, als Buck sie sofort zur Ordnung rief.
Mereka terkejut apabila Buck segera membawa mereka untuk dipesan.
Pike war immer faul gewesen und hatte Buck hinterhergehangen.
Pike sentiasa malas dan menyeret kakinya ke belakang Buck.
Doch nun wurde er von der neuen Führung scharf diszipliniert.
Tetapi kini telah didisiplinkan dengan tajam oleh kepimpinan baru.

Und er lernte schnell, seinen Teil zum Team beizutragen.
Dan dia cepat belajar untuk menarik berat badannya dalam pasukan.
Am Ende des Tages hatte Pike härter gearbeitet als je zuvor.
Pada penghujung hari, Pike bekerja lebih keras daripada sebelumnya.
In dieser Nacht im Lager wurde Joe, der mürrische Hund, endlich beruhigt.
Malam itu di kem, Joe, anjing masam, akhirnya ditundukkan.
Spitz hatte es nicht geschafft, ihn zu disziplinieren, aber Buck versagte nicht.
Spitz telah gagal untuk mendisiplinkannya, tetapi Buck tidak gagal.
Durch die Nutzung seines größeren Gewichts überwältigte Buck Joe in Sekundenschnelle.
Menggunakan berat badannya yang lebih besar, Buck menewaskan Joe dalam beberapa saat.
Er biss und schlug Joe, bis dieser wimmerte und aufhörte, sich zu wehren.
Dia menggigit dan memukul Joe sehingga dia merengek dan berhenti melawan.
Von diesem Moment an verbesserte sich das gesamte Team.
Seluruh pasukan bertambah baik sejak saat itu.
Die Hunde erlangten ihre alte Einheit und Disziplin zurück.
Anjing-anjing itu memperoleh semula perpaduan dan disiplin lama mereka.
In Rink Rapids kamen zwei neue einheimische Huskies hinzu, Teek und Koona.
Di Rink Rapids, dua husky asli baharu, Teek dan Koona, menyertainya.
Bucks schnelle Ausbildung erstaunte sogar François.
Latihan pantas Buck terhadap mereka mengejutkan François.
„So einen Hund wie diesen Buck hat es noch nie gegeben!", rief er erstaunt.
"Tidak pernah ada anjing seperti Buck itu!" dia menangis kehairanan.
„Nein, niemals! Er ist tausend Dollar wert, bei Gott!"

"Tidak, tidak pernah! Dia bernilai seribu dolar, demi Tuhan!"
„Wie? Was sagst du dazu, Perrault?", fragte er stolz.
"Eh? Apa yang awak cakap, Perrault?" dia bertanya dengan bangga.
Perrault nickte zustimmend und überprüfte seine Notizen.
Perrault mengangguk setuju dan menyemak notanya.
Wir liegen bereits vor dem Zeitplan und kommen täglich weiter voran.
Kami sudah mendahului jadual dan memperoleh lebih banyak setiap hari.
Der Weg war festgestampft und glatt, es lag kein Neuschnee.
Laluan itu padat dan licin, tanpa salji segar.
Es war konstant kalt und lag die ganze Zeit bei minus fünfzig Grad.
Kesejukan adalah stabil, berlegar pada lima puluh di bawah sifar sepanjang.
Die Männer ritten und rannten abwechselnd, um sich warm zu halten und Zeit zu gewinnen.
Lelaki itu menunggang dan berlari secara bergilir-gilir untuk memanaskan badan dan meluangkan masa.
Die Hunde rannten schnell, mit wenigen Pausen, immer vorwärts.
Anjing-anjing itu berlari pantas dengan beberapa hentian, sentiasa menolak ke hadapan.
Der Thirty Mile River war größtenteils zugefroren und leicht zu überqueren.
Sungai Thirty Mile kebanyakannya beku dan mudah untuk dilalui.
Was zehn Tage gedauert hatte, wurde an einem Tag verschickt.
Mereka keluar dalam satu hari yang telah mengambil masa sepuluh hari.
Sie legten einen sechsundneunzig Kilometer langen Sprint vom Lake Le Barge nach White Horse zurück.
Mereka membuat pecutan sejauh enam puluh batu dari Lake Le Barge ke White Horse.

Sie bewegten sich unglaublich schnell über die Seen Marsh, Tagish und Bennett.
Merentasi Tasik Marsh, Tagish dan Bennett mereka bergerak dengan sangat pantas.
Der laufende Mann wird an einem Seil hinter dem Schlitten hergezogen.
Lelaki berlari itu menunda di belakang kereta luncur dengan seutas tali.
In der letzten Nacht der zweiten Woche erreichten sie ihr Ziel.
Pada malam terakhir minggu kedua mereka sampai ke destinasi mereka.
Sie hatten gemeinsam die Spitze des White Pass erreicht.
Mereka telah mencapai puncak White Pass bersama-sama.
Sie sanken auf Meereshöhe hinab, mit den Lichtern von Skaguay unter ihnen.
Mereka jatuh ke paras laut dengan lampu Skaguay di bawahnya.
Es war ein Rekordlauf durch kilometerlange kalte Wildnis.
Ia telah mencatat rekod larian merentasi berbatu-batu hutan belantara yang sejuk.
An vierzehn aufeinanderfolgenden Tagen legten sie im Durchschnitt satte vierundsechzig Kilometer zurück.
Selama empat belas hari berturut-turut, mereka mempunyai purata empat puluh batu yang kuat.
In Skaguay transportierten Perrault und François Fracht durch die Stadt.
Di Skaguay, Perrault dan François memindahkan kargo melalui bandar.
Die bewundernde Menge jubelte ihnen zu und bot ihnen viele Getränke an.
Mereka bersorak dan menawarkan banyak minuman dengan mengagumi orang ramai.
Hundefänger und Arbeiter versammelten sich um das berühmte Hundegespann.
Pemusnah anjing dan pekerja berkumpul di sekeliling pasukan anjing terkenal.

Dann kamen Gesetzlose aus dem Westen in die Stadt und erlitten eine brutale Niederlage.
Kemudian penjahat barat datang ke bandar dan menemui kekalahan ganas.
Die Leute vergaßen bald das Team und konzentrierten sich auf neue Dramen.
Orang ramai tidak lama lagi melupakan pasukan itu dan memberi tumpuan kepada drama baharu.
Dann kamen die neuen Befehle, die alles auf einen Schlag veränderten.
Kemudian datang pesanan baru yang mengubah segala-galanya sekaligus.
François rief Buck zu sich und umarmte ihn mit tränenreichem Stolz.
François memanggil Buck kepadanya dan memeluknya dengan penuh sebak.
In diesem Moment sah Buck François zum letzten Mal wieder.
Detik itu adalah kali terakhir Buck melihat François lagi.
Wie viele Männer zuvor waren sowohl François als auch Perrault nicht mehr da.
Seperti ramai lelaki sebelum ini, kedua-dua François dan Perrault telah tiada.
Ein schottischer Mischling übernahm das Kommando über Buck und seine Schlittenhunde-Kollegen.
Kaum separuh Scotch mengambil alih Buck dan rakan sepasukan anjing kereta luncurnya.
Mit einem Dutzend anderer Hundegespanne kehrten sie auf dem Weg nach Dawson zurück.
Dengan sedozen pasukan anjing lain, mereka kembali di sepanjang laluan ke Dawson.
Es war kein Schnelllauf mehr, sondern harte Arbeit mit einer schweren Last jeden Tag.
Ia bukan larian pantas sekarang—hanya kerja berat dengan beban yang berat setiap hari.
Dies war der Postzug, der den Goldsuchern in der Nähe des Pols Nachrichten brachte.

Ini adalah kereta api mel, membawa berita kepada pemburu emas berhampiran Kutub.
Buck mochte die Arbeit nicht, ertrug sie jedoch gut und war stolz auf seine Leistung.
Buck tidak menyukai kerja itu tetapi menanggungnya dengan baik, berbangga dengan usahanya.
Wie Dave und Solleks zeigte Buck Hingabe bei jeder täglichen Aufgabe.
Seperti Dave dan Solleks, Buck menunjukkan pengabdian kepada setiap tugas harian.
Er stellte sicher, dass jeder seiner Teamkollegen seinen Teil beitrug.
Dia memastikan rakan sepasukannya masing-masing menarik berat mereka.
Das Leben auf dem Trail wurde langweilig und wiederholte sich mit der Präzision einer Maschine.
Kehidupan jejak menjadi membosankan, berulang dengan ketepatan mesin.
Jeder Tag fühlte sich gleich an, ein Morgen ging in den nächsten über.
Setiap hari terasa sama, satu pagi bercampur dengan yang berikutnya.
Zur gleichen Stunde standen die Köche auf, um Feuer zu machen und Essen zuzubereiten.
Pada jam yang sama, tukang masak bangkit untuk membakar api dan menyediakan makanan.
Nach dem Frühstück verließen einige das Lager, während andere die Hunde anspannten.
Selepas sarapan pagi, ada yang meninggalkan kem manakala yang lain memanfaatkan anjing.
Sie machten sich auf den Weg, bevor die schwache Morgendämmerung den Himmel berührte.
Mereka melanggar denai sebelum amaran subuh yang redup menyentuh langit.
Nachts hielten sie an, um ihr Lager aufzuschlagen, wobei jeder Mann eine festgelegte Aufgabe hatte.

Pada waktu malam, mereka berhenti untuk membuat perkhemahan, setiap lelaki mempunyai tugas yang ditetapkan.

Einige stellten die Zelte auf, andere hackten Feuerholz und sammelten Kiefernzweige.

Ada yang mendirikan khemah, yang lain memotong kayu api dan mengumpul dahan pain.

Zum Abendessen wurde den Köchen Wasser oder Eis mitgebracht.

Air atau ais dibawa kembali ke tukang masak untuk makan malam.

Die Hunde wurden gefüttert und das war für sie der schönste Teil des Tages.

Anjing-anjing itu diberi makan, dan ini adalah bahagian terbaik hari itu untuk mereka.

Nachdem sie Fisch gegessen hatten, entspannten sich die Hunde und machten es sich in der Nähe des Feuers gemütlich.

Selepas makan ikan, anjing-anjing itu berehat dan berehat berhampiran api.

Im Konvoi waren noch hundert andere Hunde, unter die man sich mischen konnte.

Terdapat seratus anjing lain dalam konvoi untuk bergaul.

Viele dieser Hunde waren wild und kämpften ohne Vorwarnung.

Kebanyakan anjing itu garang dan cepat melawan tanpa amaran.

Doch nach drei Siegen war Buck selbst den härtesten Kämpfern überlegen.

Tetapi selepas tiga kemenangan, Buck menguasai walaupun pejuang yang paling garang.

Als Buck nun knurrte und die Zähne fletschte, traten sie zur Seite.

Sekarang apabila Buck menggeram dan menunjukkan giginya, mereka melangkah ke tepi.

Und das Beste war vielleicht, dass Buck es liebte, neben dem flackernden Lagerfeuer zu liegen.

Mungkin yang terbaik, Buck suka berbaring berhampiran unggun api yang berkelip-kelip.

Er hockte mit angezogenen Hinterbeinen und nach vorne gestreckten Vorderbeinen.

Dia bongkok dengan kaki belakang terselak dan kaki depan dihulur ke hadapan.

Er hatte den Kopf erhoben und blinzelte sanft in die glühenden Flammen.

Kepalanya diangkat sambil mengedip perlahan melihat api yang menyala.

Manchmal musste er an Richter Millers großes Haus in Santa Clara denken.

Kadang-kadang dia teringat rumah besar Hakim Miller di Santa Clara.

Er dachte an den Zementpool, an Ysabel und den Mops namens Toots.

Dia memikirkan kolam simen, Ysabel, dan pug yang dipanggil Toots.

Aber häufiger musste er an die Keule des Mannes mit dem roten Pullover denken.

Tetapi lebih kerap dia teringat lelaki berbaju sweater merah itu.

Er erinnerte sich an Curlys Tod und seinen erbitterten Kampf mit Spitz.

Dia teringat kematian Kerinting dan pertempuran sengitnya dengan Spitz.

Er erinnerte sich auch an das gute Essen, das er gegessen hatte oder von dem er immer noch träumte.

Dia juga mengimbau kembali makanan enak yang pernah dimakan atau masih diimpikannya.

Buck hatte kein Heimweh – das warme Tal war weit weg und unwirklich.

Buck tidak rindu — lembah hangat itu jauh dan tidak nyata.

Die Erinnerungen an Kalifornien hatten keine große Anziehungskraft mehr auf ihn.

Kenangan California tidak lagi menarik perhatiannya.

Stärker als die Erinnerung waren die tief in seinem Blut verwurzelten Instinkte.
Lebih kuat daripada ingatan adalah naluri yang jauh dalam garis keturunannya.

Einst verlorene Gewohnheiten waren zurückgekehrt und durch den Weg und die Wildnis wiederbelebt worden.
Tabiat yang pernah hilang telah kembali, dihidupkan semula oleh jejak dan liar.

Während Buck das Feuerlicht betrachtete, veränderte sich seine Wahrnehmung manchmal.
Semasa Buck memerhatikan cahaya api, kadangkala ia menjadi sesuatu yang lain.

Er sah im Feuerschein ein anderes Feuer, älter und tiefer als das gegenwärtige.
Dia melihat dalam nyalaan api api lain, lebih tua dan lebih dalam daripada yang sekarang.

Neben dem anderen Feuer hockte ein Mann, der anders aussah als der Mischlingskoch.
Di sebelah api lain merengkok seorang lelaki tidak seperti tukang masak separuh kambing.

Diese Figur hatte kurze Beine, lange Arme und harte, verknotete Muskeln.
Angka ini mempunyai kaki pendek, lengan panjang, dan otot bersimpul yang keras.

Sein Haar war lang und verfilzt und fiel von den Augen nach hinten ab.
Rambutnya panjang dan kusut, condong ke belakang dari matanya.

Er gab seltsame Geräusche von sich und starrte voller Angst in die Dunkelheit.
Dia mengeluarkan bunyi aneh dan merenung ketakutan pada kegelapan.

Er hielt eine Steinkeule tief in seiner langen, rauen Hand fest.
Dia memegang kayu batu rendah, digenggam erat di tangan kasarnya yang panjang.

Der Mann trug wenig, nur eine verkohlte Haut, die ihm den Rücken hinunterhing.
Lelaki itu memakai sedikit; hanya kulit hangus yang tergantung di belakangnya.

Sein Körper war an Armen, Brust und Oberschenkeln mit dichtem Haar bedeckt.
Badannya dilitupi rambut tebal merentasi lengan, dada, dan peha.

Einige Teile des Haares waren zu rauen Fellbüscheln verfilzt.
Beberapa bahagian rambut telah kusut menjadi tompokan bulu kasar.

Er stand nicht gerade, sondern war von der Hüfte bis zu den Knien nach vorne gebeugt.
Dia tidak berdiri tegak tetapi membongkok ke hadapan dari pinggul hingga lutut.

Seine Schritte waren federnd und katzenartig, als wäre er immer zum Sprung bereit.
Langkahnya kenyal dan seperti kucing, seolah-olah sentiasa bersedia untuk melompat.

Er war in höchster Wachsamkeit, als lebte er in ständiger Angst.
Terdapat kewaspadaan yang tajam, seperti dia hidup dalam ketakutan yang berterusan.

Dieser alte Mann schien mit Gefahr zu rechnen, ob er die Gefahr nun sah oder nicht.
Manusia purba ini seolah-olah mengharapkan bahaya, sama ada bahaya itu dilihat atau tidak.

Manchmal schlief der haarige Mann am Feuer, den Kopf zwischen die Beine gesteckt.
Ada kalanya lelaki berbulu itu tidur di tepi api, kepala terselit di antara kaki.

Seine Ellbogen ruhten auf seinen Knien, die Hände waren über seinem Kopf gefaltet.
Sikunya disandarkan pada lutut, tangan dirapatkan di atas kepala.

Wie ein Hund benutzte er seine haarigen Arme, um den fallenden Regen abzuschütteln.
Seperti anjing dia menggunakan lengannya yang berbulu untuk menumpahkan hujan yang turun.
Hinter dem Feuerschein sah Buck zwei Kohlen im Dunkeln glühen.
Di sebalik cahaya api, Buck melihat arang berkembar bercahaya dalam gelap.
Immer zu zweit, waren sie die Augen der sich anpirschenden Raubtiere.
Sentiasa dua-dua, mereka adalah mata kepada binatang pemangsa yang mengintai.
Er hörte, wie Körper durchs Unterholz krachten und Geräusche in der Nacht.
Dia mendengar mayat berhempas melalui berus dan bunyi yang dibuat pada waktu malam.
Buck lag blinzelnd am Ufer des Yukon und träumte am Feuer.
Berbaring di tebing Yukon, berkelip, Buck bermimpi di tepi api.
Die Anblicke und Geräusche dieser wilden Welt ließen ihm die Haare zu Berge stehen.
Pemandangan dan bunyi dunia liar itu membuatkan bulu romanya berdiri.
Das Fell stand ihm über den Rücken, die Schultern und den Hals hinauf.
Bulunya naik di sepanjang punggungnya, bahunya, dan naik ke lehernya.
Er wimmerte leise oder gab ein tiefes Knurren aus der Brust von sich.
Dia merengek perlahan atau mendengus perlahan jauh di dalam dadanya.
Dann rief der Mischlingskoch: „Hey, du Buck, wach auf!"
Kemudian tukang masak kacukan separuh itu menjerit, "Hei, awak Buck, bangun!"
Die Traumwelt verschwand und das wirkliche Leben kehrte in Bucks Augen zurück.

Dunia impian lenyap, dan kehidupan sebenar kembali ke mata Buck.

Er wollte aufstehen, sich strecken und gähnen, als wäre er aus einem Nickerchen erwacht.

Dia akan bangun, meregang, dan menguap, seolah-olah bangun dari tidur.

Die Reise war anstrengend, da sie den Postschlitten hinter sich herziehen mussten.

Perjalanan itu sukar, dengan kereta luncur mel menyeret di belakang mereka.

Schwere Lasten und harte Arbeit zermürbten die Hunde jeden langen Tag.

Beban berat dan kerja berat meletihkan anjing setiap hari yang panjang.

Sie kamen dünn und müde in Dawson an und brauchten über eine Woche Ruhe.

Mereka tiba di Dawson dalam keadaan kurus, letih, dan memerlukan rehat selama seminggu.

Doch nur zwei Tage später machten sie sich erneut auf den Weg den Yukon hinunter.

Tetapi hanya dua hari kemudian, mereka turun semula ke Yukon.

Sie waren mit weiteren Briefen beladen, die für die Außenwelt bestimmt waren.

Mereka sarat dengan lebih banyak surat untuk dunia luar.

Die Hunde waren erschöpft und die Männer beschwerten sich ständig.

Anjing-anjing itu keletihan dan lelaki-lelaki itu sentiasa mengadu.

Jeden Tag fiel Schnee, der den Weg weicher machte und die Schlitten verlangsamte.

Salji turun setiap hari, melembutkan laluan dan memperlahankan kereta luncur.

Dies führte zu einem stärkeren Ziehen und einem größeren Widerstand der Läufer.

Ini menjadikan tarikan lebih keras dan lebih banyak seretan pada pelari.

Trotzdem waren die Fahrer fair und kümmerten sich um ihre Teams.
Walaupun begitu, para pemandu bersikap adil dan mengambil berat terhadap pasukan mereka.
Jeden Abend wurden die Hunde gefüttert, bevor die Männer etwas zu essen bekamen.
Setiap malam, anjing diberi makan sebelum lelaki itu makan.
Kein Mann geht schlafen, ohne vorher die Pfoten seines eigenen Hundes zu kontrollieren.
Tiada lelaki yang tidur sebelum memeriksa kaki anjingnya sendiri.
Dennoch wurden die Hunde mit jeder zurückgelegten Strecke schwächer.
Namun, anjing-anjing itu semakin lemah apabila batu-batu itu memakai badan mereka.
Sie waren den ganzen Winter über zweitausendachthundert Kilometer gereist.
Mereka telah mengembara lapan belas ratus batu melalui musim sejuk.
Sie zogen Schlitten über jede Meile dieser brutalen Distanz.
Mereka menarik kereta luncur merentasi setiap batu dari jarak kejam itu.
Selbst die härtesten Schlittenhunde spüren nach so vielen Kilometern die Belastung.
Malah anjing kereta luncur yang paling sukar berasa tegang selepas beberapa batu.
Buck hielt durch, sorgte für die Weiterarbeit seines Teams und sorgte für die nötige Disziplin.
Buck bertahan, memastikan pasukannya bekerja, dan mengekalkan disiplin.
Aber Buck war müde, genau wie die anderen auf der langen Reise.
Tetapi Buck keletihan, sama seperti yang lain dalam perjalanan yang jauh.
Billee wimmerte und weinte jede Nacht ohne Ausnahme im Schlaf.

Billee merengek dan menangis dalam tidurnya setiap malam tanpa gagal.
Joe wurde noch verbitterter und Solleks blieb kalt und distanziert.
Joe menjadi lebih pahit, dan Solleks kekal dingin dan jauh.
Doch Dave war derjenige des gesamten Teams, der am meisten darunter litt.
Tetapi Dave yang paling menderita daripada keseluruhan pasukan.
Irgendetwas in seinem Inneren war schiefgelaufen, doch niemand wusste, was.
Ada sesuatu yang tidak kena dalam dirinya, walaupun tiada siapa yang tahu apa.
Er wurde launischer und fuhr andere mit wachsender Wut an.
Dia menjadi lebih murung dan membentak orang lain dengan kemarahan yang semakin meningkat.
Jede Nacht ging er direkt zu seinem Nest und wartete darauf, gefüttert zu werden.
Setiap malam dia terus ke sarangnya, menunggu untuk diberi makan.
Als Dave einmal unten war, stand er bis zum Morgen nicht mehr auf.
Sebaik sahaja dia turun, Dave tidak bangun lagi sehingga pagi.
Plötzliche Rucke oder Anlaufe an den Zügeln ließen ihn vor Schmerzen aufschreien.
Pada tanduk, tersentak atau mula secara tiba-tiba membuatkan dia menangis kesakitan.
Sein Fahrer suchte nach der Ursache, konnte jedoch keine Verletzungen feststellen.
Pemandunya mencari punca, tetapi tidak menemui kecederaan padanya.
Alle Fahrer beobachteten Dave und besprachen seinen Fall.
Semua pemandu mula memerhati Dave dan membincangkan kesnya.

Sie unterhielten sich beim Essen und während ihrer letzten Zigarette des Tages.
Mereka bercakap semasa makan dan semasa asap terakhir mereka pada hari itu.
Eines Nachts hielten sie eine Versammlung ab und brachten Dave zum Feuer.
Suatu malam mereka mengadakan mesyuarat dan membawa Dave ke api.
Sie drückten und untersuchten seinen Körper und er schrie oft.
Mereka menekan dan menyiasat tubuhnya, dan dia sering menangis.
Offensichtlich stimmte etwas nicht, auch wenn keine Knochen gebrochen zu sein schienen.
Jelas sekali, ada sesuatu yang tidak kena, walaupun tiada tulang yang kelihatan patah.
Als sie Cassiar Bar erreichten, war Dave am Umfallen.
Ketika mereka tiba di Cassiar Bar, Dave telah jatuh terduduk.
Der schottische Mischling machte Schluss und nahm Dave aus dem Team.
Kaum separuh baka Scotch berhenti dan mengeluarkan Dave daripada pasukan.
Er befestigte Solleks an Daves Stelle, ganz vorne am Schlitten.
Dia mengikat Solleks di tempat Dave, paling hampir dengan bahagian hadapan kereta luncur itu.
Er wollte Dave ausruhen und ihm die Freiheit geben, hinter dem fahrenden Schlitten herzulaufen.
Dia bermaksud untuk membiarkan Dave berehat dan berlari bebas di belakang kereta luncur yang bergerak.
Doch selbst als er krank war, hasste Dave es, von seinem Job geholt zu werden.
Tetapi walaupun sakit, Dave benci diambil dari pekerjaan yang dimilikinya.
Er knurrte und wimmerte, als ihm die Zügel aus dem Körper gerissen wurden.

Dia merengek dan merengek apabila tali kekang ditarik dari badannya.

Als er Solleks an seiner Stelle sah, weinte er vor gebrochenem Herzen.

Apabila dia melihat Solleks di tempatnya, dia menangis dengan kesakitan yang patah hati.

Dave war noch immer stolz auf seine Arbeit auf dem Weg, selbst als der Tod nahte.

Kebanggaan kerja jejak adalah mendalam dalam diri Dave, walaupun kematian menghampiri.

Während der Schlitten fuhr, kämpfte sich Dave durch den weichen Schnee in der Nähe des Pfades.

Semasa kereta luncur itu bergerak, Dave menggelepar melalui salji lembut berhampiran denai.

Er griff Solleks an, biss ihn und stieß ihn von der Seite des Schlittens.

Dia menyerang Solleks, menggigit dan menolaknya dari sisi kereta luncur.

Dave versuchte, in das Geschirr zu springen und seinen Arbeitsplatz zurückzuerobern.

Dave cuba melompat ke dalam abah-abah dan menuntut semula tempat kerjanya.

Er schrie, jammerte und weinte, hin- und hergerissen zwischen Schmerz und Stolz auf die Wehen.

Dia menjerit, merengek, dan menangis, terbelah antara kesakitan dan kebanggaan dalam melahirkan anak.

Der Mischling versuchte, Dave mit seiner Peitsche vom Team zu vertreiben.

Kaum separuh itu menggunakan cemetinya untuk cuba menghalau Dave daripada pasukan.

Doch Dave ignorierte den Hieb und der Mann konnte nicht härter zuschlagen.

Tetapi Dave tidak mengendahkan sebatan itu, dan lelaki itu tidak boleh memukulnya lebih kuat.

Dave lehnte den einfacheren Weg hinter dem Schlitten ab, wo der Schnee festgefahren war.

Dave menolak laluan yang lebih mudah di belakang kereta luncur, di mana salji dipenuhi.

Stattdessen kämpfte er sich elend durch den tiefen Schnee neben dem Weg.

Sebaliknya, dia bergelut dalam salji yang dalam di sebelah denai, dalam kesengsaraan.

Schließlich brach Dave zusammen, blieb im Schnee liegen und schrie vor Schmerzen.

Akhirnya, Dave rebah, terbaring di atas salji dan meraung kesakitan.

Er schrie auf, als die lange Schlittenkette einer nach dem anderen an ihm vorbeifuhr.

Dia menjerit apabila kereta luncur panjang melewatinya satu persatu.

Dennoch stand er mit der ihm verbleibenden Kraft auf und stolperte ihnen hinterher.

Namun, dengan kekuatan yang masih ada, dia bangkit dan tersandung mengejar mereka.

Als der Zug wieder anhielt, holte er ihn ein und fand seinen alten Schlitten.

Dia mengejar apabila kereta api berhenti semula dan menemui kereta luncur lamanya.

Er kämpfte sich an den anderen Teams vorbei und stand wieder neben Solleks.

Dia menggelepar melepasi pasukan lain dan berdiri di sebelah Solleks semula.

Als der Fahrer anhielt, um seine Pfeife anzuzünden, nutzte Dave seine letzte Chance.

Semasa pemandu berhenti untuk menyalakan paipnya, Dave mengambil peluang terakhirnya.

Als der Fahrer zurückkam und schrie, bewegte sich das Team nicht weiter.

Apabila pemandu itu kembali dan menjerit, pasukan itu tidak bergerak ke hadapan.

Die Hunde hatten ihre Köpfe gedreht, verwirrt durch den plötzlichen Stopp.

Anjing-anjing itu telah menoleh, keliru dengan pemberhentian secara tiba-tiba.

Auch der Fahrer war schockiert – der Schlitten hatte sich keinen Zentimeter vorwärts bewegt.

Pemandu itu juga terkejut — kereta luncur itu tidak bergerak seinci ke hadapan.

Er rief den anderen zu, sie sollten kommen und nachsehen, was passiert sei.

Dia memanggil yang lain untuk datang dan melihat apa yang telah berlaku.

Dave hatte Solleks' Zügel durchgekaut und beide auseinandergerissen.

Dave telah mengunyah kekang Solleks, memecahkan kedua-duanya.

Nun stand er vor dem Schlitten, wieder an seinem rechtmäßigen Platz.

Kini dia berdiri di hadapan kereta luncur, kembali dalam kedudukannya yang sepatutnya.

Dave blickte zum Fahrer auf und flehte ihn stumm an, in der Spur zu bleiben.

Dave mendongak ke arah pemandu, dalam diam merayu untuk kekal dalam jejak.

Der Fahrer war verwirrt und wusste nicht, was er für den zappelnden Hund tun sollte.

Pemandu itu hairan, tidak pasti apa yang perlu dilakukan untuk anjing yang bergelut itu.

Die anderen Männer sprachen von Hunden, die beim Rausbringen gestorben waren.

Lelaki lain bercakap tentang anjing yang telah mati kerana dibawa keluar.

Sie erzählten von alten oder verletzten Hunden, denen es das Herz brach, als sie zurückgelassen wurden.

Mereka memberitahu anjing tua atau cedera yang hatinya hancur apabila ditinggalkan.

Sie waren sich einig, dass es Gnade wäre, Dave sterben zu lassen, während er noch im Geschirr steckte.

Mereka bersetuju bahawa ia adalah belas kasihan untuk membiarkan Dave mati semasa masih dalam abahnya.

Er wurde wieder auf dem Schlitten festgeschnallt und Dave zog voller Stolz.

Dia diikat semula ke atas kereta luncur, dan Dave ditarik dengan bangga.

Obwohl er manchmal schrie, arbeitete er, als könne man den Schmerz ignorieren.

Walaupun dia kadang-kadang menangis, dia bekerja seolah-olah kesakitan boleh diabaikan.

Mehr als einmal fiel er und wurde mitgeschleift, bevor er wieder aufstand.

Lebih daripada sekali dia jatuh dan diseret sebelum bangkit semula.

Einmal wurde er vom Schlitten überrollt und von diesem Moment an humpelte er.

Sekali, kereta luncur itu bergolek di atasnya, dan dia terpincang-pincang sejak saat itu.

Trotzdem arbeitete er, bis das Lager erreicht war, und legte sich dann ans Feuer.

Namun, dia bekerja sehingga kem dicapai, dan kemudian berbaring di tepi api.

Am Morgen war Dave zu schwach, um zu reisen oder auch nur aufrecht zu stehen.

Menjelang pagi, Dave terlalu lemah untuk bergerak atau berdiri tegak.

Als es Zeit war, das Geschirr anzulegen, versuchte er mit zitternder Anstrengung, seinen Fahrer zu erreichen.

Pada masa abah-abah, dia cuba mencapai pemandunya dengan usaha yang menggeletar.

Er rappelte sich auf, taumelte und brach auf dem schneebedeckten Boden zusammen.

Dia memaksa dirinya bangun, terhuyung-hayang, dan rebah ke tanah bersalji.

Mithilfe seiner Vorderbeine zog er seinen Körper in Richtung des Angeschirrs.

Menggunakan kaki hadapannya, dia mengheret badannya ke arah kawasan harnessing.
Zentimeter für Zentimeter schob er sich auf die Arbeitshunde zu.
Dia memaut dirinya ke hadapan, inci demi inci, ke arah anjing yang bekerja.
Er verließ die Kraft, aber er machte mit seinem letzten verzweifelten Vorstoß weiter.
Kekuatannya hilang, tetapi dia terus bergerak dalam tolakan terakhirnya yang terdesak.
Seine Teamkollegen sahen ihn im Schnee nach Luft schnappen und sich immer noch danach sehnen, zu ihnen zu kommen.
Rakan sepasukannya melihat dia tercungap-cungap di dalam salji, masih rindu untuk menyertai mereka.
Sie hörten ihn vor Kummer schreien, als sie das Lager hinter sich ließen.
Mereka mendengar dia melolong dengan kesedihan ketika mereka meninggalkan perkhemahan itu.
Als das Team zwischen den Bäumen verschwand, hallte Daves Schrei hinter ihnen wider.
Ketika pasukan itu hilang ke dalam pokok, tangisan Dave bergema di belakang mereka.
Der Schlittenzug hielt kurz an, nachdem er einen Abschnitt des Flusswalds überquert hatte.
Kereta luncur itu berhenti seketika selepas melintasi sebatang kayu sungai.
Der schottische Mischling ging langsam zurück zum Lager dahinter.
Kaum separuh baka Scotch berjalan perlahan-lahan kembali ke arah perkhemahan di belakang.
Die Männer verstummten, als sie ihn den Schlittenzug verlassen sahen.
Lelaki itu berhenti bercakap apabila mereka melihat dia meninggalkan kereta luncur.
Dann ertönte ein einzelner Schuss klar und scharf über den Weg.

Kemudian satu das tembakan kedengaran jelas dan tajam melintasi laluan itu.

Der Mann kam schnell zurück und nahm wortlos seinen Platz ein.

Lelaki itu kembali dengan pantas dan mengambil tempat tanpa sebarang kata.

Peitschen knallten, Glöckchen bimmelten und die Schlitten rollten durch den Schnee.

Cambuk retak, loceng berdering, dan kereta luncur bergolek melalui salji.

Aber Buck wusste, was passiert war – und alle anderen Hunde auch.

Tetapi Buck tahu apa yang telah berlaku-dan begitu juga setiap anjing lain.

Die Mühen der Zügel und des Trails
Jerih payah Tanduk dan Jejak

Dreißig Tage nach dem Verlassen von Dawson erreichte die Salt Water Mail Skaguay.
Tiga puluh hari selepas meninggalkan Dawson, Mail Air Garam tiba di Skaguay.

Buck und seine Teamkollegen gingen in Führung, kamen aber in einem erbärmlichen Zustand an.
Buck dan rakan sepasukannya mendahului, tiba dalam keadaan menyedihkan.

Buck hatte von hundertvierzig auf hundertfünfzehn Pfund abgenommen.
Buck telah turun daripada seratus empat puluh kepada seratus lima belas paun.

Die anderen Hunde hatten, obwohl kleiner, noch mehr Körpergewicht verloren.
Anjing-anjing lain, walaupun lebih kecil, telah kehilangan lebih banyak berat badan.

Pike, einst ein vorgetäuschter Hinker, schleppte nun ein wirklich verletztes Bein hinter sich her.
Pike, yang dahulunya seorang lemper palsu, kini mengheret kaki yang benar-benar cedera di belakangnya.

Solleks humpelte stark und Dub hatte ein verrenktes Schulterblatt.
Solleks terpincang-pincang dengan teruk, dan tulang belikat Dub tercabut.

Die Füße aller Hunde im Team waren von den Wochen auf dem gefrorenen Pfad wund.
Setiap anjing dalam pasukan itu sakit kaki selama berminggu-minggu di laluan beku.

Ihre Schritte waren völlig federnd und bewegten sich nur langsam und schleppend.
Mereka tidak mempunyai mata air lagi dalam langkah mereka, hanya gerakan yang perlahan dan menyeret.

Ihre Füße treffen den Weg hart und jeder Schritt belastet ihren Körper stärker.

Kaki mereka menghentak denai dengan kuat, setiap langkah menambah ketegangan pada badan mereka.

Sie waren nicht krank, sondern nur so erschöpft, dass sie sich auf natürliche Weise nicht mehr erholen konnten.

Mereka tidak sakit, hanya dikeringkan di luar semua pemulihan semula jadi.

Dies war nicht die Müdigkeit eines harten Tages, die durch eine Nachtruhe geheilt werden konnte.

Ini bukanlah keletihan dari satu hari yang sukar, sembuh dengan rehat malam.

Es war eine Erschöpfung, die sich durch monatelange, zermürbende Anstrengungen langsam aufgebaut hatte.

Ia adalah keletihan yang dibina perlahan-lahan melalui usaha yang melelahkan selama berbulan-bulan.

Es waren keine Kraftreserven mehr vorhanden, sie hatten alles aufgebraucht, was sie hatten.

Tiada kekuatan simpanan yang tinggal — mereka telah menggunakan semua yang mereka ada.

Jeder Muskel, jede Faser und jede Zelle ihres Körpers war erschöpft und abgenutzt.

Setiap otot, serat, dan sel dalam badan mereka dihabiskan dan haus.

Und das hatte seinen Grund: Sie hatten zweitausendfünfhundert Meilen zurückgelegt.

Dan ada sebabnya — mereka telah menempuh jarak dua puluh lima ratus batu.

Auf den letzten zweitausendachthundert Kilometern hatten sie sich nur fünf Tage ausgeruht.

Mereka telah berehat hanya lima hari selama lapan belas ratus batu yang lalu.

Als sie Skaguay erreichten, sahen sie aus, als könnten sie kaum aufrecht stehen.

Apabila mereka tiba di Skaguay, mereka kelihatan hampir tidak dapat berdiri tegak.

Sie hatten Mühe, die Zügel straff zu halten und vor dem Schlitten zu bleiben.

Mereka bergelut untuk mengekalkan tampuk ketat dan berada di hadapan kereta luncur.

Auf abschüssigen Hängen konnten sie nur noch vermeiden, überfahren zu werden.

Di cerun menuruni bukit, mereka hanya sempat mengelak daripada digilis.

„Weiter, ihr armen, wunden Füße", sagte der Fahrer, während sie weiterhumpelten.

"Majulah, kaki sakit," kata pemandu itu sambil berjalan tertatih-tatih.

„Das ist die letzte Strecke, danach bekommen wir alle auf jeden Fall noch eine lange Pause."

"Ini adalah regangan terakhir, kemudian kita semua berehat panjang, pasti."

„Eine richtig lange Pause", versprach er und sah ihnen nach, wie sie weiter taumelten.

"Satu rehat yang benar-benar lama," dia berjanji, melihat mereka terhuyung-huyung ke hadapan.

Die Fahrer rechneten damit, dass sie nun eine lange, notwendige Pause bekommen würden.

Pemandu menjangkakan mereka akan mendapat rehat yang panjang dan diperlukan.

Sie hatten zweitausend Meilen zurückgelegt und nur zwei Tage Pause gemacht.

Mereka telah mengembara dua belas ratus batu dengan hanya berehat dua hari.

Sie waren der Meinung, dass sie sich die Zeit zum Entspannen verdient hätten, und das aus fairen und vernünftigen Gründen.

Dengan keadilan dan alasan, mereka merasakan mereka telah mendapat masa untuk berehat.

Aber zu viele waren zum Klondike gekommen und zu wenige waren zu Hause geblieben.

Tetapi terlalu ramai yang datang ke Klondike, dan terlalu sedikit yang tinggal di rumah.

Es gingen unzählige Briefe von Familien ein, die zu Bergen verspäteter Post führten.

Surat daripada keluarga membanjiri, mencipta timbunan surat tertangguh.

Offizielle Anweisungen trafen ein – neue Hudson Bay-Hunde würden die Nachfolge antreten.

Pesanan rasmi tiba—anjing Hudson Bay baharu akan mengambil alih.

Die erschöpften Hunde, die nun als wertlos galten, sollten entsorgt werden.

Anjing-anjing yang keletihan, yang kini dipanggil tidak bernilai, harus dilupuskan.

Da Geld wichtiger war als Hunde, sollten sie billig verkauft werden.

Oleh kerana wang lebih penting daripada anjing, mereka akan dijual dengan murah.

Drei weitere Tage vergingen, bevor die Hunde spürten, wie schwach sie waren.

Tiga hari lagi berlalu sebelum anjing-anjing itu merasakan betapa lemahnya mereka.

Am vierten Morgen kauften zwei Männer aus den Staaten das gesamte Team.

Pada pagi keempat, dua lelaki dari Amerika membeli seluruh pasukan.

Der Verkauf umfasste alle Hunde sowie ihre abgenutzte Geschirrausrüstung.

Jualan itu termasuk semua anjing, serta peralatan abah-abah yang dipakai.

Die Männer nannten sich gegenseitig „Hal" und „Charles", als sie den Deal abschlossen.

Lelaki itu memanggil satu sama lain "Hal" dan "Charles" semasa mereka menyelesaikan perjanjian itu.

Charles war mittleren Alters, blass, hatte schlaffe Lippen und wilde Schnurrbartspitzen.

Charles pertengahan umur, pucat, bibir lembik dan hujung misai garang.

Hal war ein junger Mann, vielleicht neunzehn, der einen Patronengürtel trug.

Hal adalah seorang lelaki muda, mungkin sembilan belas, memakai tali pinggang yang diisi kartrij.

Am Gürtel befanden sich ein großer Revolver und ein Jagdmesser, beide unbenutzt.

Tali pinggang itu memegang revolver besar dan pisau memburu, kedua-duanya tidak digunakan.

Es zeigte, wie unerfahren und ungeeignet er für das Leben im Norden war.

Ia menunjukkan betapa dia tidak berpengalaman dan tidak sesuai untuk kehidupan di utara.

Keiner der beiden Männer gehörte in die Wildnis; ihre Anwesenheit widersprach jeder Vernunft.

Kedua-dua lelaki tidak tergolong dalam alam liar; kehadiran mereka menentang segala alasan.

Buck beobachtete, wie das Geld zwischen Käufer und Makler den Besitzer wechselte.

Buck melihat ketika wang bertukar tangan antara pembeli dan ejen.

Er wusste, dass die Postzugführer sein Leben wie alle anderen verlassen würden.

Dia tahu pemandu kereta api mel meninggalkan hidupnya seperti yang lain.

Sie folgten Perrault und François, die nun unwiederbringlich verschwunden waren.

Mereka mengikuti Perrault dan François, kini tidak dapat diingati lagi.

Buck und das Team wurden in das schlampige Lager ihrer neuen Besitzer geführt.

Buck dan pasukan telah dibawa ke kem ceroboh pemilik baru mereka.

Das Zelt hing durch, das Geschirr war schmutzig und alles lag in Unordnung.

Khemah kendur, pinggan mangkuk kotor, dan semuanya berantakan.

Buck bemerkte dort auch eine Frau – Mercedes, Charles' Frau und Hals Schwester.

Buck melihat seorang wanita di sana juga—Mercedes, isteri Charles dan adik kepada Hal.
Sie bildeten eine vollständige Familie, obwohl sie alles andere als für den Wanderpfad geeignet waren.
Mereka membuat keluarga yang lengkap, walaupun jauh dari sesuai dengan jejak.
Buck beobachtete nervös, wie das Trio begann, die Vorräte einzupacken.
Buck memerhati dengan gugup apabila ketiga-tiga mereka mula mengemas bekalan.
Sie arbeiteten hart, aber ohne Ordnung – nur Aufhebens und vergeudete Mühe.
Mereka bekerja keras tetapi tanpa perintah—hanya kekecohan dan usaha yang sia-sia.
Das Zelt war zu einer sperrigen Form zusammengerollt und viel zu groß für den Schlitten.
Khemah itu digulung menjadi bentuk yang besar, terlalu besar untuk kereta luncur.
Schmutziges Geschirr wurde eingepackt, ohne dass es gespült oder getrocknet worden wäre.
Pinggan mangkuk yang kotor dibungkus tanpa dibersihkan atau dikeringkan sama sekali.
Mercedes flatterte herum, redete, korrigierte und mischte sich ständig ein.
Mercedes berkibar-kibar, sentiasa bercakap, membetulkan, dan campur tangan.
Als ein Sack vorne platziert wurde, bestand sie darauf, dass er hinten drankam.
Apabila sebuah guni diletakkan di hadapan, dia menegaskan ia diletakkan di belakang.
Sie packte den Sack ganz unten rein und im nächsten Moment brauchte sie ihn.
Dia membungkus guni di bahagian bawah, dan pada saat berikutnya dia memerlukannya.
Also wurde der Schlitten erneut ausgepackt, um an die eine bestimmte Tasche zu gelangen.

Jadi kereta luncur itu dibuka semula untuk mencapai satu beg tertentu.

In der Nähe standen drei Männer vor einem Zelt und beobachteten die Szene.

Berdekatan, tiga lelaki berdiri di luar khemah, melihat kejadian itu berlaku.

Sie lächelten, zwinkerten und grinsten über die offensichtliche Verwirrung der Neuankömmlinge.

Mereka tersenyum, mengenyitkan mata, dan tersengih melihat kekeliruan yang jelas kelihatan oleh pendatang baru.

„Sie haben schon eine ziemlich schwere Last", sagte einer der Männer.

"Anda sudah mempunyai beban yang betul," kata salah seorang lelaki itu.

„Ich glaube nicht, dass Sie das Zelt tragen sollten, aber es ist Ihre Entscheidung."

"Saya tidak fikir anda perlu membawa khemah itu, tetapi ia adalah pilihan anda."

„Unvorstellbar!", rief Mercedes und warf verzweifelt die Hände in die Luft.

"Tidak diimpikan!" jerit Mercedes sambil mengangkat tangannya dalam keputusasaan.

„Wie könnte ich ohne Zelt reisen, unter dem ich übernachten kann?"

"Bagaimana saya boleh mengembara tanpa khemah untuk tinggal di bawah?"

„Es ist Frühling – Sie werden kein kaltes Wetter mehr erleben", antwortete der Mann.

"Sekarang musim bunga—anda tidak akan melihat cuaca sejuk lagi," jawab lelaki itu.

Aber sie schüttelte den Kopf und sie stapelten weiterhin Gegenstände auf den Schlitten.

Tetapi dia menggelengkan kepalanya, dan mereka terus menimbun barang-barang ke atas kereta luncur.

Als sie die letzten Dinge hinzufügten, türmte sich die Ladung gefährlich hoch auf.

Beban itu menjulang tinggi dengan berbahaya apabila mereka menambah perkara terakhir.

„Glauben Sie, der Schlitten fährt?", fragte einer der Männer mit skeptischem Blick.

"Fikirkan kereta luncur itu akan naik?" tanya salah seorang lelaki itu dengan pandangan skeptikal.

„Warum sollte es nicht?", blaffte Charles mit scharfer Verärgerung zurück.

"Kenapa tidak sepatutnya?" Charles membalas dengan kegusaran yang tajam.

„Oh, das ist schon in Ordnung", sagte der Mann schnell und wich seiner Beleidigung aus.

"Oh, tidak apa-apa," lelaki itu berkata dengan cepat, berundur dari kesalahan.

„Ich habe mich nur gewundert – es sah für mich einfach ein bisschen zu kopflastig aus."

"Saya hanya tertanya-tanya-ia kelihatan agak terlalu berat bagi saya."

Charles drehte sich um und band die Ladung so gut fest, wie er konnte.

Charles berpaling dan mengikat beban itu sebaik mungkin.

Allerdings waren die Zurrgurte locker und die Verpackung insgesamt schlecht ausgeführt.

Tetapi sebatan itu longgar dan pembungkusan tidak dilakukan secara keseluruhan.

„Klar, die Hunde machen das den ganzen Tag", sagte ein anderer Mann sarkastisch.

"Pasti, anjing-anjing itu akan menariknya sepanjang hari," kata lelaki lain dengan sinis.

„Natürlich", antwortete Hal kalt und packte die lange Lenkstange des Schlittens.

"Sudah tentu," jawab Hal dingin, meraih tiang gee-gee yang panjang.

Mit einer Hand an der Stange schwang er mit der anderen die Peitsche.

Dengan sebelah tangan di atas tiang, dia menghayunkan cemeti pada sebelah lagi.

„Los geht's!", rief er. „Bewegt euch!", und trieb die Hunde zum Aufbruch an.

"Jom!" dia menjerit. "Alihkannya!" menggesa anjing untuk memulakan.

Die Hunde lehnten sich in das Geschirr und spannten sich einige Augenblicke lang an.

Anjing-anjing itu bersandar pada abah-abah dan tegang untuk beberapa saat.

Dann blieben sie stehen, da sie den überladenen Schlitten keinen Zentimeter bewegen konnten.

Kemudian mereka berhenti, tidak dapat mengalihkan kereta luncur yang sarat itu satu inci.

„Diese faulen Bestien!", schrie Hal und hob die Peitsche, um sie zu schlagen.

"Bangsat pemalas!" Hal menjerit, mengangkat cambuk untuk memukul mereka.

Doch Mercedes stürzte herein und riss Hal die Peitsche aus der Hand.

Tetapi Mercedes meluru masuk dan merampas cambuk dari tangan Hal.

„Oh, Hal, wage es ja nicht, ihnen wehzutun", rief sie alarmiert.

"Oh, Hal, jangan kamu berani menyakiti mereka," dia menangis ketakutan.

„Versprich mir, dass du nett zu ihnen bist, sonst gehe ich keinen Schritt weiter."

"Berjanjilah kepada saya anda akan berbuat baik kepada mereka, atau saya tidak akan pergi selangkah lagi."

„Du weißt nichts über Hunde", fuhr Hal seine Schwester an.

"Kamu tidak tahu apa-apa tentang anjing," bentak Hal pada kakaknya.

„Sie sind faul, und die einzige Möglichkeit, sie zu bewegen, besteht darin, sie zu peitschen."

"Mereka malas, dan satu-satunya cara untuk menggerakkan mereka adalah dengan menyebat mereka."

„Fragen Sie irgendjemanden – fragen Sie einen dieser Männer dort drüben, wenn Sie mir nicht glauben."

"Tanya sesiapa sahaja—tanyalah salah seorang daripada lelaki di sana jika kamu meragui saya."

Mercedes sah die Zuschauer mit flehenden, tränennassen Augen an.

Mercedes memandang orang yang melihat dengan mata yang merayu dan sebak.

Ihr Gesicht zeigte, wie sehr sie den Anblick jeglichen Schmerzes hasste.

Wajahnya menunjukkan betapa dia benci melihat sebarang kesakitan.

„Sie sind schwach, das ist alles", sagte ein Mann. „Sie sind erschöpft."

"Mereka lemah, itu sahaja," kata seorang lelaki. "Mereka sudah haus."

„Sie brauchen Ruhe – sie haben zu lange ohne Pause gearbeitet."

"Mereka memerlukan rehat-mereka telah bekerja terlalu lama tanpa rehat."

„Der Rest sei verflucht", murmelte Hal mit verzogenen Lippen.

"Rehatlah terkutuk," gumam Hal dengan bibir melengkung.

Mercedes schnappte nach Luft, sein grobes Wort schmerzte sie sichtlich.

Mercedes tersentak, jelas kesakitan dengan kata-kata kasar daripadanya.

Dennoch blieb sie loyal und verteidigte ihren Bruder sofort.

Namun, dia tetap setia dan serta-merta mempertahankan abangnya.

„Kümmere dich nicht um den Mann", sagte sie zu Hal. „Das sind unsere Hunde."

"Jangan kisah lelaki itu," katanya kepada Hal. "Mereka anjing kami."

„Fahren Sie sie, wie Sie es für richtig halten – tun Sie, was Sie für richtig halten."

"Anda memandu mereka mengikut apa yang anda fikirkan patut-buat apa yang anda fikir betul."

Hal hob die Peitsche und schlug die Hunde erneut gnadenlos.
Hal mengangkat cambuk dan memukul anjing-anjing itu lagi tanpa belas kasihan.
Sie stürzten sich nach vorne, die Körper tief gebeugt, die Füße in den Schnee gedrückt.
Mereka menerjang ke hadapan, badan rendah, kaki menolak ke dalam salji.
Sie gaben sich alle Mühe, den Schlitten zu ziehen, aber er bewegte sich nicht.
Semua kekuatan mereka masuk ke dalam tarikan, tetapi kereta luncur itu tidak bergerak.
Der Schlitten blieb wie ein im Schnee festgefrorener Anker stecken.
Kereta luncur itu tetap tersangkut, seperti sauh beku ke dalam salji yang penuh sesak.
Nach einem zweiten Versuch blieben die Hunde wieder stehen und keuchten schwer.
Selepas usaha kedua, anjing-anjing itu berhenti lagi, tercungap-cungap.
Hal hob die Peitsche noch einmal, gerade als Mercedes erneut eingriff.
Hal mengangkat cambuk sekali lagi, sama seperti Mercedes mengganggu sekali lagi.
Sie fiel vor Buck auf die Knie und umarmte seinen Hals.
Dia melutut di hadapan Buck dan memeluk lehernya.
Tränen traten ihr in die Augen, als sie den erschöpften Hund anflehte.
Air mata memenuhi matanya ketika dia merayu kepada anjing yang keletihan itu.
„Ihr Armen", sagte sie, „warum zieht ihr nicht einfach stärker?"
"Kamu yang malang," katanya, "mengapa kamu tidak tarik lebih kuat?"
„Wenn du ziehst, wirst du nicht so ausgepeitscht."
"Jika anda menarik, maka anda tidak akan disebat seperti ini."

Buck mochte Mercedes nicht, aber er war zu müde, um ihr jetzt zu widerstehen.
Buck tidak menyukai Mercedes, tetapi dia terlalu letih untuk menentangnya sekarang.
Er akzeptierte ihre Tränen als einen weiteren Teil dieses elenden Tages.
Dia menerima air matanya sebagai sebahagian lagi daripada hari yang menyedihkan itu.
Einer der zuschauenden Männer ergriff schließlich das Wort, nachdem er seinen Ärger unterdrückt hatte.
Salah seorang lelaki yang memerhati akhirnya bersuara setelah menahan marah.
„Es ist mir egal, was mit euch passiert, Leute, aber diese Hunde sind wichtig."
"Saya tidak kisah apa yang berlaku kepada kamu semua, tetapi anjing itu penting."
„Wenn du helfen willst, mach den Schlitten los – er ist am Schnee festgefroren."
"Jika anda ingin membantu, longgarkan kereta luncur itu — ia beku sehingga salji."
„Drücken Sie fest auf die Gee-Stange, rechts und links, und brechen Sie die Eisversiegelung."
"Tolak kuat-kuat kutub gee, kanan dan kiri, dan pecahkan anjing laut ais."
Ein dritter Versuch wurde unternommen, diesmal auf Vorschlag des Mannes.
Percubaan ketiga dilakukan, kali ini mengikut cadangan lelaki itu.
Hal schaukelte den Schlitten von einer Seite auf die andere und löste so die Kufen.
Hal menggoyangkan kereta luncur dari sisi ke sisi, menyebabkan pelari terlepas.
Obwohl der Schlitten überladen und unhandlich war, machte er schließlich einen Satz nach vorne.
Kereta luncur itu, walaupun terlebih muatan dan janggal, akhirnya meluncur ke hadapan.

Buck und die anderen zogen wild, angetrieben von einem Sturm aus Schleudertraumen.
Buck dan yang lain menarik dengan liar, didorong oleh ribut cambuk.

Hundert Meter weiter machte der Weg eine Biegung und führte in die Straße hinein.
Seratus ela di hadapan, laluan itu melengkung dan mencerun ke jalan.

Um den Schlitten aufrecht zu halten, hätte es eines erfahrenen Fahrers bedurft.
Ia akan memerlukan pemandu yang mahir untuk memastikan kereta luncur itu tegak.

Hal war nicht geschickt und der Schlitten kippte, als er um die Kurve schwang.
Hal tidak mahir, dan kereta luncur itu terhuyung semasa ia berayun di selekoh.

Lose Zurrgurte gaben nach und die Hälfte der Ladung ergoss sich auf den Schnee.
Sebatan yang longgar memberi laluan, dan separuh beban tumpah ke salji.

Die Hunde hielten nicht an; der leichtere Schlitten flog auf der Seite weiter.
Anjing-anjing itu tidak berhenti; kereta luncur pemetik api itu terbang di sisinya.

Wütend über die Beschimpfungen und die schwere Last rannten die Hunde noch schneller.
Marah kerana penderaan dan beban yang berat, anjing-anjing itu berlari lebih cepat.

Buck rannte wütend los und das Team folgte ihm.
Buck, dalam kemarahan, menceroboh lari, dengan pasukan mengikuti di belakang.

Hal rief „Whoa! Whoa!", aber das Team beachtete ihn nicht.
Hal menjerit "Whoa! Whoa!" tetapi pasukan itu tidak mempedulikannya.

Er stolperte, fiel und wurde am Geschirr über den Boden geschleift.
Dia tersandung, jatuh, dan diseret ke tanah oleh abah.

Der umgekippte Schlitten wurde über ihn geworfen, als die Hunde weiterrasten.
Kereta luncur yang terbalik itu terlanggarnya ketika anjing-anjing itu berlumba di hadapan.
Die restlichen Vorräte verteilten sich über die belebte Straße von Skaguay.
Selebihnya bekalan bertaburan di seberang jalan Skaguay yang sibuk.
Gutherzige Menschen eilten herbei, um die Hunde anzuhalten und die Ausrüstung einzusammeln.
Orang yang baik hati bergegas untuk menghentikan anjing dan mengumpulkan peralatan.
Sie gaben den neuen Reisenden auch direkte und praktische Ratschläge.
Mereka juga memberi nasihat, terus terang dan praktikal, kepada pengembara baru.
„Wenn Sie Dawson erreichen wollen, nehmen Sie die halbe Ladung und die doppelte Anzahl an Hunden mit."
"Jika anda ingin mencapai Dawson, ambil separuh beban dan gandakan anjing."
Hal, Charles und Mercedes hörten zu, wenn auch nicht mit Begeisterung.
Hal, Charles, dan Mercedes mendengar, walaupun tidak dengan semangat.
Sie bauten ihr Zelt auf und begannen, ihre Vorräte zu sortieren.
Mereka mendirikan khemah dan mula menyusun bekalan mereka.
Heraus kamen Konserven, die die Zuschauer laut lachen ließen.
Keluar barangan dalam tin, yang membuat penonton ketawa kuat.
„Konserven auf dem Weg? Bevor die schmelzen, verhungern Sie", sagte einer.
"Bahan tin di laluan itu? Anda akan kelaparan sebelum ia cair," kata seorang.
„Hoteldecken? Die wirfst du am besten alle weg."

"Selimut hotel? Lebih baik awak buang semuanya."
„Schmeißen Sie auch das Zelt weg, und hier spült niemand mehr Geschirr."
"Buang khemah juga, dan tiada siapa yang membasuh pinggan di sini."
„Sie glauben, Sie fahren in einem Pullman-Zug mit Bediensteten an Bord?"
"Anda fikir anda menaiki kereta api Pullman dengan pelayan di dalamnya?"
Der Prozess begann – jeder nutzlose Gegenstand wurde beiseite geworfen.
Proses itu bermula—setiap barang yang tidak berguna dicampak ke tepi.
Mercedes weinte, als ihre Taschen auf den schneebedeckten Boden geleert wurden.
Mercedes menangis apabila begnya dikosongkan ke tanah bersalji.
Sie schluchzte ohne Pause über jeden einzelnen hinausgeworfenen Gegenstand.
Dia menangis teresak-esak melihat setiap barang yang dibuang, satu persatu tanpa jeda.
Sie schwor, keinen Schritt weiterzugehen – nicht einmal für zehn Charleses.
Dia berikrar untuk tidak pergi satu langkah lagi—walaupun untuk sepuluh orang Charles.
Sie flehte alle Menschen in ihrer Nähe an, ihr ihre wertvollen Sachen zu überlassen.
Dia merayu setiap orang yang berdekatan untuk membiarkan dia menyimpan barang berharganya.
Schließlich wischte sie sich die Augen und begann, auch die wichtigsten Kleidungsstücke wegzuwerfen.
Akhirnya, dia mengesat matanya dan mula melemparkan pakaian yang penting.
Als sie mit ihrem eigenen fertig war, begann sie, die Vorräte der Männer auszuräumen.
Apabila selesai dengan sendiri, dia mula mengosongkan bekalan lelaki.

Wie ein Wirbelwind verwüstete sie die Habseligkeiten von Charles und Hal.
Seperti angin puyuh, dia mengoyakkan harta benda Charles dan Hal.
Obwohl die Ladung halbiert wurde, war sie immer noch viel schwerer als nötig.
Walaupun beban dikurangkan separuh, ia masih jauh lebih berat daripada yang diperlukan.
In dieser Nacht gingen Charles und Hal los und kauften sechs neue Hunde.
Malam itu, Charles dan Hal keluar dan membeli enam ekor anjing baharu.
Diese neuen Hunde gesellten sich zu den ursprünglichen sechs, plus Teek und Koona.
Anjing baharu ini menyertai enam yang asal, ditambah dengan Teek dan Koona.
Zusammen bildeten sie ein Gespann aus vierzehn Hunden, die vor den Schlitten gespannt wurden.
Bersama-sama mereka membuat sepasukan empat belas ekor anjing diikat pada kereta luncur.
Doch die neuen Hunde waren für die Schlittenarbeit ungeeignet und schlecht ausgebildet.
Tetapi anjing baru itu tidak sihat dan kurang terlatih untuk kerja kereta luncur.
Drei der Hunde waren kurzhaarige Vorstehhunde und einer war ein Neufundländer.
Tiga daripada anjing itu adalah penunjuk berambut pendek, dan satu adalah Newfoundland.
Bei den letzten beiden Hunden handelte es sich um Mischlinge ohne eindeutige Rasse oder Zweckbestimmung.
Dua anjing terakhir adalah anjing kambing yang tidak mempunyai baka atau tujuan yang jelas sama sekali.
Sie haben den Weg nicht verstanden und ihn nicht schnell gelernt.
Mereka tidak memahami jejak itu, dan mereka tidak mempelajarinya dengan cepat.

Buck und seine Kameraden beobachteten sie mit Verachtung und tiefer Verärgerung.
Buck dan rakan-rakannya memerhati mereka dengan cemuhan dan kerengsaan yang mendalam.

Obwohl Buck ihnen beibrachte, was sie nicht tun sollten, konnte er ihnen keine Pflicht beibringen.
Walaupun Buck mengajar mereka apa yang tidak boleh dilakukan, dia tidak boleh mengajar tugas.

Sie kamen mit dem Leben auf dem Wanderpfad und dem Ziehen von Zügeln und Schlitten nicht gut zurecht.
Mereka tidak pandai menjejaki kehidupan atau tarikan tampuk dan kereta luncur.

Nur die Mischlinge versuchten, sich anzupassen, und selbst ihnen fehlte der Kampfgeist.
Hanya kacukan yang cuba menyesuaikan diri, malah mereka tidak mempunyai semangat juang.

Die anderen Hunde waren durch ihr neues Leben verwirrt, geschwächt und gebrochen.
Anjing-anjing lain keliru, lemah, dan rosak dengan kehidupan baru mereka.

Da die neuen Hunde ahnungslos und die alten erschöpft waren, gab es kaum Hoffnung.
Dengan anjing baru yang tidak tahu dan yang lama kehabisan, harapan menjadi tipis.

Bucks Team hatte zweitausendfünfhundert Meilen eines rauen Pfades zurückgelegt.
Pasukan Buck telah menempuh dua puluh lima ratus batu dari laluan yang keras.

Dennoch waren die beiden Männer fröhlich und stolz auf ihr großes Hundegespann.
Namun, kedua-dua lelaki itu ceria dan bangga dengan pasukan anjing besar mereka.

Sie dachten, sie würden mit Stil reisen, mit vierzehn Hunden an der Leine.
Mereka menyangka mereka mengembara dengan bergaya, dengan empat belas ekor anjing diikat.

Sie hatten gesehen, wie Schlitten nach Dawson aufbrachen und andere von dort ankamen.
Mereka telah melihat kereta luncur pergi ke Dawson, dan yang lain tiba darinya.
Aber noch nie hatten sie eins gesehen, das von bis zu vierzehn Hunden gezogen wurde.
Tetapi mereka tidak pernah melihat seekor ditarik oleh sebanyak empat belas ekor anjing.
Es gab einen Grund, warum solche Teams in der arktischen Wildnis selten waren.
Terdapat sebab pasukan seperti itu jarang berlaku di padang gurun Artik.
Kein Schlitten konnte genug Futter transportieren, um vierzehn Hunde für die Reise zu versorgen.
Tiada kereta luncur boleh membawa makanan yang cukup untuk memberi makan kepada empat belas anjing untuk perjalanan itu.
Aber Charles und Hal wussten das nicht – sie hatten nachgerechnet.
Tetapi Charles dan Hal tidak tahu itu — mereka telah membuat pengiraan.
Sie haben das Futter berechnet: so viel pro Hund, so viele Tage, fertig.
Mereka menulis makanan: begitu banyak setiap anjing, begitu banyak hari, selesai.
Mercedes betrachtete ihre Zahlen und nickte, als ob es Sinn machte.
Mercedes memandang susuk tubuh mereka dan mengangguk seolah-olah masuk akal.
Zumindest auf dem Papier erschien ihr alles sehr einfach.
Semuanya kelihatan sangat mudah baginya, sekurang-kurangnya di atas kertas.

Am nächsten Morgen führte Buck das Team langsam die verschneite Straße hinauf.
Keesokan paginya, Buck mengetuai pasukan perlahan-lahan mendaki jalan bersalji.

Weder er noch die Hunde hinter ihm hatten Energie oder Tatendrang.
Tiada tenaga atau semangat dalam dirinya atau anjing di belakangnya.
Sie waren von Anfang an todmüde, es waren keine Reserven mehr vorhanden.
Mereka sudah letih sejak awal—tiada simpanan yang tinggal.
Buck hatte bereits vier Fahrten zwischen Salt Water und Dawson unternommen.
Buck sudah membuat empat perjalanan antara Air Garam dan Dawson.
Als er nun erneut vor derselben Spur stand, empfand er nichts als Bitterkeit.
Kini, berhadapan dengan jejak yang sama sekali lagi, dia tidak merasakan apa-apa selain kepahitan.
Er war nicht mit dem Herzen dabei und die anderen Hunde auch nicht.
Hatinya tidak ada di dalamnya, begitu juga hati anjing-anjing lain.
Die neuen Hunde waren schüchtern und den Huskys fehlte jegliches Vertrauen.
Anjing-anjing baru itu pemalu, dan huskies tidak mempunyai kepercayaan.
Buck spürte, dass er sich auf diese beiden Männer oder ihre Schwester nicht verlassen konnte.
Buck merasakan dia tidak boleh bergantung pada dua lelaki ini atau adik perempuan mereka.
Sie wussten nichts und zeigten auf dem Weg keine Anzeichen, etwas zu lernen.
Mereka tidak tahu apa-apa dan tidak menunjukkan tanda-tanda pembelajaran di laluan itu.
Sie waren unorganisiert und es fehlte ihnen jeglicher Sinn für Disziplin.
Mereka tidak teratur dan tidak mempunyai disiplin.
Sie brauchten jedes Mal die halbe Nacht, um ein schlampiges Lager aufzubauen.

Mereka mengambil masa setengah malam untuk menubuhkan kem yang tidak kemas setiap kali.

Und den halben nächsten Morgen verbrachten sie wieder damit, am Schlitten herumzufummeln.

Dan separuh keesokan harinya mereka menghabiskan masa meraba-raba dengan kereta luncur itu lagi.

Gegen Mittag hielten sie oft nur an, um die ungleichmäßige Beladung zu korrigieren.

Menjelang tengah hari, mereka sering berhenti hanya untuk membetulkan beban yang tidak sekata.

An manchen Tagen legten sie insgesamt weniger als sechzehn Kilometer zurück.

Pada beberapa hari, mereka mengembara kurang daripada sepuluh batu secara keseluruhan.

An anderen Tagen schafften sie es überhaupt nicht, das Lager zu verlassen.

Hari-hari lain, mereka tidak berjaya meninggalkan kem langsung.

Sie kamen nie auch nur annähernd an die geplante Nahrungsdistanz heran.

Mereka tidak pernah mendekati jarak makanan yang dirancang.

Wie erwartet ging das Futter für die Hunde sehr schnell aus.

Seperti yang dijangkakan, mereka kehabisan makanan untuk anjing dengan cepat.

Sie haben die Sache noch schlimmer gemacht, indem sie in den ersten Tagen zu viel gefüttert haben.

Mereka memburukkan keadaan dengan memberi makan berlebihan pada hari-hari awal.

Mit jeder unvorsichtigen Ration rückte der Hungertod näher.

Ini membawa kebuluran lebih dekat dengan setiap catuan cuai.

Die neuen Hunde hatten nicht gelernt, mit sehr wenig zu überleben.

Anjing-anjing baru itu tidak belajar untuk terus hidup dengan sangat sedikit.

Sie aßen hungrig, ihr Appetit war zu groß für den Weg.
Mereka makan dengan kelaparan, dengan selera yang terlalu besar untuk laluan itu.

Als Hal sah, wie die Hunde schwächer wurden, glaubte er, dass das Futter nicht ausreichte.
Melihat anjing-anjing itu lemah, Hal percaya makanan itu tidak mencukupi.

Er verdoppelte die Rationen und verschlimmerte damit den Fehler noch.
Dia menggandakan catuan, menjadikan kesilapan itu lebih teruk.

Mercedes verschärfte das Problem mit Tränen und leisem Flehen.
Mercedes menambah masalah dengan air mata dan rayuan lembut.

Als sie Hal nicht überzeugen konnte, fütterte sie die Hunde heimlich.
Apabila dia tidak dapat meyakinkan Hal, dia memberi makan anjing secara rahsia.

Sie stahl den Fisch aus den Säcken und gab ihn ihnen hinter seinem Rücken.
Dia mencuri dari karung ikan dan memberikannya kepada mereka di belakangnya.

Doch was die Hunde wirklich brauchten, war nicht mehr Futter, sondern Ruhe.
Tetapi apa yang benar-benar diperlukan oleh anjing-anjing itu bukanlah lebih banyak makanan—ia adalah rehat.

Sie kamen nur langsam voran, aber der schwere Schlitten schleppte sich trotzdem weiter.
Mereka membuat masa yang sukar, tetapi kereta luncur yang berat masih berlarutan.

Allein dieses Gewicht zehrte jeden Tag an ihrer verbleibenden Kraft.
Berat itu sahaja menghabiskan sisa kekuatan mereka setiap hari.

Dann kam es zur Phase der Unterernährung, da die Vorräte zur Neige gingen.

Kemudian datang peringkat kurang makan kerana bekalan semakin berkurangan.

Eines Morgens stellte Hal fest, dass die Hälfte des Hundefutters bereits weg war.

Hal menyedari pada suatu pagi bahawa separuh makanan anjing sudah hilang.

Sie hatten nur ein Viertel der gesamten Wegstrecke zurückgelegt.

Mereka hanya menempuh satu perempat daripada jumlah jarak jejak.

Es konnten keine Lebensmittel mehr gekauft werden, egal zu welchem Preis.

Tiada lagi makanan boleh dibeli, tidak kira berapa harga yang ditawarkan.

Er reduzierte die Portionen der Hunde unter die normale Tagesration.

Dia mengurangkan bahagian anjing di bawah catuan harian standard.

Gleichzeitig forderte er längere Reisemöglichkeiten, um die Verluste auszugleichen.

Pada masa yang sama, dia menuntut perjalanan yang lebih lama untuk menebus kerugian.

Mercedes und Charles unterstützten diesen Plan, scheiterten jedoch bei der Umsetzung.

Mercedes dan Charles menyokong rancangan ini, tetapi gagal dalam pelaksanaan.

Ihr schwerer Schlitten und ihre mangelnden Fähigkeiten machten ein Vorankommen nahezu unmöglich.

Kereta luncur mereka yang berat dan kekurangan kemahiran membuat kemajuan hampir mustahil.

Es war einfach, weniger Futter zu geben, aber unmöglich, mehr Anstrengung zu erzwingen.

Adalah mudah untuk memberi lebih sedikit makanan, tetapi mustahil untuk memaksa lebih banyak usaha.

Sie konnten weder früher anfangen, noch konnten sie Überstunden machen.

Mereka tidak boleh mula awal, dan mereka juga tidak boleh melakukan perjalanan untuk waktu tambahan.

Sie wussten nicht, wie sie mit den Hunden und überhaupt mit sich selbst arbeiten sollten.

Mereka tidak tahu bagaimana untuk bekerja dengan anjing, mahupun diri mereka sendiri, dalam hal ini.

Der erste Hund, der starb, war Dub, der unglückliche, aber fleißige Dieb.

Anjing pertama yang mati ialah Dub, pencuri yang malang tetapi rajin.

Obwohl Dub oft bestraft wurde, leistete er ohne zu klagen seinen Beitrag.

Walaupun sering dihukum, Dub telah menarik berat badannya tanpa aduan.

Seine Schulterverletzung verschlimmerte sich ohne Pflege und nötige Ruhe.

Bahunya yang cedera bertambah teruk tanpa penjagaan atau memerlukan rehat.

Schließlich beendete Hal mit dem Revolver Dubs Leiden.

Akhirnya, Hal menggunakan revolver untuk menamatkan penderitaan Dub.

Ein gängiges Sprichwort besagt, dass normale Hunde an der Husky-Ration sterben.

Pepatah biasa mendakwa bahawa anjing biasa mati dengan makanan serak.

Bucks sechs neue Gefährten bekamen nur die Hälfte des Futteranteils des Huskys.

Enam teman baru Buck hanya mempunyai separuh bahagian makanan husky.

Zuerst starb der Neufundländer, dann die drei kurzhaarigen Vorstehhunde.

Newfoundland mati dahulu, kemudian tiga penunjuk berambut pendek.

Die beiden Mischlinge hielten länger durch, kamen aber schließlich wie die anderen um.

Dua kacukan itu bertahan lebih lama tetapi akhirnya mati seperti yang lain.

Zu diesem Zeitpunkt waren alle Annehmlichkeiten und die Sanftheit des Südens verschwunden.
Pada masa ini, semua kemudahan dan kelembutan Southland telah hilang.
Die drei Menschen hatten die letzten Spuren ihrer zivilisierten Erziehung abgelegt.
Ketiga-tiga orang itu telah menumpahkan jejak terakhir didikan mereka yang beradab.
Ohne Glamour und Romantik wurde das Reisen in die Arktis zur brutalen Realität.
Dilucutkan glamor dan percintaan, perjalanan Artik menjadi nyata dengan kejam.
Es war eine Realität, die zu hart für ihr Männlichkeits- und Weiblichkeitsgefühl war.
Ia adalah realiti yang terlalu keras untuk rasa lelaki dan wanita mereka.
Mercedes weinte nicht mehr um die Hunde, sondern nur noch um sich selbst.
Mercedes tidak lagi menangis untuk anjing, tetapi kini hanya menangis untuk dirinya sendiri.
Sie verbrachte ihre Zeit damit, zu weinen und mit Hal und Charles zu streiten.
Dia menghabiskan masanya dengan menangis dan bertengkar dengan Hal dan Charles.
Streiten war das Einzige, wozu sie nie zu müde waren.
Bergaduh adalah satu perkara yang mereka tidak pernah jemu untuk lakukan.
Ihre Gereiztheit rührte vom Elend her, wuchs mit ihm und übertraf es.
Kejengkelan mereka datang dari kesengsaraan, berkembang bersamanya, dan mengatasinya.
Die Geduld des Weges, die diejenigen kennen, die sich abmühen und freundlich leiden, kam nie.
Kesabaran jejak, yang diketahui oleh mereka yang bersusah payah dan menderita dengan baik, tidak pernah datang.
Diese Geduld, die die Sprache trotz Schmerzen süß hält, war ihnen unbekannt.

Kesabaran itu, yang membuat ucapan manis melalui kesakitan, tidak diketahui oleh mereka.

Sie besaßen nicht die geringste Spur von Geduld und schöpften keine Kraft aus dem anmutigen Leiden.

Mereka tidak mempunyai sedikit pun kesabaran, tidak ada kekuatan yang diperoleh daripada penderitaan dengan rahmat.

Sie waren steif vor Schmerz – ihre Muskeln, Knochen und ihr Herz schmerzten.

Mereka kaku dengan kesakitan—sakit pada otot, tulang, dan jantung mereka.

Aus diesem Grund bekamen sie eine scharfe Zunge und waren schnell im Umgang mit harten Worten.

Kerana itu, mereka menjadi tajam lidah dan cepat dengan kata-kata yang kasar.

Jeder Tag begann und endete mit wütenden Stimmen und bitteren Klagen.

Setiap hari bermula dan berakhir dengan suara marah dan keluhan pahit.

Charles und Hal stritten sich, wann immer Mercedes ihnen eine Chance gab.

Charles dan Hal bergaduh setiap kali Mercedes memberi mereka peluang.

Jeder Mann glaubte, dass er mehr als seinen gerechten Anteil an der Arbeit geleistet hatte.

Setiap lelaki percaya dia melakukan lebih daripada bahagian kerjanya yang saksama.

Keiner von beiden ließ es sich je entgehen, dies immer wieder zu sagen.

Kedua-duanya tidak pernah melepaskan peluang untuk berkata demikian, lagi dan lagi.

Manchmal stand Mercedes auf der Seite von Charles, manchmal auf der Seite von Hal.

Kadang-kadang Mercedes berpihak kepada Charles, kadang-kadang dengan Hal.

Dies führte zu einem großen und endlosen Streit zwischen den dreien.

Ini membawa kepada pertengkaran besar dan tidak berkesudahan di antara mereka bertiga.
Ein Streit darüber, wer Brennholz hacken sollte, geriet außer Kontrolle.
Pertikaian mengenai siapa yang harus memotong kayu api semakin tidak terkawal.
Bald wurden Väter, Mütter, Cousins und verstorbene Verwandte genannt.
Tidak lama kemudian, bapa, ibu, sepupu, dan saudara mara yang telah meninggal dinamakan.
Hal's Ansichten über Kunst oder die Theaterstücke seines Onkels wurden Teil des Kampfes.
Pandangan Hal tentang seni atau drama bapa saudaranya menjadi sebahagian daripada perjuangan.
Auch Charles' politische Überzeugungen wurden in die Debatte einbezogen.
Kepercayaan politik Charles juga memasuki perdebatan.
Für Mercedes schienen sogar die Gerüchte über die Schwester ihres Mannes relevant zu sein.
Bagi Mercedes, gosip kakak suaminya pun nampak relevan.
Sie äußerte ihre Meinung dazu und zu vielen Fehlern in Charles' Familie.
Dia menyiarkan pendapat tentang itu dan tentang banyak kelemahan keluarga Charles.
Während sie stritten, blieb das Feuer aus und das Lager war halb fertig.
Semasa mereka bertengkar, api tetap tidak menyala dan kem separuh padam.
In der Zwischenzeit waren die Hunde unterkühlt und hatten nichts zu fressen.
Sementara itu, anjing-anjing itu tetap sejuk dan tanpa sebarang makanan.
Mercedes hegte einen Groll, den sie als zutiefst persönlich betrachtete.
Mercedes menahan rungutan yang dia anggap sangat peribadi.

Sie fühlte sich als Frau misshandelt und fühlte sich ihrer Privilegien beraubt.
Dia merasa dianiaya sebagai seorang wanita, menafikan keistimewaannya yang lembut.
Sie war hübsch und sanft und pflegte ihr ganzes Leben lang ritterliche Gesten.
Dia cantik dan lembut, dan biasa bersopan santun sepanjang hidupnya.
Doch ihr Mann und ihr Bruder begegneten ihr nun mit Ungeduld.
Tetapi suami dan abangnya kini melayannya dengan tidak sabar.
Sie hatte die Angewohnheit, sich hilflos zu verhalten, und sie begannen, sich zu beschweren.
Kebiasaannya adalah bertindak tidak berdaya, dan mereka mula mengeluh.
Sie war davon beleidigt und machte ihnen das Leben noch schwerer.
Tersinggung dengan perkara ini, dia membuat hidup mereka lebih sukar.
Sie ignorierte die Hunde und bestand darauf, den Schlitten selbst zu fahren.
Dia tidak mengendahkan anjing-anjing itu dan berkeras untuk menaiki kereta luncur itu sendiri.
Obwohl sie von leichter Gestalt war, wog sie fünfundvierzig Kilo.
Walaupun kelihatan ringan, beratnya seratus dua puluh paun.
Diese zusätzliche Belastung war zu viel für die hungernden, schwachen Hunde.
Beban tambahan itu terlalu berat untuk anjing yang kelaparan dan lemah.
Trotzdem ritt sie tagelang, bis die Hunde in den Zügeln zusammenbrachen.
Namun, dia menunggang selama berhari-hari, sehingga anjing-anjing itu rebah di kekang.
Der Schlitten stand still und Charles und Hal baten sie, zu laufen.

Kereta luncur itu berhenti, dan Charles dan Hal merayunya untuk berjalan.

Sie flehten und flehten, aber sie weinte und nannte sie grausam.

Mereka merayu dan merayu, tetapi dia menangis dan menyebut mereka kejam.

Einmal zogen sie sie mit purer Kraft und Wut vom Schlitten.

Pada satu ketika, mereka menariknya dari kereta luncur dengan kuat dan marah.

Nach dem, was damals passiert ist, haben sie es nie wieder versucht.

Mereka tidak pernah mencuba lagi selepas apa yang berlaku pada masa itu.

Sie wurde schlaff wie ein verwöhntes Kind und setzte sich in den Schnee.

Dia menjadi lemas seperti kanak-kanak yang manja dan duduk di dalam salji.

Sie gingen weiter, aber sie weigerte sich aufzustehen oder ihnen zu folgen.

Mereka meneruskan, tetapi dia enggan bangkit atau mengikut di belakang.

Nach drei Meilen hielten sie an, kehrten um und trugen sie zurück.

Selepas tiga batu, mereka berhenti, kembali, dan membawanya kembali.

Sie luden sie wieder auf den Schlitten, wobei sie erneut rohe Gewalt anwandten.

Mereka memuatkannya semula ke atas kereta luncur, sekali lagi menggunakan kekuatan kasar.

In ihrem tiefen Elend zeigten sie gegenüber dem Leid der Hunde keine Skrupel.

Dalam kesengsaraan mereka yang mendalam, mereka tidak berperasaan terhadap penderitaan anjing-anjing itu.

Hal glaubte, man müsse sich abhärten und zwang anderen diesen Glauben auf.

Hal percaya seseorang mesti menjadi keras dan memaksa kepercayaan itu kepada orang lain.

Er versuchte zunächst, seiner Schwester seine Philosophie zu predigen
Dia mula-mula cuba menyampaikan falsafahnya kepada kakaknya
und dann predigte er erfolglos seinem Schwager.
dan kemudian, tanpa kejayaan, dia berdakwah kepada abang iparnya.
Bei den Hunden hatte er mehr Erfolg, aber nur, weil er ihnen weh tat.
Dia lebih berjaya dengan anjing itu, tetapi hanya kerana dia menyakiti mereka.
Bei Five Fingers ist das Hundefutter komplett ausgegangen.
Pada Five Fingers, makanan anjing kehabisan makanan sepenuhnya.
Eine zahnlose alte Squaw verkaufte ein paar Pfund gefrorenes Pferdeleder
Seekor kambing tua yang tidak bertaring menjual beberapa paun kulit kuda beku
Hal tauschte seinen Revolver gegen das getrocknete Pferdefell.
Hal menukar pistolnya dengan kulit kuda kering.
Das Fleisch stammte von den Pferden der Viehzüchter, die Monate zuvor verhungert waren.
Daging itu berasal dari kuda-kuda lembu yang kelaparan beberapa bulan sebelumnya.
Gefroren war die Haut wie verzinktes Eisen: zäh und ungenießbar.
Beku, kulitnya seperti besi tergalvani; keras dan tidak boleh dimakan.
Die Hunde mussten endlos auf dem Fell herumkauen, um es zu fressen.
Anjing-anjing itu terpaksa mengunyah kulitnya tanpa henti untuk memakannya.
Doch die ledrigen Fäden und das kurze Haar waren kaum Nahrung.
Tetapi rentetan kulit dan rambut pendek hampir tidak berkhasiat.

Das Fell war größtenteils irritierend und kein echtes Nahrungsmittel.
Kebanyakan kulit itu menjengkelkan, dan bukan makanan dalam erti kata sebenar.
Und während all dem taumelte Buck vorne herum, wie in einem Albtraum.
Dan melalui semua itu, Buck terhuyung-hayang di hadapan, seperti dalam mimpi ngeri.
Er zog, wenn er dazu in der Lage war; wenn nicht, blieb er liegen, bis er mit einer Peitsche oder einem Knüppel hochgehoben wurde.
Dia menarik apabila mampu; apabila tidak, dia berbaring sehingga cambuk atau kelab menaikkannya.
Sein feines, glänzendes Fell hatte jegliche Steifheit und jeglichen Glanz verloren, den es einst hatte.
Kotnya yang halus dan berkilat telah hilang segala kekakuan dan kilauan yang pernah ada.
Sein Haar hing schlaff herunter, war zerzaust und mit getrocknetem Blut von den Schlägen verklebt.
Rambutnya dijuntai lemas, terseret, dan bergumpal dengan darah kering akibat pukulan itu.
Seine Muskeln schrumpften zu Sehnen und seine Fleischpolster waren völlig abgenutzt.
Otot-ototnya mengecut menjadi tali, dan pelapik dagingnya telah lusuh.
Jede Rippe, jeder Knochen war deutlich durch die Falten der runzligen Haut zu sehen.
Setiap rusuk, setiap tulang menunjukkan dengan jelas melalui lipatan kulit yang berkedut.
Es war herzzerreißend, doch Bucks Herz konnte nicht brechen.
Ia menyayat hati, namun hati Buck tidak boleh hancur.
Der Mann im roten Pullover hatte das getestet und vor langer Zeit bewiesen.
Lelaki berbaju sejuk merah itu telah mengujinya dan membuktikannya sejak dahulu lagi.

So wie es bei Buck war, war es auch bei allen seinen übrigen Teamkollegen.
Seperti yang berlaku dengan Buck, begitu juga dengan semua rakan sepasukannya yang tinggal.

Insgesamt waren es sieben, jeder einzelne ein wandelndes Skelett des Elends.
Terdapat tujuh jumlahnya, masing-masing adalah rangka kesengsaraan yang berjalan.

Sie waren gegenüber den Peitschenhieben taub geworden und spürten nur noch entfernten Schmerz.
Mereka telah menjadi kebas untuk sebatan, hanya merasakan kesakitan yang jauh.

Sogar Bild und Ton erreichten sie nur schwach, wie durch dichten Nebel.
Malah penglihatan dan bunyi mencapai mereka samar-samar, seperti melalui kabus tebal.

Sie waren nicht halb lebendig – es waren Knochen mit schwachen Funken darin.
Mereka tidak separuh hidup-mereka adalah tulang dengan percikan malap di dalamnya.

Als sie angehalten wurden, brachen sie wie Leichen zusammen, ihre Funken waren fast erloschen.
Apabila berhenti, mereka rebah seperti mayat, percikan api mereka hampir hilang.

Und als die Peitsche oder der Knüppel erneut zuschlug, sprühten schwache Funken.
Dan apabila cambuk atau kayu itu melanda lagi, percikan api berkibar lemah.

Dann erhoben sie sich, taumelten vorwärts und schleiften ihre Gliedmaßen vor sich her.
Kemudian mereka bangkit, terhuyung-hayang ke hadapan, dan menyeret anggota badan mereka ke hadapan.

Eines Tages stürzte der nette Billee und konnte überhaupt nicht mehr aufstehen.
Suatu hari Billee yang baik hati jatuh dan tidak dapat bangkit sama sekali.

Hal hatte seinen Revolver eingetauscht und benutzte stattdessen eine Axt, um Billee zu töten.
Hal telah menukar revolvernya, jadi dia menggunakan kapak untuk membunuh Billee sebaliknya.
Er schlug ihm auf den Kopf, schnitt dann seinen Körper los und schleifte ihn weg.
Dia memukul kepalanya, kemudian memotong badannya dan menyeretnya.
Buck sah dies und die anderen auch; sie wussten, dass der Tod nahe war.
Buck melihat ini, dan begitu juga yang lain; mereka tahu kematian sudah dekat.
Am nächsten Tag ging Koona und ließ nur fünf Hunde im hungernden Team zurück.
Keesokan harinya Koona pergi, meninggalkan hanya lima ekor anjing dalam pasukan yang kelaparan.
Joe war nicht länger gemein, sondern zu weit weg, um überhaupt noch viel mitzubekommen.
Joe, tidak lagi bermaksud, sudah terlalu jauh untuk menyedarinya sama sekali.
Pike täuschte seine Verletzung nicht länger vor und war kaum bei Bewusstsein.
Pike, tidak lagi memalsukan kecederaannya, hampir tidak sedarkan diri.
Solleks, der immer noch treu war, beklagte, dass er nicht mehr die Kraft hatte, etwas zu geben.
Solleks, masih setia, meratapi dia tidak mempunyai kekuatan untuk diberikan.
Teek wurde am häufigsten geschlagen, weil er frischer war, aber schnell nachließ.
Teek paling banyak dipukul kerana dia lebih segar, tetapi cepat pudar.
Und Buck, der immer noch in Führung lag, sorgte nicht länger für Ordnung und setzte sie auch nicht durch.
Dan Buck, masih mendahului, tidak lagi menjaga perintah atau menguatkuasakannya.

Halb blind vor Schwäche folgte Buck der Spur nur nach Gefühl.
Separuh buta dengan kelemahan, Buck mengikut jejak dengan berasa sendirian.

Es war schönes Frühlingswetter, aber keiner von ihnen bemerkte es.
Ia adalah cuaca musim bunga yang indah, tetapi tiada seorang pun daripada mereka menyedarinya.

Jeden Tag ging die Sonne früher auf und später unter als zuvor.
Setiap hari matahari terbit lebih awal dan terbenam lebih lambat daripada sebelumnya.

Um drei Uhr morgens dämmerte es, die Dämmerung dauerte bis neun Uhr.
Menjelang tiga pagi, subuh telah tiba; senja berlangsung hingga sembilan.

Die langen Tage waren erfüllt von der vollen Strahlkraft des Frühlingssonnenscheins.
Hari-hari yang panjang dipenuhi dengan sinaran matahari musim bunga yang penuh.

Die gespenstische Stille des Winters hatte sich in ein warmes Murmeln verwandelt.
Kesunyian hantu musim sejuk telah berubah menjadi rungutan hangat.

Das ganze Land erwachte und war erfüllt von der Freude am Leben.
Seluruh negeri terjaga, hidup dengan kegembiraan makhluk hidup.

Das Geräusch kam von etwas, das den Winter über tot und reglos dagelegen hatte.
Bunyi itu datang dari apa yang telah mati dan masih melalui musim sejuk.

Jetzt bewegten sich diese Dinger wieder und schüttelten den langen Frostschlaf ab.
Sekarang, perkara-perkara itu bergerak lagi, menghilangkan tidur beku yang panjang.

Saft stieg durch die dunklen Stämme der wartenden Kiefern.
Sap naik melalui batang-batang gelap pokok pain yang menunggu.
An jedem Zweig von Weiden und Espen treiben leuchtende junge Knospen aus.
Willow dan aspen mengeluarkan tunas muda yang terang pada setiap ranting.
Sträucher und Weinreben erstrahlten in frischem Grün, als der Wald zum Leben erwachte.
Pokok renek dan pokok anggur kelihatan hijau segar apabila hutan itu hidup.
Nachts zirpten Grillen und in der Sonne krabbelten Käfer.
Cengkerik berkicau pada waktu malam, dan pepijat merayap di bawah sinar matahari siang.
Rebhühner dröhnten und Spechte klopften tief in den Bäumen.
Ayam hutan meledak, dan burung belatuk mengetuk jauh di dalam pokok.
Eichhörnchen schnatterten, Vögel sangen und Gänse schnatterten über den Hunden.
Tupai berbual, burung bernyanyi, dan angsa membunyikan hon ke atas anjing.
Das Wildgeflügel kam in scharfen Keilen und flog aus dem Süden heran.
Unggas liar datang dalam serpihan tajam, terbang dari selatan.
Von jedem Hügel ertönte die Musik verborgener, rauschender Bäche.
Dari setiap lereng bukit datang muzik sungai yang tersembunyi dan deras.
Alles taute auf, brach, bog sich und geriet wieder in Bewegung.
Semua benda dicairkan dan terputus, bengkok dan kembali bergerak.
Der Yukon bemühte sich, die Kälteketten des gefrorenen Eises zu durchbrechen.

Yukon berusaha untuk memutuskan rantaian sejuk ais beku.
Das Eis schmolz von unten, während die Sonne es von oben zum Schmelzen brachte.
Ais mencair di bawah, manakala matahari mencairkannya dari atas.
Luftlöcher öffneten sich, Risse breiteten sich aus und Brocken fielen in den Fluss.
Lubang udara terbuka, retakan merebak, dan ketulan jatuh ke dalam sungai.
Inmitten dieses pulsierenden und lodernden Lebens taumelten die Reisenden.
Di tengah-tengah semua kehidupan yang penuh dan berkobar-kobar ini, para pengembara terhuyung-huyung.
Zwei Männer, eine Frau und ein Rudel Huskys liefen wie die Toten.
Dua lelaki, seorang wanita, dan sekumpulan huskies berjalan seperti orang mati.
Die Hunde fielen, Mercedes weinte, fuhr aber immer noch Schlitten.
Anjing-anjing itu jatuh, Mercedes menangis, tetapi masih menunggang kereta luncur.
Hal fluchte schwach und Charles blinzelte mit tränenden Augen.
Hal mengutuk lemah, dan Charles mengedipkan matanya melalui mata yang berair.
Sie stolperten in John Thorntons Lager an der Mündung des White River.
Mereka tersandung ke kem John Thornton dengan mulut White River.
Als sie anhielten, fielen die Hunde flach um, als wären sie alle tot.
Apabila mereka berhenti, anjing-anjing itu jatuh rata, seolah-olah semuanya mati.
Mercedes wischte sich die Tränen ab und sah zu John Thornton hinüber.
Mercedes mengesat air matanya dan memandang ke arah John Thornton.

Charles saß langsam und steif auf einem Baumstamm, mit Schmerzen vom Weg.
Charles duduk di atas kayu balak, perlahan-lahan dan kaku, sakit akibat denai.
Hal redete, während Thornton das Ende eines Axtstiels schnitzte.
Hal bercakap sambil Thornton mengukir hujung pemegang kapak.
Er schnitzte Birkenholz und antwortete mit kurzen, bestimmten Antworten.
Dia memotong kayu birch dan menjawab dengan jawapan ringkas dan tegas.
Wenn man ihn fragte, gab er Ratschläge, war sich jedoch sicher, dass diese nicht befolgt würden.
Apabila ditanya, dia memberi nasihat, pasti ia tidak akan diikuti.
Hal erklärte: „Sie sagten uns, dass das Eis auf dem Weg schmelzen würde."
Hal menjelaskan, "Mereka memberitahu kami bahawa ais jejak itu semakin berkurangan."
„Sie sagten, wir sollten bleiben, wo wir waren – aber wir haben es bis nach White River geschafft."
"Mereka berkata kami harus tinggal di situ-tetapi kami berjaya sampai ke Sungai Putih."
Er schloss mit höhnischem Ton, als wolle er einen Sieg in der Not für sich beanspruchen.
Dia mengakhirinya dengan nada mencemuh, seolah-olah mahu menang dalam kesusahan.
„Und sie haben dir die Wahrheit gesagt", antwortete John Thornton Hal ruhig.
"Dan mereka memberitahu anda benar," John Thornton menjawab Hal dengan perlahan.
„Das Eis kann jeden Moment nachgeben – es ist kurz davor, abzufallen."
"Ais boleh hilang pada bila-bila masa—ia sedia untuk tercicir."

„Nur durch blindes Glück und ein paar Narren wäre es möglich gewesen, lebend so weit zu kommen."
"Hanya tuah buta dan orang bodoh yang boleh berjaya sejauh ini."
„Ich sage es Ihnen ganz offen: Ich würde mein Leben nicht für alles Gold Alaskas riskieren."
"Saya beritahu anda terus, saya tidak akan mempertaruhkan nyawa saya untuk semua emas Alaska."
„Das liegt wohl daran, dass Sie kein Narr sind", antwortete Hal.
"Itu kerana awak bukan orang bodoh, saya rasa," jawab Hal.
„Trotzdem fahren wir weiter nach Dawson." Er rollte seine Peitsche ab.
"Semua yang sama, kita akan pergi ke Dawson." Dia membuka pecutnya.
„Komm rauf, Buck! Hallo! Steh auf! Los!", rief er barsch.
"Bangun ke sana, Buck! Hai! Bangun! Teruskan!" dia menjerit kasar.
Thornton schnitzte weiter, wohl wissend, dass Narren nicht auf Vernunft hören.
Thornton terus mencebik, mengetahui orang bodoh tidak akan mendengar alasan.
Einen Narren aufzuhalten war sinnlos – und zwei oder drei Narren änderten nichts.
Untuk menghentikan orang bodoh adalah sia-sia—dan dua atau tiga orang tertipu tidak mengubah apa-apa.
Doch als das Team Hal's Befehl hörte, bewegte es sich nicht.
Tetapi pasukan itu tidak bergerak apabila mendengar arahan Hal.
Jetzt konnten sie nur noch durch Schläge wieder auf die Beine kommen und weiterkommen.
Pada masa ini, hanya pukulan yang boleh membuat mereka bangkit dan menarik ke hadapan.
Immer wieder knallte die Peitsche über die geschwächten Hunde.
Cambuk itu dipatahkan lagi dan lagi pada anjing-anjing yang lemah itu.

John Thornton presste die Lippen fest zusammen und sah schweigend zu.
John Thornton mengetap bibirnya rapat-rapat dan memerhati dalam diam.
Solleks war der Erste, der unter der Peitsche auf die Beine kam.
Solleks adalah orang pertama yang merangkak berdiri di bawah bulu mata.
Dann folgte Teek zitternd. Joe schrie auf, als er stolperte.
Kemudian Teek mengikut, terketar-ketar. Joe menjerit sambil tersadung.
Pike versuchte aufzustehen, scheiterte zweimal und stand schließlich unsicher da.
Pike cuba bangkit, gagal dua kali, kemudian akhirnya berdiri tidak stabil.
Aber Buck blieb liegen, wo er hingefallen war, und bewegte sich dieses Mal überhaupt nicht.
Tetapi Buck berbaring di mana dia telah jatuh, tidak bergerak pada semua masa ini.
Die Peitsche schlug immer wieder auf ihn ein, aber er gab keinen Laut von sich.
Cambuk itu menetaknya berulang kali, tetapi dia tidak bersuara.
Er zuckte nicht zusammen und wehrte sich nicht, sondern blieb einfach still und ruhig.
Dia tidak berganjak atau melawan, hanya diam dan diam.
Thornton rührte sich mehr als einmal, als wolle er etwas sagen, tat es aber nicht.
Thornton mengacau lebih daripada sekali, seolah-olah bercakap, tetapi tidak.
Seine Augen wurden feucht und immer noch knallte die Peitsche gegen Buck.
Matanya menjadi basah, dan masih cemeti retak terhadap Buck.
Schließlich begann Thornton langsam auf und ab zu gehen, unsicher, was er tun sollte.

Akhirnya, Thornton mula melangkah perlahan, tidak pasti apa yang perlu dilakukan.

Es war das erste Mal, dass Buck versagt hatte, und Hal wurde wütend.

Ia adalah kali pertama Buck gagal, dan Hal menjadi berang.

Er warf die Peitsche weg und nahm stattdessen die schwere Keule.

Dia melemparkan cambuk dan sebaliknya mengambil kayu berat itu.

Der Holzknüppel schlug hart auf, aber Buck stand immer noch nicht auf, um sich zu bewegen.

Kayu kayu itu jatuh dengan kuat, tetapi Buck masih tidak bangkit untuk bergerak.

Wie seine Teamkollegen war er zu schwach – aber mehr als das.

Seperti rakan sepasukannya, dia terlalu lemah — tetapi lebih daripada itu.

Buck hatte beschlossen, sich nicht zu bewegen, egal was als Nächstes passieren würde.

Buck telah memutuskan untuk tidak bergerak, tidak kira apa yang berlaku seterusnya.

Er spürte, wie etwas Dunkles und Bestimmtes direkt vor ihm schwebte.

Dia merasakan sesuatu yang gelap dan pasti berlegar di hadapan.

Diese Angst hatte ihn ergriffen, sobald er das Flussufer erreicht hatte.

Ketakutan itu telah menyerangnya sebaik sahaja dia sampai ke tebing sungai.

Dieses Gefühl hatte ihn nicht verlassen, seit er das Eis unter seinen Pfoten dünner werden fühlte.

Perasaan itu tidak hilang sejak dia merasakan ais nipis di bawah kakinya.

Etwas Schreckliches wartete – er spürte es gleich weiter unten auf dem Weg.

Sesuatu yang mengerikan sedang menunggu-dia merasakannya di bawah denai.

Er würde nicht auf das Schreckliche vor ihm zugehen
Dia tidak akan berjalan ke arah perkara yang mengerikan di hadapan
Er würde keinem Befehl gehorchen, der ihn zu diesem Ding führte.
Dia tidak akan mematuhi mana-mana arahan yang membawanya ke perkara itu.
Der Schmerz der Schläge war für ihn kaum noch spürbar, er war zu weit weg.
Kesakitan akibat pukulan itu hampir tidak menyentuhnya sekarang-dia terlalu jauh pergi.
Der Funke des Lebens flackerte schwach und erlosch unter jedem grausamen Schlag.
Percikan kehidupan berkelip rendah, malap di bawah setiap serangan kejam.
Seine Glieder fühlten sich fremd an, sein ganzer Körper schien einem anderen zu gehören.
Anggota badannya terasa jauh; seluruh tubuhnya seolah-olah milik orang lain.
Er spürte eine seltsame Taubheit, als der Schmerz vollständig nachließ.
Dia merasakan kebas yang pelik apabila kesakitan itu hilang sepenuhnya.
Aus der Ferne spürte er, dass er geschlagen wurde, aber er wusste es kaum.
Dari jauh, dia merasakan dia dipukul, tetapi hampir tidak tahu.
Er konnte die Schläge schwach hören, aber sie taten nicht mehr wirklich weh.
Dia dapat mendengar bunyi dentuman itu dengan samar-samar, tetapi ia tidak lagi menyakitkan.
Die Schläge trafen, aber sein Körper schien nicht mehr sein eigener zu sein.
Pukulan itu mendarat, tetapi tubuhnya tidak lagi kelihatan seperti miliknya.
Dann stieß John Thornton plötzlich und ohne Vorwarnung einen wilden Schrei aus.

Kemudian tiba-tiba, tanpa amaran, John Thornton menjerit liar.
Es war unartikuliert, eher der Schrei eines Tieres als eines Menschen.
Ia tidak jelas, lebih banyak tangisan binatang daripada manusia.
Er sprang mit der Keule auf den Mann zu und stieß Hal nach hinten.
Dia melompat ke arah lelaki yang membawa kayu itu dan mengetuk Hal ke belakang.
Hal flog, als wäre er von einem Baum getroffen worden, und landete hart auf dem Boden.
Hal terbang seolah-olah ditimpa pokok, mendarat dengan kuat di atas tanah.
Mercedes schrie laut vor Panik und umklammerte ihr Gesicht.
Mercedes menjerit kuat dengan panik dan mencengkam mukanya.
Charles sah nur zu, wischte sich die Augen und blieb sitzen.
Charles hanya memandang, mengesat matanya, dan terus duduk.
Sein Körper war vor Schmerzen zu steif, um aufzustehen oder beim Kampf mitzuhelfen.
Badannya terlalu kaku dengan kesakitan untuk bangkit atau membantu dalam pertarungan.
Thornton stand über Buck, zitterte vor Wut und konnte nicht sprechen.
Thornton berdiri di atas Buck, menggeletar dengan kemarahan, tidak dapat bercakap.
Er zitterte vor Wut und kämpfte darum, trotz allem seine Stimme wiederzufinden.
Dia bergetar dengan kemarahan dan berjuang untuk mencari suaranya melaluinya.
„Wenn du den Hund noch einmal schlägst, bringe ich dich um", sagte er schließlich.
"Jika anda menyerang anjing itu sekali lagi, saya akan membunuh anda," dia akhirnya berkata.

Hal wischte sich das Blut aus dem Mund und kam wieder nach vorne.
Hal mengesat darah dari mulutnya dan maju semula.
„Es ist mein Hund", murmelte er. „Geh mir aus dem Weg, sonst kriege ich dich wieder in Ordnung."
"Ia anjing saya," gumamnya. "Pergi, atau saya akan baiki awak."
„Ich gehe nach Dawson und Sie halten mich nicht auf", fügte er hinzu.
"Saya akan pergi ke Dawson, dan anda tidak menghalang saya," tambahnya.
Thornton stand fest zwischen Buck und dem wütenden jungen Mann.
Thornton berdiri teguh di antara Buck dan pemuda yang marah itu.
Er hatte nicht die Absicht, zur Seite zu treten oder Hal vorbeizulassen.
Dia tidak berniat untuk menyepi atau membiarkan Hal berlalu.
Hal zog sein Jagdmesser heraus, das lang und gefährlich in der Hand lag.
Hal mengeluarkan pisau memburunya, panjang dan berbahaya di tangan.
Mercedes schrie, dann weinte sie und lachte dann in wilder Hysterie.
Mercedes menjerit, kemudian menangis, kemudian ketawa dalam histeria liar.
Thornton schlug mit dem Axtstiel hart und schnell auf Hals Hand.
Thornton memukul tangan Hal dengan pemegang kapaknya, kuat dan laju.
Das Messer wurde aus Hals Griff gerissen und flog zu Boden.
Pisau itu terlepas dari genggaman Hal dan terbang ke tanah.
Hal versuchte, das Messer aufzuheben, und Thornton klopfte erneut auf seine Fingerknöchel.

Hal cuba mengambil pisau, dan Thornton mengetuk buku jarinya sekali lagi.
Dann bückte sich Thornton, griff nach dem Messer und hielt es fest.
Kemudian Thornton membongkok, meraih pisau, dan memegangnya.
Mit zwei schnellen Hieben des Axtstiels zerschnitt er Bucks Zügel.
Dengan dua potong cepat pemegang kapak, dia memotong kekang Buck.
Hal hatte keine Kraft mehr, sich zu wehren, und trat von dem Hund zurück.
Hal tidak mempunyai pergaduhan lagi dan berundur dari anjing itu.
Außerdem brauchte Mercedes jetzt beide Arme, um aufrecht zu bleiben.
Selain itu, Mercedes memerlukan kedua-dua lengan sekarang untuk memastikan dia tegak.
Buck war dem Tod zu nahe, um noch einmal einen Schlitten ziehen zu können.
Buck terlalu hampir mati untuk digunakan untuk menarik kereta luncur lagi.
Ein paar Minuten später legten sie ab und fuhren flussabwärts.
Beberapa minit kemudian, mereka menarik diri, menuju ke sungai.
Buck hob schwach den Kopf und sah ihnen nach, wie sie die Bank verließen.
Buck mengangkat kepalanya lemah dan melihat mereka meninggalkan bank.
Pike führte das Team an, mit Solleks am Ende des Feldes.
Pike mengetuai pasukan, dengan Solleks di belakang di tempat roda.
Joe und Teek gingen dazwischen, beide humpelten vor Erschöpfung.
Joe dan Teek berjalan di antara, kedua-duanya terpincang-pincang kerana keletihan.

Mercedes saß auf dem Schlitten und Hal hielt die lange Lenkstange fest.
Mercedes duduk di atas kereta luncur, dan Hal mencengkam tiang gee yang panjang.
Charles stolperte hinterher, seine Schritte waren unbeholfen und unsicher.
Charles tersadung di belakang, langkahnya kekok dan tidak menentu.
Thornton kniete neben Buck und tastete vorsichtig nach gebrochenen Knochen.
Thornton berlutut di sisi Buck dan perlahan-lahan meraba tulang yang patah.
Seine Hände waren rau, bewegten sich aber mit Freundlichkeit und Sorgfalt.
Tangannya kasar tetapi digerakkan dengan baik dan berhati-hati.
Bucks Körper wies Blutergüsse auf, wies jedoch keine bleibenden Verletzungen auf.
Badan Buck lebam tetapi tidak menunjukkan kecederaan berpanjangan.
Zurück blieben schrecklicher Hunger und nahezu völlige Schwäche.
Apa yang tinggal adalah kelaparan yang teruk dan hampir keseluruhan kelemahan.
Als dies klar wurde, war der Schlitten bereits weit flussabwärts gefahren.
Pada masa ini jelas, kereta luncur telah pergi jauh ke hilir sungai.
Mann und Hund sahen zu, wie der Schlitten langsam über das knackende Eis kroch.
Lelaki dan anjing melihat kereta luncur itu perlahan-lahan merangkak di atas ais yang retak.
Dann sahen sie, wie der Schlitten in eine Mulde sank.
Kemudian, mereka melihat kereta luncur itu tenggelam ke dalam lubang.
Die Gee-Stange flog in die Höhe, und Hal klammerte sich immer noch vergeblich daran fest.

Kutub gee terbang ke atas, dengan Hal masih berpaut padanya dengan sia-sia.

Mercedes' Schrei erreichte sie über die kalte Ferne.
Jeritan Mercedes mencapai mereka merentasi jarak yang sejuk.

Charles drehte sich um und trat zurück – aber er war zu spät.
Charles berpaling dan melangkah ke belakang—tetapi dia sudah terlambat.

Eine ganze Eisdecke brach nach und sie alle fielen hindurch.
Seluruh kepingan ais memberi laluan, dan mereka semua jatuh.

Hunde, Schlitten und Menschen verschwanden im schwarzen Wasser darunter.
Anjing, kereta luncur, dan manusia lenyap ke dalam air hitam di bawah.

An der Stelle, an der sie vorbeigekommen waren, war nur ein breites Loch im Eis zurückgeblieben.
Hanya lubang besar di dalam ais yang tinggal di tempat mereka lalui.

Der Boden des Pfades war nach unten abgesunken – genau wie Thornton gewarnt hatte.
Bahagian bawah laluan telah tercicir—sama seperti yang Thornton amaran.

Thornton und Buck sahen sich einen Moment lang schweigend an.
Thornton dan Buck memandang antara satu sama lain, senyap seketika.

„Du armer Teufel", sagte Thornton leise und Buck leckte ihm die Hand.
"Kamu syaitan yang malang," kata Thornton lembut, dan Buck menjilat tangannya.

Aus Liebe zu einem Mann
Demi Cinta Seorang Lelaki

John Thornton erfror in der Kälte des vergangenen Dezembers seine Füße.
John Thornton membekukan kakinya dalam kesejukan Disember sebelumnya.

Seine Partner machten es ihm bequem und ließen ihn allein genesen.
Rakan kongsinya membuatkan dia selesa dan meninggalkannya untuk pulih sendirian.

Sie fuhren den Fluss hinauf, um ein Floß mit Sägestämmen für Dawson zu holen.
Mereka pergi ke sungai untuk mengumpulkan rakit gergaji kayu untuk Dawson.

Er humpelte noch leicht, als er Buck vor dem Tod rettete.
Dia masih terhincut-hincut sedikit ketika menyelamatkan Buck dari kematian.

Aber bei anhaltend warmem Wetter verschwand sogar dieses Hinken.
Tetapi dengan cuaca panas berterusan, walaupun lemas itu hilang.

Buck ruhte sich an langen Frühlingstagen am Flussufer aus.
Berbaring di tepi sungai semasa musim bunga yang panjang, Buck berehat.

Er beobachtete das fließende Wasser und lauschte den Vögeln und Insekten.
Dia melihat air yang mengalir dan mendengar burung dan serangga.

Langsam erlangte Buck unter Sonne und Himmel seine Kraft zurück.
Perlahan-lahan, Buck mendapatkan semula kekuatannya di bawah matahari dan langit.

Nach einer Reise von dreitausend Meilen war eine Pause ein wunderbares Gefühl.
Rehat terasa indah selepas menempuh jarak tiga ribu batu.

Buck wurde träge, als seine Wunden heilten und sein Körper an Gewicht zunahm.
Buck menjadi malas kerana lukanya sembuh dan badannya dipenuhi.
Seine Muskeln wurden fester und das Fleisch bedeckte wieder seine Knochen.
Otot-ototnya menjadi tegang, dan daging kembali menutupi tulangnya.
Sie ruhten sich alle aus – Buck, Thornton, Skeet und Nig.
Mereka semua sedang berehat—Buck, Thornton, Skeet, dan Nig.
Sie warteten auf das Floß, das sie nach Dawson bringen sollte.
Mereka menunggu rakit yang akan membawa mereka turun ke Dawson.
Skeet war ein kleiner Irish Setter, der sich mit Buck anfreundete.
Skeet ialah seorang setter Ireland kecil yang berkawan dengan Buck.
Buck war zu schwach und krank, um ihr bei ihrem ersten Treffen Widerstand zu leisten.
Buck terlalu lemah dan sakit untuk menentangnya pada pertemuan pertama mereka.
Skeet hatte die Heilereigenschaft, die manche Hunde von Natur aus besitzen.
Skeet mempunyai sifat penyembuh yang dimiliki oleh sesetengah anjing secara semula jadi.
Wie eine Katzenmutter leckte und reinigte sie Bucks offene Wunden.
Seperti ibu kucing, dia menjilat dan membersihkan luka mentah Buck.
Jeden Morgen nach dem Frühstück wiederholte sie ihre sorgfältige Arbeit.
Setiap pagi selepas sarapan, dia mengulangi kerja berhati-hatinya.
Buck erwartete ihre Hilfe ebenso sehr wie die von Thornton.

Buck datang mengharapkan bantuannya sama seperti yang dia lakukan Thornton.
Nig war auch freundlich, aber weniger offen und weniger liebevoll.
Nig juga peramah, tetapi kurang terbuka dan kurang penyayang.
Nig war ein großer schwarzer Hund, halb Bluthund, halb Hirschhund.
Nig ialah seekor anjing hitam besar, sebahagian anjing berdarah dan sebahagian anjing hutan.
Er hatte lachende Augen und eine unendlich gute Seele.
Dia mempunyai mata ketawa dan sifat baik yang tidak berkesudahan dalam semangatnya.
Zu Bucks Überraschung zeigte keiner der Hunde Eifersucht ihm gegenüber.
Yang mengejutkan Buck, tidak ada anjing yang menunjukkan rasa cemburu kepadanya.
Sowohl Skeet als auch Nig erfuhren die Freundlichkeit von John Thornton.
Kedua-dua Skeet dan Nig berkongsi kebaikan John Thornton.
Als Buck stärker wurde, verleiteten sie ihn zu albernen Hundespielen.
Apabila Buck semakin kuat, mereka memikatnya ke dalam permainan anjing yang bodoh.
Auch Thornton spielte oft mit ihnen und konnte ihrer Freude nicht widerstehen.
Thornton sering bermain dengan mereka juga, tidak dapat menahan kegembiraan mereka.
Auf diese spielerische Weise gelang Buck der Übergang von der Krankheit in ein neues Leben.
Dengan cara yang suka bermain ini, Buck berpindah dari sakit ke kehidupan baru.
Endlich hatte er Liebe gefunden – wahre, brennende und leidenschaftliche Liebe.
Cinta—cinta sejati, membara, dan penuh ghairah— akhirnya menjadi miliknya.
Auf Millers Anwesen hatte er diese Art von Liebe nie erlebt.

Dia tidak pernah mengenali cinta seperti ini di estet Miller.

Mit den Söhnen des Richters hatte er Arbeit und Abenteuer geteilt.

Dengan anak lelaki Hakim, dia telah berkongsi kerja dan pengembaraan.

Bei den Enkeln sah er steifen und prahlerischen Stolz.

Dengan cucu-cucunya, dia melihat kebanggaan yang kaku dan bermegah-megah.

Mit Richter Miller selbst verband ihn eine respektvolle Freundschaft.

Dengan Hakim Miller sendiri, dia mempunyai persahabatan yang dihormati.

Doch mit Thornton kam eine Liebe, die Feuer, Wahnsinn und Anbetung war.

Tetapi cinta yang merupakan api, kegilaan, dan penyembahan datang bersama Thornton.

Dieser Mann hatte Bucks Leben gerettet, und das allein bedeutete sehr viel.

Lelaki ini telah menyelamatkan nyawa Buck, dan itu sahaja bermakna.

Aber darüber hinaus war John Thornton der ideale Meistertyp.

Tetapi lebih daripada itu, John Thornton adalah jenis tuan yang ideal.

Andere Männer kümmerten sich aus Pflichtgefühl oder geschäftlicher Notwendigkeit um Hunde.

Lelaki lain menjaga anjing di luar tugas atau keperluan perniagaan.

John Thornton kümmerte sich um seine Hunde, als wären sie seine Kinder.

John Thornton menjaga anjingnya seolah-olah mereka adalah anak-anaknya.

Er kümmerte sich um sie, weil er sie liebte und einfach nicht anders konnte.

Dia mengambil berat terhadap mereka kerana dia mengasihi mereka dan tidak dapat menahannya.

John Thornton sah sogar weiter, als die meisten Menschen jemals sehen konnten.
John Thornton melihat lebih jauh daripada yang pernah dilihat oleh kebanyakan lelaki.
Er vergaß nie, sie freundlich zu grüßen oder ein aufmunterndes Wort zu sagen.
Dia tidak pernah lupa untuk menyapa mereka dengan baik atau mengucapkan kata-kata yang bersorak.
Er liebte es, mit den Hunden zusammenzusitzen und lange zu reden, oder, wie er sagte, „gasy".
Dia suka duduk dengan anjing-anjing itu untuk bercakap panjang, atau "bergas," seperti yang dia katakan.
Er packte Bucks Kopf gern grob zwischen seinen starken Händen.
Dia suka memegang kepala Buck dengan kasar di antara tangannya yang kuat.
Dann lehnte er seinen Kopf an Bucks und schüttelte ihn sanft.
Kemudian dia merehatkan kepalanya sendiri terhadap Buck dan menggoncangnya perlahan-lahan.
Die ganze Zeit über beschimpfte er Buck mit unhöflichen Namen, die für ihn Liebe bedeuteten.
Sepanjang masa, dia memanggil Buck nama kasar yang bermaksud cinta kepada Buck.
Buck bereiteten diese grobe Umarmung und diese Worte große Freude.
Kepada Buck, pelukan kasar dan kata-kata itu membawa kegembiraan yang mendalam.
Sein Herz schien bei jeder Bewegung vor Glück zu beben.
Hatinya seakan-akan bergoncang-goncang gembira dengan setiap pergerakannya.
Als er anschließend aufsprang, sah sein Mund aus, als würde er lachen.
Apabila dia melompat selepas itu, mulutnya kelihatan seperti ketawa.
Seine Augen leuchteten hell und seine Kehle zitterte vor unausgesprochener Freude.

Matanya bersinar terang dan tekaknya menggeletar kegembiraan yang tidak terucap.

Sein Lächeln blieb in diesem Zustand der Ergriffenheit und glühenden Zuneigung stehen.

Senyumannya terhenti dalam keadaan terharu dan kasih sayang yang bercahaya itu.

Dann rief Thornton nachdenklich aus: „Gott! Er kann fast sprechen!"

Kemudian Thornton berseru termenung, "Tuhan! dia hampir boleh bercakap!"

Buck hatte eine seltsame Art, Liebe auszudrücken, die beinahe Schmerzen verursachte.

Buck mempunyai cara pelik untuk menyatakan cinta yang hampir menyebabkan kesakitan.

Er umklammerte Thorntons Hand oft sehr fest mit seinen Zähnen.

Dia sering mencengkam tangan Thornton di giginya dengan sangat kuat.

Der Biss würde tiefe Spuren hinterlassen, die noch einige Zeit blieben.

Gigitan itu akan meninggalkan kesan mendalam yang tinggal beberapa lama selepas itu.

Buck glaubte, dass diese Eide Liebe waren, und Thornton wusste das auch.

Buck percaya sumpah itu adalah cinta, dan Thornton tahu perkara yang sama.

Meistens zeigte sich Bucks Liebe in stiller, fast stummer Verehrung.

Selalunya, cinta Buck ditunjukkan dalam pemujaan yang tenang dan hampir senyap.

Obwohl er sich freute, wenn man ihn berührte oder ansprach, suchte er nicht nach Aufmerksamkeit.

Walaupun teruja apabila disentuh atau bercakap, dia tidak mencari perhatian.

Skeet schob ihre Nase unter Thorntons Hand, bis er sie streichelte.

Skeet mencuit hidungnya di bawah tangan Thornton sehingga dia membelainya.

Nig kam leise herbei und legte seinen großen Kopf auf Thorntons Knie.

Nig berjalan dengan senyap dan menyandarkan kepalanya yang besar pada lutut Thornton.

Buck hingegen war zufrieden damit, aus respektvoller Distanz zu lieben.

Buck, sebaliknya, berpuas hati untuk mencintai dari jarak yang terhormat.

Er lag stundenlang zu Thorntons Füßen, wachsam und aufmerksam beobachtend.

Dia berbohong selama berjam-jam di kaki Thornton, berjaga-jaga dan memerhati dengan teliti.

Buck studierte jedes Detail des Gesichts seines Herrn und jede kleinste Bewegung.

Buck mengkaji setiap perincian wajah tuannya dan gerakan yang sedikit.

Oder er blieb weiter weg liegen und betrachtete schweigend die Gestalt des Mannes.

Atau berbohong lebih jauh, mengkaji bentuk lelaki itu dalam diam.

Buck beobachtete jede kleine Bewegung, jede Veränderung seiner Haltung oder Geste.

Buck memerhati setiap pergerakan kecil, setiap perubahan postur atau gerak isyarat.

Diese Verbindung war so stark, dass sie Thorntons Blick oft auf sich zog.

Begitu kuat hubungan ini yang sering menarik pandangan Thornton.

Er begegnete Bucks Blick ohne Worte, Liebe schimmerte deutlich hindurch.

Dia bertemu mata Buck tanpa kata-kata, cinta bersinar jelas melalui.

Nach seiner Rettung ließ Buck Thornton lange Zeit nicht aus den Augen.

Untuk masa yang lama selepas diselamatkan, Buck tidak pernah membiarkan Thornton hilang dari pandangan.
Immer wenn Thornton das Zelt verließ, folgte Buck ihm dicht auf den Fersen.
Setiap kali Thornton meninggalkan khemah, Buck mengikutinya rapat di luar.
All die strengen Herren im Nordland hatten Buck Angst gemacht, zu vertrauen.
Semua tuan yang keras di Northland telah membuat Buck takut untuk mempercayai.
Er befürchtete, dass kein Mann länger als kurze Zeit sein Herr bleiben könnte.
Dia takut tiada seorang pun boleh kekal sebagai tuannya untuk masa yang singkat.
Er befürchtete, dass John Thornton wie Perrault und François verschwinden würde.
Dia takut John Thornton akan lenyap seperti Perrault dan François.
Sogar nachts quälte die Angst, ihn zu verlieren, Buck mit unruhigem Schlaf.
Malah pada waktu malam, ketakutan kehilangannya menghantui tidur Buck yang tidak lena.
Als Buck aufwachte, kroch er in die Kälte hinaus und ging zum Zelt.
Apabila Buck bangun, dia merangkak ke dalam kesejukan, dan pergi ke khemah.
Er lauschte aufmerksam auf das leise Geräusch des Atmens in seinem Inneren.
Dia mendengar dengan teliti bunyi nafas yang lembut di dalam.
Trotz Bucks tiefer Liebe zu John Thornton blieb die Wildnis am Leben.
Walaupun cinta Buck yang mendalam untuk John Thornton, liar tetap hidup.
Dieser im Norden erwachte primitive Instinkt ist nicht verschwunden.
Naluri primitif itu, terbangun di Utara, tidak hilang.

Liebe brachte Hingabe, Treue und die warme Verbundenheit des Kaminfeuers.
Cinta membawa pengabdian, kesetiaan, dan ikatan mesra pihak api.

Aber Buck behielt auch seine wilden Instinkte, scharf und stets wachsam.
Tetapi Buck juga mengekalkan naluri liarnya, tajam dan sentiasa berwaspada.

Er war nicht nur ein gezähmtes Haustier aus den sanften Ländern der Zivilisation.
Dia bukan sekadar haiwan peliharaan yang dijinakkan dari tanah lembut tamadun.

Buck war ein wildes Wesen, das hereingekommen war, um an Thorntons Feuer zu sitzen.
Buck adalah makhluk liar yang datang untuk duduk di tepi api Thornton.

Er sah aus wie ein Südlandhund, aber in ihm lebte Wildheit.
Dia kelihatan seperti anjing Southland, tetapi keliaran hidup dalam dirinya.

Seine Liebe zu Thornton war zu groß, um zuzulassen, dass er den Mann bestohlen hätte.
Cintanya kepada Thornton terlalu besar untuk membenarkan kecurian daripada lelaki itu.

Aber in jedem anderen Lager würde er dreist und ohne Pause stehlen.
Tetapi di mana-mana kem lain, dia akan mencuri dengan berani dan tanpa jeda.

Er war beim Stehlen so geschickt, dass ihn niemand erwischen oder beschuldigen konnte.
Dia sangat bijak dalam mencuri sehinggakan tiada siapa yang dapat menangkap atau menuduhnya.

Sein Gesicht und sein Körper waren mit Narben aus vielen vergangenen Kämpfen übersät.
Muka dan badannya dipenuhi parut akibat banyak pergaduhan yang lalu.

Buck kämpfte immer noch erbittert, aber jetzt kämpfte er mit mehr List.

Buck masih bertarung dengan hebat, tetapi kini dia bertarung dengan lebih licik.

Skeet und Nig waren zu sanft, um zu kämpfen, und sie gehörten Thornton.

Skeet dan Nig terlalu lembut untuk melawan, dan mereka adalah milik Thornton.

Aber jeder fremde Hund, egal wie stark oder mutig, wich zurück.

Tetapi mana-mana anjing aneh, tidak kira betapa kuat atau berani, memberi laluan.

Ansonsten kämpfte der Hund gegen Buck und um sein Leben.

Jika tidak, anjing itu mendapati dirinya bertarung dengan Buck; berjuang untuk hidupnya.

Buck kannte keine Gnade, wenn er sich entschied, gegen einen anderen Hund zu kämpfen.

Buck tidak mempunyai belas kasihan apabila dia memilih untuk melawan anjing lain.

Er hatte das Gesetz der Keule und des Reißzahns im Nordland gut gelernt.

Dia telah mempelajari dengan baik undang-undang kelab dan taring di Northland.

Er gab nie einen Vorteil auf und wich nie einer Schlacht aus.

Dia tidak pernah melepaskan kelebihan dan tidak pernah berundur dari pertempuran.

Er hatte Spitz und die wildesten Post- und Polizeihunde studiert.

Dia telah mempelajari Spitz dan anjing surat dan polis yang paling garang.

Er wusste genau, dass es im wilden Kampf keinen Mittelweg gab.

Dia tahu dengan jelas bahawa tiada jalan tengah dalam pertempuran liar.

Er musste herrschen oder beherrscht werden; Gnade zu zeigen, hieße, Schwäche zu zeigen.

Dia mesti memerintah atau diperintah; menunjukkan belas kasihan bermakna menunjukkan kelemahan.

In der rauen und brutalen Welt des Überlebens kannte man keine Gnade.
Mercy tidak diketahui dalam dunia kelangsungan hidup yang mentah dan kejam.

Gnade zu zeigen wurde als Angst angesehen und Angst führte schnell zum Tod.
Untuk menunjukkan belas kasihan dilihat sebagai ketakutan, dan ketakutan membawa kepada kematian dengan cepat.

Das alte Gesetz war einfach: töten oder getötet werden, essen oder gefressen werden.
Undang-undang lama adalah mudah: bunuh atau dibunuh, makan atau dimakan.

Dieses Gesetz stammte aus längst vergangenen Zeiten und Buck befolgte es vollständig.
Undang-undang itu datang dari kedalaman masa, dan Buck mengikutinya sepenuhnya.

Buck war älter als sein Alter und die Anzahl seiner Atemzüge.
Buck lebih tua daripada usianya dan bilangan nafas yang diambilnya.

Er verband die ferne Vergangenheit klar mit der Gegenwart.
Dia menghubungkan masa lampau dengan masa kini dengan jelas.

Die tiefen Rhythmen der Zeitalter bewegten sich durch ihn wie die Gezeiten.
Irama dalam zaman berzaman bergerak melaluinya seperti air pasang.

Die Zeit pulsierte in seinem Blut so sicher, wie die Jahreszeiten die Erde bewegen.
Waktu berdenyut dalam darahnya sepasti musim menggerakkan bumi.

Er saß mit starker Brust und weißen Reißzähnen an Thorntons Feuer.
Dia duduk di tepi api Thornton, berdada kuat dan bertaring putih.

Sein langes Fell wehte, aber hinter ihm beobachteten ihn die Geister wilder Hunde.

Bulunya yang panjang melambai, tetapi di belakangnya roh anjing liar memerhati.

Halbwölfe und Vollwölfe regten sich in seinem Herzen und seinen Sinnen.

Serigala separuh dan serigala penuh bergolak dalam hati dan derianya.

Sie probierten sein Fleisch und tranken dasselbe Wasser wie er.

Mereka merasai dagingnya dan minum air yang sama seperti yang dia lakukan.

Sie schnupperten neben ihm den Wind und lauschten dem Wald.

Mereka menghidu angin di sampingnya dan mendengar hutan.

Sie flüsterten die Bedeutung der wilden Geräusche in der Dunkelheit.

Mereka membisikkan maksud bunyi liar dalam kegelapan.

Sie prägten seine Stimmungen und leiteten jede seiner stillen Reaktionen.

Mereka membentuk perasaannya dan membimbing setiap reaksi diamnya.

Sie lagen bei ihm, während er schlief, und wurden Teil seiner tiefen Träume.

Mereka berbaring dengannya semasa dia tidur dan menjadi sebahagian daripada mimpinya yang mendalam.

Sie träumten mit ihm, über ihn hinaus und bildeten seinen Geist.

Mereka bermimpi dengan dia, di luar dia, dan membentuk rohnya.

Die Geister der Wildnis riefen so stark, dass Buck sich hingezogen fühlte.

Roh-roh liar memanggil dengan kuat sehingga Buck berasa ditarik.

Mit jedem Tag wurden die Menschheit und ihre Ansprüche in Bucks Herzen schwächer.

Setiap hari, manusia dan tuntutannya semakin lemah dalam hati Buck.

Tief im Wald würde ein seltsamer und aufregender Ruf erklingen.
Jauh di dalam hutan, panggilan aneh dan mendebarkan akan meningkat.

Jedes Mal, wenn er den Ruf hörte, verspürte Buck einen Drang, dem er nicht widerstehen konnte.
Setiap kali dia mendengar panggilan itu, Buck merasakan dorongan yang tidak dapat dia tahan.

Er wollte sich vom Feuer und den ausgetretenen menschlichen Pfaden abwenden.
Dia akan berpaling dari api dan dari jalan manusia yang dipukul.

Er wollte in den Wald eintauchen und weitergehen, ohne zu wissen, warum.
Dia akan terjun ke dalam hutan, pergi ke hadapan tanpa mengetahui sebabnya.

Er hinterfragte diese Anziehungskraft nicht, denn der Ruf war tief und kraftvoll.
Dia tidak mempersoalkan tarikan ini, kerana panggilan itu mendalam dan kuat.

Oft erreichte er den grünen Schatten und die weiche, unberührte Erde
Selalunya, dia mencapai teduhan hijau dan bumi lembut yang tidak disentuh

Doch dann zog ihn die große Liebe zu John Thornton zurück zum Feuer.
Tetapi kemudian cinta yang kuat untuk John Thornton menariknya kembali ke api.

Nur John Thornton hatte Bucks wildes Herz wirklich in seiner Gewalt.
Hanya John Thornton yang benar-benar memegang hati liar Buck dalam genggamannya.

Der Rest der Menschheit hatte für Buck keinen bleibenden Wert oder keine bleibende Bedeutung.
Selebihnya manusia tidak mempunyai nilai atau makna yang berkekalan kepada Buck.

Fremde könnten ihn loben oder ihm mit freundlichen Händen über das Fell streicheln.
Orang asing mungkin memujinya atau membelai bulunya dengan tangan yang mesra.

Buck blieb ungerührt und ging vor lauter Zuneigung davon.
Buck tetap tidak berganjak dan pergi dari terlalu sayang.

Hans und Pete kamen mit dem lange erwarteten Floß
Hans dan Pete tiba dengan rakit yang telah lama ditunggu-tunggu

Buck ignorierte sie, bis er erfuhr, dass sie sich in der Nähe von Thornton befanden.
Buck tidak mengendahkan mereka sehingga dia mengetahui bahawa mereka rapat dengan Thornton.

Danach tolerierte er sie, zeigte ihnen jedoch nie seine volle Zuneigung.
Selepas itu, dia bertolak ansur dengan mereka, tetapi tidak pernah menunjukkan kemesraan sepenuhnya.

Er nahm Essen oder Freundlichkeiten von ihnen an, als täte er ihnen einen Gefallen.
Dia mengambil makanan atau kebaikan daripada mereka seolah-olah memberi mereka kebaikan.

Sie waren wie Thornton – einfach, ehrlich und klar im Denken.
Mereka seperti Thornton—sederhana, jujur dan jelas dalam pemikiran.

Gemeinsam reisten sie zu Dawsons Sägewerk und dem großen Wirbel
Semua bersama-sama mereka pergi ke kilang gergaji Dawson dan pusaran besar

Auf ihrer Reise lernten sie Bucks Wesen tiefgründig kennen.
Dalam perjalanan mereka belajar untuk memahami sifat Buck secara mendalam.

Sie versuchten nicht, sich näherzukommen, wie es Skeet und Nig getan hatten.
Mereka tidak cuba untuk menjadi rapat seperti yang dilakukan Skeet dan Nig.

Doch Bucks Liebe zu John Thornton wurde mit der Zeit immer stärker.
Tetapi cinta Buck untuk John Thornton semakin mendalam dari semasa ke semasa.
Nur Thornton könnte Buck im Sommer eine Last auf die Schultern laden.
Hanya Thornton boleh meletakkan satu pek di belakang Buck pada musim panas.
Was auch immer Thornton befahl, Buck war bereit, es uneingeschränkt zu tun.
Apa sahaja yang diperintahkan oleh Thornton, Buck sanggup lakukan sepenuhnya.
Eines Tages, nachdem sie Dawson in Richtung der Quellgewässer des Tanana verlassen hatten,
Suatu hari, selepas mereka meninggalkan Dawson menuju ke hulu Tanana,
die Gruppe saß auf einer Klippe, die dreihundert Fuß bis zum nackten Fels abfiel.
kumpulan itu duduk di atas tebing yang jatuh tiga kaki ke batuan dasar kosong.
John Thornton saß nahe der Kante und Buck ruhte sich neben ihm aus.
John Thornton duduk berhampiran tepi, dan Buck berehat di sebelahnya.
Thornton hatte plötzlich eine Idee und rief die Männer auf sich aufmerksam.
Thornton tiba-tiba terfikir dan menarik perhatian lelaki itu.
Er deutete über den Abgrund und gab Buck einen einzigen Befehl.
Dia menunjuk ke seberang jurang dan memberi Buck satu arahan.
„Spring, Buck!", sagte er und schwang seinen Arm über den Abgrund.
"Lompat, Buck!" katanya sambil menghayunkan tangannya ke atas titisan itu.
Einen Moment später musste er Buck packen, der sofort lossprang, um zu gehorchen.

Dalam seketika, dia terpaksa menangkap Buck, yang melompat untuk mematuhi.

Hans und Pete eilten nach vorne und zogen beide in Sicherheit.

Hans dan Pete meluru ke hadapan dan menarik kedua-duanya kembali ke tempat selamat.

Nachdem alles vorbei war und sie wieder zu Atem gekommen waren, ergriff Pete das Wort.

Selepas semuanya berakhir, dan mereka telah menarik nafas, Pete bersuara.

„Die Liebe ist unheimlich", sagte er, erschüttert von der wilden Hingabe des Hundes.

"Cinta itu luar biasa," katanya, digegarkan oleh ketaatan anjing itu.

Thornton schüttelte den Kopf und antwortete mit ruhiger Ernsthaftigkeit.

Thornton menggelengkan kepalanya dan menjawab dengan kesungguhan yang tenang.

„Nein, die Liebe ist großartig", sagte er, „aber auch schrecklich."

"Tidak, cinta itu indah," katanya, "tetapi juga mengerikan."

„Manchmal, das muss ich zugeben, macht mir diese Art von Liebe Angst."

"Kadang-kadang, saya mesti mengakui, cinta seperti ini membuatkan saya takut."

Pete nickte und sagte: „Ich möchte nicht der Mann sein, der dich berührt."

Pete mengangguk dan berkata, "Saya tidak suka menjadi lelaki yang menyentuh awak."

Er sah Buck beim Sprechen ernst und voller Respekt an.

Dia memandang Buck sambil bercakap, serius dan penuh hormat.

„Py Jingo!", sagte Hans schnell. „Ich auch nicht, nein, Sir."

"Py Jingo!" kata Hans pantas. "Saya juga, tidak tuan."

Noch vor Jahresende wurden Petes Befürchtungen in Circle City wahr.

Sebelum tahun berakhir, ketakutan Pete menjadi kenyataan di Circle City.

Ein grausamer Mann namens Black Burton hat in der Bar eine Schlägerei angezettelt.

Seorang lelaki kejam bernama Black Burton bergaduh di bar.

Er war wütend und bösartig und ging auf einen Neuling los.

Dia marah dan berniat jahat, menyelar kaki lembut yang baru.

John Thornton schritt ein, ruhig und gutmütig wie immer.

John Thornton melangkah masuk, tenang dan baik hati seperti biasa.

Buck lag mit gesenktem Kopf in einer Ecke und beobachtete Thornton aufmerksam.

Buck berbaring di sudut, menunduk, memerhati Thornton dengan teliti.

Burton schlug plötzlich zu und sein Schlag ließ Thornton herumwirbeln.

Burton tiba-tiba menyerang, tumbukannya menyebabkan Thornton berputar.

Nur die Stangenreling verhinderte, dass er hart auf den Boden stürzte.

Hanya rel palang yang menghalangnya daripada terhempas kuat ke tanah.

Die Beobachter hörten ein Geräusch, das weder Bellen noch Jaulen war

Para pemerhati mendengar bunyi yang tidak menyalak atau menjerit

Ein tiefes Brüllen kam von Buck, als er auf den Mann zustürzte.

raungan dalam datang dari Buck semasa dia melancarkan ke arah lelaki itu.

Burton riss seinen Arm hoch und rettete nur knapp sein eigenes Leben.

Burton mengangkat tangannya dan hampir tidak menyelamatkan nyawanya sendiri.

Buck prallte gegen ihn und warf ihn flach auf den Boden.

Buck merempuhnya, menghempaskannya ke lantai.

Buck biss tief in den Arm des Mannes und stürzte sich dann auf die Kehle.
Buck menggigit jauh ke dalam lengan lelaki itu, kemudian menerkam ke kerongkong.

Burton konnte den Angriff nur teilweise blocken und sein Hals wurde aufgerissen.
Burton hanya boleh menghalang sebahagian, dan lehernya terkoyak.

Männer stürmten mit erhobenen Knüppeln herein und vertrieben Buck von dem blutenden Mann.
Lelaki bergegas masuk, kayu dibangkitkan, dan menghalau Buck dari lelaki yang berdarah itu.

Ein Chirurg arbeitete schnell, um den Blutausfluss zu stoppen.
Seorang pakar bedah bertindak pantas untuk menghentikan darah daripada mengalir keluar.

Buck ging auf und ab und knurrte, während er immer wieder versuchte anzugreifen.
Buck mundar-mandir dan menggeram, cuba menyerang lagi dan lagi.

Nur schwingende Knüppel hielten ihn davon ab, Burton zu erreichen.
Hanya kayu berayun yang menghalangnya daripada sampai ke Burton.

Eine Bergarbeiterversammlung wurde einberufen und noch vor Ort abgehalten.
Satu mesyuarat pelombong telah dipanggil dan diadakan di sana di tempat kejadian.

Sie waren sich einig, dass Buck provoziert worden war, und stimmten für seine Freilassung.
Mereka bersetuju Buck telah diprovokasi dan mengundi untuk membebaskannya.

Doch Bucks wilder Name hallte nun durch jedes Lager in Alaska.
Tetapi nama sengit Buck kini bergema di setiap kem di Alaska.

Später im Herbst rettete Buck Thornton erneut auf eine neue Art und Weise.
Kemudian pada musim luruh itu, Buck menyelamatkan Thornton sekali lagi dengan cara yang baharu.
Die drei Männer steuerten ein langes Boot durch wilde Stromschnellen.
Ketiga-tiga lelaki itu memandu bot panjang menyusuri jeram yang bergelora.
Thornton steuerte das Boot und rief Anweisungen zur Küste.
Thornton mengendalikan bot, memanggil arah ke garis pantai.
Hans und Pete rannten an Land und hielten sich an einem Seil fest, das sie von Baum zu Baum führte.
Hans dan Pete berlari di darat, memegang tali dari pokok ke pokok.
Buck hielt am Ufer Schritt und behielt seinen Herrn immer im Auge.
Buck terus berjalan di bank, sentiasa memerhati tuannya.
An einer ungünstigen Stelle ragten Felsen aus dem schnellen Wasser hervor.
Di satu tempat yang jahat, batu-batu menjorok keluar di bawah air deras.
Hans ließ das Seil los und Thornton steuerte das Boot weit.
Hans melepaskan tali, dan Thornton mengemudi bot itu lebar-lebar.
Hans sprintete, um das Boot an den gefährlichen Felsen vorbei wieder zu erreichen.
Hans pecut untuk menangkap bot itu semula melepasi batu-batu berbahaya.
Das Boot passierte den Felsvorsprung, geriet jedoch in eine stärkere Strömung.
Bot itu membersihkan tebing tetapi melanggar bahagian arus yang lebih kuat.
Hans griff zu schnell nach dem Seil und brachte das Boot aus dem Gleichgewicht.
Hans mengambil tali terlalu cepat dan menarik bot itu hilang keseimbangan.

Das Boot kenterte und prallte mit dem Hinterteil nach oben gegen das Ufer.
Bot itu terbalik dan terhempas ke dalam tebing, dari bawah ke atas.
Thornton wurde hinausgeworfen und in den wildesten Teil des Wassers geschwemmt.
Thornton tercampak keluar dan dihanyutkan ke bahagian paling liar air.
Kein Schwimmer hätte in diesen tödlichen, reißenden Gewässern überleben können.
Tiada perenang boleh terselamat di perairan yang boleh membawa maut itu.
Buck sprang sofort hinein und jagte seinen Herrn den Fluss hinunter.
Buck melompat masuk serta-merta dan mengejar tuannya ke dalam sungai.
Nach dreihundert Metern erreichte er endlich Thornton.
Selepas tiga ratus ela, dia tiba di Thornton akhirnya.
Thornton packte Buck am Schwanz und Buck drehte sich zum Ufer um.
Thornton meraih ekor Buck, dan Buck berpaling ke pantai.
Er schwamm mit voller Kraft und kämpfte gegen den wilden Sog des Wassers an.
Dia berenang dengan kekuatan penuh, melawan seretan liar air.
Sie bewegten sich schneller flussabwärts, als sie das Ufer erreichen konnten.
Mereka bergerak ke hilir lebih cepat daripada yang mereka boleh sampai ke pantai.
Vor ihnen toste der Fluss immer lauter und stürzte in tödliche Stromschnellen.
Di hadapan, sungai menderu lebih kuat apabila ia jatuh ke dalam jeram maut.
Felsen schnitten durch das Wasser wie die Zähne eines riesigen Kamms.
Batu-batu dihiris melalui air seperti gigi sikat besar.

Die Anziehungskraft des Wassers in der Nähe des Tropfens war wild und unausweichlich.
Tarikan air berhampiran titisan adalah ganas dan tidak dapat dielakkan.
Thornton wusste, dass sie das Ufer nie rechtzeitig erreichen würden.
Thornton tahu mereka tidak boleh sampai ke pantai tepat pada masanya.
Er schrammte über einen Felsen, zerschmetterte einen zweiten,
Dia mengikis satu batu, menghancurkan satu saat,
Und dann prallte er gegen einen dritten Felsen, den er mit beiden Händen festhielt.
Dan kemudian dia terhempas ke batu ketiga, meraihnya dengan kedua-dua tangannya.
Er ließ Buck los und übertönte das Gebrüll: „Los, Buck! Los!"
Dia melepaskan Buck dan menjerit di atas raungan itu, "Pergi, Buck! Pergi!"
Buck konnte sich nicht über Wasser halten und wurde von der Strömung mitgerissen.
Buck tidak dapat bertahan dan dihanyutkan oleh arus.
Er kämpfte hart und versuchte, sich umzudrehen, kam aber überhaupt nicht voran.
Dia berjuang keras, bergelut untuk berpaling, tetapi tidak membuat kemajuan sama sekali.
Dann hörte er, wie Thornton den Befehl über das Tosen des Flusses hinweg wiederholte.
Kemudian dia mendengar Thornton mengulangi arahan atas deruan sungai.
Buck erhob sich aus dem Wasser und hob den Kopf, als wolle er einen letzten Blick werfen.
Buck bangkit dari air, mengangkat kepalanya seolah-olah untuk melihat terakhir.
dann drehte er sich um und gehorchte und schwamm entschlossen auf das Ufer zu.

kemudian berpaling dan menurut, berenang ke arah bank dengan tekad.

Pete und Hans zogen ihn im letzten Moment an Land.
Pete dan Hans menariknya ke darat pada saat terakhir yang mungkin.

Sie wussten, dass Thornton sich nur noch wenige Minuten am Felsen festklammern konnte.
Mereka tahu Thornton boleh berpaut pada batu itu untuk beberapa minit sahaja lagi.

Sie rannten das Ufer hinauf zu einer Stelle weit oberhalb der Stelle, an der er hing.
Mereka berlari ke atas bank ke tempat yang jauh di atas tempat dia tergantung.

Sie befestigten die Bootsleine sorgfältig an Bucks Hals und Schultern.
Mereka mengikat tali bot pada leher dan bahu Buck dengan berhati-hati.

Das Seil saß eng, war aber locker genug zum Atmen und für Bewegung.
Tali itu selesa tetapi cukup longgar untuk bernafas dan bergerak.

Dann warfen sie ihn erneut in den reißenden, tödlichen Fluss.
Kemudian mereka melancarkannya ke dalam sungai yang deras dan mematikan itu lagi.

Buck schwamm mutig, verpasste jedoch seinen Winkel in die Kraft des Stroms.
Buck berenang dengan berani tetapi terlepas sudutnya ke arah arus sungai.

Er sah zu spät, dass er an Thornton vorbeiziehen würde.
Dia melihat terlalu lewat bahawa dia akan hanyut melepasi Thornton.

Hans riss das Seil fest, als wäre Buck ein kenterndes Boot.
Hans menyentak tali dengan kuat, seolah-olah Buck adalah bot yang terbalik.

Die Strömung zog ihn nach unten und er verschwand unter der Oberfläche.

Arus itu menariknya ke bawah, dan dia hilang di bawah permukaan.
Sein Körper schlug gegen das Ufer, bevor Hans und Pete ihn herauszogen.
Badannya mencecah bank sebelum Hans dan Pete menariknya keluar.
Er war halb ertrunken und sie haben das Wasser aus ihm herausgeprügelt.
Dia separuh lemas, dan mereka menumbuk air daripadanya.
Buck stand auf, taumelte und brach erneut auf dem Boden zusammen.
Buck berdiri, terhuyung-hayang, dan rebah semula ke tanah.
Dann hörten sie Thorntons Stimme, die schwach vom Wind getragen wurde.
Kemudian mereka mendengar suara Thornton yang sayup-sayup dibawa oleh angin.
Obwohl die Worte undeutlich waren, wussten sie, dass er dem Tode nahe war.
Walaupun kata-kata itu tidak jelas, mereka tahu dia hampir mati.
Der Klang von Thorntons Stimme traf Buck wie ein elektrischer Schlag.
Bunyi suara Thornton memukul Buck seperti tersentak elektrik.
Er sprang auf, rannte das Ufer hinauf und kehrte zum Startpunkt zurück.
Dia melompat dan berlari ke atas bank, kembali ke tempat pelancaran.
Wieder banden sie Buck das Seil fest und wieder betrat er den Bach.
Sekali lagi mereka mengikat tali kepada Buck, dan sekali lagi dia memasuki sungai.
Diesmal schwamm er direkt und entschlossen in das rauschende Wasser.
Kali ini, dia berenang terus dan kuat ke dalam air yang deras.
Hans ließ das Seil langsam los, während Pete darauf achtete, dass es sich nicht verhedderte.

Hans melepaskan tali itu dengan mantap manakala Pete menahannya daripada tersangkut.

Buck schwamm schnell, bis er direkt über Thornton auf einer Linie lag.
Buck berenang dengan kuat sehingga dia berbaris tepat di atas Thornton.

Dann drehte er sich um und raste wie ein Zug mit voller Geschwindigkeit nach unten.
Kemudian dia berpusing dan meluncur ke bawah seperti kereta api dalam kelajuan penuh.

Thornton sah ihn kommen, machte sich bereit und schlang die Arme um seinen Hals.
Thornton melihat dia datang, berpegangan tangan, dan mengunci lengan di lehernya.

Hans band das Seil fest um einen Baum, als beide unter Wasser gezogen wurden.
Hans mengikat tali dengan pantas di sekeliling pokok apabila kedua-duanya ditarik ke bawah.

Sie stürzten unter Wasser und zerschellten an Felsen und Flusstrümmern.
Mereka jatuh di bawah air, menghempap batu dan serpihan sungai.

In einem Moment war Buck oben, im nächsten erhob sich Thornton keuchend.
Satu saat Buck berada di atas, Thornton seterusnya naik tercungap-cungap.

Zerschlagen und erstickend steuerten sie auf das Ufer zu und waren in Sicherheit.
Dipukul dan tercekik, mereka membelok ke tebing dan selamat.

Thornton erlangte sein Bewusstsein wieder und lag quer über einem Treibholzbaumstamm.
Thornton sedar semula, terbaring di sebatang kayu hanyut.

Hans und Pete haben hart gearbeitet, um ihm Atem und Leben zurückzugeben.
Hans dan Pete bekerja keras untuk mengembalikan nafas dan kehidupan.

Sein erster Gedanke galt Buck, der regungslos und schlaff dalag.
Fikiran pertamanya adalah untuk Buck, yang berbaring tidak bergerak dan lemas.

Nig heulte über Bucks Körper und Skeet leckte sanft sein Gesicht.
Nig melolong atas badan Buck, dan Skeet menjilat mukanya perlahan-lahan.

Thornton, wund und verletzt, untersuchte Buck mit vorsichtigen Händen.
Thornton, sakit dan lebam, memeriksa Buck dengan tangan yang berhati-hati.

Er stellte fest, dass der Hund drei Rippen gebrochen hatte, jedoch keine tödlichen Wunden aufwies.
Dia mendapati tiga rusuk patah, tetapi tiada luka maut pada anjing itu.

„Damit ist die Sache geklärt", sagte Thornton. „Wir zelten hier." Und das taten sie.
"Itu menyelesaikannya," kata Thornton. "Kami berkhemah di sini." Dan mereka melakukannya.

Sie blieben, bis Bucks Rippen verheilt waren und er wieder laufen konnte.
Mereka tinggal sehingga tulang rusuk Buck sembuh dan dia boleh berjalan semula.

In diesem Winter vollbrachte Buck eine Leistung, die seinen Ruhm noch weiter steigerte.
Musim sejuk itu, Buck melakukan prestasi yang meningkatkan kemasyhurannya.

Es war weniger heroisch als Thornton zu retten, aber genauso beeindruckend.
Ia kurang heroik daripada menyelamatkan Thornton, tetapi sama mengagumkannya.

In Dawson benötigten die Partner Vorräte für eine weite Reise.
Di Dawson, rakan kongsi memerlukan bekalan untuk perjalanan yang jauh.

Sie wollten nach Osten reisen, in unberührte
Wildnisgebiete.
Mereka mahu mengembara ke Timur, ke tanah belantara yang tidak disentuh.
Bucks Tat im Eldorado Saloon machte diese Reise möglich.
Perbuatan Buck di Eldorado Saloon membolehkan perjalanan itu.
Es begann damit, dass Männer bei einem Drink mit ihren Hunden prahlten.
Ia bermula dengan lelaki bercakap besar tentang anjing mereka kerana minuman.
Bucks Ruhm machte ihn zur Zielscheibe von Herausforderungen und Zweifeln.
Kemasyhuran Buck menjadikannya sasaran cabaran dan keraguan.
Thornton blieb stolz und ruhig und verteidigte Bucks Namen standhaft.
Thornton, bangga dan tenang, berdiri teguh dalam mempertahankan nama Buck.
Ein Mann sagte, sein Hund könne problemlos zweihundertsechsunddreißig kg ziehen.
Seorang lelaki berkata anjingnya boleh menarik lima ratus paun dengan mudah.
Ein anderer sagte sechshundert und ein dritter prahlte mit siebenhundert.
Seorang lagi berkata enam ratus, dan yang ketiga membual tujuh ratus.
„Pfft!", sagte John Thornton, „Buck kann einen fünfhundert kg schweren Schlitten ziehen."
"Pfft!" kata John Thornton, "Buck boleh menarik kereta luncur seribu paun."
Matthewson, ein Bonanza-König, beugte sich vor und forderte ihn heraus.
Matthewson, seorang Raja Bonanza, mencondongkan badan ke hadapan dan mencabarnya.
„Glauben Sie, er kann so viel Gewicht in Bewegung setzen?"

"Anda fikir dia boleh menggerakkan beban sebanyak itu?"
„Und Sie glauben, er kann das Gewicht volle hundert Meter weit ziehen?"
"Dan anda fikir dia boleh menarik berat seratus ela penuh?"
Thornton antwortete kühl: „Ja. Buck ist Hund genug, um das zu tun."
Thornton menjawab dengan tenang, "Ya. Buck cukup anjing untuk melakukannya."
„Er wird tausend Pfund in Bewegung setzen und es hundert Meter weit ziehen."
"Dia akan menggerakkan seribu paun, dan menariknya seratus ela."
Matthewson lächelte langsam und stellte sicher, dass alle Männer seine Worte hörten.
Matthewson tersenyum perlahan dan memastikan semua lelaki mendengar kata-katanya.
„Ich habe tausend Dollar, die sagen, dass er es nicht kann. Da ist es."
"Saya ada seribu dolar yang mengatakan dia tidak boleh. Itu dia."
Er knallte einen Sack Goldstaub von der Größe einer Wurst auf die Theke.
Dia menghempas guni debu emas sebesar sosej pada palang.
Niemand sagte ein Wort. Die Stille um sie herum wurde drückend und angespannt.
Tiada siapa berkata sepatah pun. Kesunyian menjadi berat dan tegang di sekeliling mereka.
Thorntons Bluff – wenn es denn einer war – war ernst genommen worden.
Tebing Thornton—jika ianya satu—telah dipandang serius.
Er spürte, wie ihm die Hitze im Gesicht aufstieg und das Blut in seine Wangen schoss.
Terasa panas di mukanya apabila darah menyerbu ke pipi.
In diesem Moment war seine Zunge seiner Vernunft voraus.
Lidahnya sudah mendahului alasannya ketika itu.
Er wusste wirklich nicht, ob Buck fünfhundert kg bewegen konnte.

Dia benar-benar tidak tahu sama ada Buck boleh bergerak seribu pound.

Eine halbe Tonne! Allein die Größe ließ ihm das Herz schwer werden.

Setengah tan! Saiznya sahaja membuatkan hatinya terasa berat.

Er hatte Vertrauen in Bucks Stärke und hielt ihn für fähig.

Dia percaya pada kekuatan Buck dan fikir dia mampu.

Doch einer solchen Herausforderung war er noch nie begegnet, nicht auf diese Art und Weise.

Tetapi dia tidak pernah menghadapi cabaran seperti ini, tidak seperti ini.

Ein Dutzend Männer beobachteten ihn still und warteten darauf, was er tun würde.

Sedozen lelaki memerhatinya dengan senyap, menunggu untuk melihat apa yang akan dia lakukan.

Er hatte das Geld nicht – Hans und Pete auch nicht.

Dia tidak mempunyai wang—begitu juga Hans atau Pete.

„Ich habe draußen einen Schlitten", sagte Matthewson kalt und direkt.

"Saya ada kereta luncur di luar," kata Matthewson dengan dingin dan terus terang.

„Es ist mit zwanzig Säcken zu je fünfzig Pfund beladen, alles Mehl.

"Ia dimuatkan dengan dua puluh guni, lima puluh paun setiap satu, semuanya tepung.

Lassen Sie sich also jetzt nicht von einem fehlenden Schlitten als Ausrede ausreden", fügte er hinzu.

Jadi jangan biarkan kereta luncur yang hilang menjadi alasan anda sekarang," tambahnya.

Thornton stand still da. Er wusste nicht, was er sagen sollte.

Thornton terdiam. Dia tidak tahu perkataan apa yang hendak diberikan.

Er blickte sich die Gesichter an, ohne sie deutlich zu erkennen.

Dia memandang sekeliling wajah-wajah itu tanpa melihat dengan jelas.

Er sah aus wie ein Mann, der in Gedanken erstarrt war und versuchte, neu zu starten.
Dia kelihatan seperti lelaki beku dalam pemikiran, cuba untuk memulakan semula.

Dann sah er Jim O'Brien, einen Freund aus der Mastodon-Zeit.
Kemudian dia melihat Jim O'Brien, seorang kawan dari zaman Mastodon.

Dieses vertraute Gesicht gab ihm Mut, von dem er nicht wusste, dass er ihn hatte.
Wajah yang dikenalinya itu memberinya keberanian yang tidak diketahuinya.

Er drehte sich um und fragte mit leiser Stimme: „Können Sie mir tausend leihen?"
Dia berpaling dan bertanya dengan suara rendah, "Bolehkah kamu meminjamkan saya seribu?"

„Sicher", sagte O'Brien und ließ bereits einen schweren Sack neben dem Gold fallen.
"Sudah tentu," kata O'Brien, menjatuhkan guni berat di tepi emas.

„Aber ehrlich gesagt, John, ich glaube nicht, dass das Biest das tun kann."
"Tetapi sebenarnya, John, saya tidak percaya binatang itu boleh melakukan ini."

Alle im Eldorado Saloon strömten nach draußen, um sich die Veranstaltung anzusehen.
Semua orang di Saloon Eldorado bergegas keluar untuk melihat acara itu.

Sie ließen Tische und Getränke zurück und sogar die Spiele wurden unterbrochen.
Mereka meninggalkan meja dan minuman, malah permainan dijeda.

Dealer und Spieler kamen, um das Ende der kühnen Wette mitzuerleben.
Peniaga dan penjudi datang untuk menyaksikan penamatan taruhan yang berani.

Hunderte versammelten sich auf der vereisten Straße um den Schlitten.
Beratus-ratus berkumpul di sekeliling kereta luncur di jalan terbuka yang berais.
Matthewsons Schlitten stand mit einer vollen Ladung Mehlsäcke da.
Kereta luncur Matthewson berdiri dengan muatan penuh guni tepung.
Der Schlitten stand stundenlang bei Minustemperaturen.
Kereta luncur itu telah duduk selama berjam-jam dalam suhu tolak.
Die Kufen des Schlittens waren fest am festgetretenen Schnee festgefroren.
Pelari kereta luncur itu dibekukan rapat dengan salji yang penuh sesak.
Die Männer wetteten zwei zu eins, dass Buck den Schlitten nicht bewegen könne.
Lelaki menawarkan kemungkinan dua lawan satu bahawa Buck tidak dapat menggerakkan kereta luncur.
Es kam zu einem Streit darüber, was „ausbrechen" eigentlich bedeutet.
Pertikaian tercetus tentang maksud "pecah" sebenarnya.
O'Brien sagte, Thornton solle die festgefrorene Basis des Schlittens lösen.
O'Brien berkata Thornton harus melonggarkan asas beku kereta luncur itu.
Buck könnte dann aus einem soliden, bewegungslosen Start „ausbrechen".
Buck kemudiannya boleh "keluar" dari permulaan yang kukuh dan tidak bergerak.
Matthewson argumentierte, dass der Hund auch die Läufer befreien müsse.
Matthewson berhujah anjing itu mesti membebaskan pelari juga.
Die Männer, die von der Wette gehört hatten, stimmten Matthewsons Ansicht zu.

Lelaki yang mendengar pertaruhan itu bersetuju dengan pandangan Matthewson.

Mit dieser Entscheidung stiegen die Chancen auf drei zu eins gegen Buck.

Dengan keputusan itu, peluang melonjak kepada tiga lawan satu menentang Buck.

Niemand trat vor, um die wachsende Drei-zu-eins-Chance auf sich zu nehmen.

Tiada siapa yang melangkah ke hadapan untuk mengambil peluang tiga lawan satu yang semakin meningkat.

Kein einziger Mann glaubte, dass Buck diese große Leistung vollbringen könnte.

Tiada seorang pun yang percaya Buck boleh melakukan prestasi hebat itu.

Thornton war zu der Wette gedrängt worden, obwohl er voller Zweifel war.

Thornton telah bergegas ke dalam pertaruhan, penuh dengan keraguan.

Nun blickte er auf den Schlitten und das zehnköpfige Hundegespann daneben.

Sekarang dia melihat kereta luncur dan pasukan sepuluh anjing di sebelahnya.

Als ich die Realität der Aufgabe sah, erschien sie noch unmöglicher.

Melihat realiti tugas itu menjadikannya kelihatan lebih mustahil.

Matthewson war in diesem Moment voller Stolz und Selbstvertrauen.

Matthewson penuh dengan kebanggaan dan keyakinan pada saat itu.

„Drei zu eins!", rief er. „Ich wette noch tausend, Thornton!"

"Tiga lawan satu!" dia menjerit. "Saya akan bertaruh seribu lagi, Thornton!

Was sagst du dazu?", fügte er laut genug hinzu, dass es alle hören konnten.

Apa kata awak?" tambahnya, cukup kuat untuk didengari semua orang.

Thorntons Gesicht zeigte seine Zweifel, aber sein Geist war aufgeblüht.
Wajah Thornton menunjukkan keraguannya, tetapi semangatnya telah meningkat.
Dieser Kampfgeist ignorierte alle Widrigkeiten und fürchtete sich überhaupt nicht.
Semangat juang itu tidak menghiraukan kemungkinan dan tidak takut sama sekali.
Er forderte Hans und Pete auf, ihr gesamtes Bargeld auf den Tisch zu bringen.
Dia memanggil Hans dan Pete untuk membawa semua wang tunai mereka ke meja.
Ihnen blieb nicht mehr viel übrig – insgesamt nur zweihundert Dollar.
Mereka mempunyai sedikit baki—hanya dua ratus dolar digabungkan.
Diese kleine Summe war ihr gesamtes Vermögen in schweren Zeiten.
Jumlah kecil ini adalah jumlah kekayaan mereka semasa masa sukar.
Dennoch setzten sie ihr gesamtes Vermögen auf Matthewsons Wette.
Namun, mereka meletakkan semua kekayaan terhadap pertaruhan Matthewson.
Das zehnköpfige Hundegespann wurde abgekoppelt und vom Schlitten wegbewegt.
Pasukan sepuluh anjing itu tidak diikat dan bergerak menjauhi kereta luncur.
Buck wurde in die Zügel genommen und trug sein vertrautes Geschirr.
Buck diletakkan di dalam tampuk, memakai abah-abah yang dikenalinya.
Er hatte die Energie der Menge aufgefangen und die Spannung gespürt.
Dia telah menangkap tenaga orang ramai dan merasakan ketegangan itu.

Irgendwie wusste er, dass er etwas für John Thornton tun musste.
Entah bagaimana, dia tahu dia perlu melakukan sesuatu untuk John Thornton.

Die Leute murmelten voller Bewunderung über die stolze Gestalt des Hundes.
Orang ramai merungut kagum dengan figura yang dibanggakan anjing itu.

Er war schlank und stark und hatte kein einziges Gramm Fleisch zu viel.
Dia kurus dan kuat, tanpa satu auns daging tambahan.

Sein Gesamtgewicht von hundertfünfzig Pfund bestand nur aus Kraft und Ausdauer.
Berat penuhnya seratus lima puluh paun adalah semua kekuatan dan ketahanan.

Bucks Fell glänzte wie Seide und strotzte vor Gesundheit und Kraft.
Kot Buck berkilauan seperti sutera, tebal dengan kesihatan dan kekuatan.

Das Fell an seinem Hals und seinen Schultern schien sich aufzurichten und zu sträuben.
Bulu di leher dan bahunya kelihatan terangkat dan berbulu.

Seine Mähne bewegte sich leicht, jedes Haar war voller Energie.
surainya bergerak sedikit, setiap rambut hidup dengan tenaganya yang hebat.

Seine breite Brust und seine starken Beine passten zu seinem schweren, robusten Körperbau.
Dadanya yang luas dan kaki yang kuat sepadan dengan kerangkanya yang berat dan keras.

Unter seinem Mantel spannten sich Muskeln, straff und fest wie geschmiedetes Eisen.
Otot-otot beralun di bawah kotnya, ketat dan tegap seperti besi yang diikat.

Männer berührten ihn und schworen, er sei gebaut wie eine Stahlmaschine.

Lelaki menyentuhnya dan bersumpah dia dibina seperti mesin keluli.

Die Quoten sanken leicht auf zwei zu eins gegen den großen Hund.

Kemungkinan menurun sedikit kepada dua lawan satu menentang anjing hebat itu.

Ein Mann von den Skookum Benches drängte sich stotternd nach vorne.

Seorang lelaki dari Bangku Skookum menolak ke hadapan, tergagap-gagap.

„Gut, Sir! Ich biete achthundert für ihn – vor der Prüfung, Sir!"

"Bagus, tuan! Saya menawarkan lapan ratus untuknya — sebelum ujian, tuan!"

„Achthundert, so wie er jetzt dasteht!", beharrte der Mann.

"Lapan ratus, seperti yang dia berdiri sekarang!" lelaki itu berkeras.

Thornton trat vor, lächelte und schüttelte ruhig den Kopf.

Thornton melangkah ke hadapan, tersenyum, dan menggelengkan kepalanya dengan tenang.

Matthewson schritt schnell mit warnender Stimme und einem Stirnrunzeln ein.

Matthewson pantas melangkah masuk dengan suara amaran dan berkerut dahi.

„Sie müssen Abstand von ihm halten", sagte er. „Geben Sie ihm Raum."

"Anda mesti menjauhinya," katanya. "Beri dia ruang."

Die Menge verstummte; nur die Spieler boten noch zwei zu eins.

Orang ramai menjadi senyap; hanya penjudi yang masih menawarkan dua lawan satu.

Alle bewunderten Bucks Körperbau, aber die Last schien zu groß.

Semua orang mengagumi binaan Buck, tetapi bebannya kelihatan terlalu hebat.

Zwanzig Säcke Mehl – jeder fünfzig Pfund schwer – schienen viel zu viel.

Dua puluh guni tepung—setiap satu berat lima puluh paun—nampak terlalu banyak.
Niemand war bereit, seinen Geldbeutel zu öffnen und sein Geld zu riskieren.
Tiada siapa yang sanggup membuka kantung mereka dan mempertaruhkan wang mereka.
Thornton kniete neben Buck und nahm seinen Kopf in beide Hände.
Thornton berlutut di sebelah Buck dan memegang kepalanya dengan kedua-dua tangannya.
Er drückte seine Wange an Bucks und sprach in sein Ohr.
Dia menekan pipinya terhadap Buck dan bercakap ke telinganya.
Es gab jetzt kein spielerisches Schütteln oder geflüsterte liebevolle Beleidigungen.
Tiada goncangan main-main atau bisikan penghinaan kasih sayang sekarang.
Er murmelte nur leise: „So sehr du mich liebst, Buck."
Dia hanya merungut perlahan, "Seperti mana awak mencintai saya, Buck."
Buck stieß ein leises Winseln aus, seine Begierde konnte er kaum zurückhalten.
Buck merengek perlahan, keghairahannya hampir tidak tertahan.
Die Zuschauer beobachteten neugierig, wie Spannung in der Luft lag.
Penonton memerhati dengan rasa ingin tahu apabila ketegangan memenuhi udara.
Der Moment fühlte sich fast unwirklich an, wie etwas jenseits der Vernunft.
Saat itu terasa hampir tidak nyata, seperti sesuatu di luar akal.
Als Thornton aufstand, nahm Buck sanft seine Hand zwischen die Kiefer.
Apabila Thornton berdiri, Buck perlahan-lahan memegang tangannya di rahangnya.
Er drückte mit den Zähnen nach unten und ließ dann langsam und sanft los.

Dia menekan dengan giginya, kemudian melepaskannya perlahan-lahan dan lembut.

Es war eine stille Antwort der Liebe, nicht ausgesprochen, aber verstanden.

Ia adalah jawapan cinta senyap, tidak diucapkan, tetapi difahami.

Thornton trat weit von dem Hund zurück und gab das Signal.

Thornton berundur dengan baik dari anjing itu dan memberi isyarat.

„Jetzt, Buck", sagte er und Buck antwortete mit konzentrierter Ruhe.

"Sekarang, Buck," katanya, dan Buck menjawab dengan tenang fokus.

Buck spannte die Leinen und lockerte sie dann um einige Zentimeter.

Buck mengetatkan kesan itu, kemudian melonggarkannya beberapa inci.

Dies war die Methode, die er gelernt hatte; seine Art, den Schlitten zu zerbrechen.

Inilah kaedah yang dipelajarinya; caranya untuk memecahkan kereta luncur.

„Mensch!", rief Thornton mit scharfer Stimme in der schweren Stille.

"Gee!" Thornton menjerit, suaranya tajam dalam kesunyian yang berat.

Buck drehte sich nach rechts und stürzte sich mit seinem gesamten Gewicht nach vorn.

Buck menoleh ke kanan dan menerjang dengan seluruh berat badannya.

Das Spiel verschwand und Bucks gesamte Masse traf die straffen Leinen.

Kendur itu hilang, dan jisim penuh Buck mencecah kesan yang ketat.

Der Schlitten zitterte und die Kufen machten ein knackendes, knisterndes Geräusch.

Kereta luncur itu bergetar, dan para pelari mengeluarkan bunyi berderak yang segar.

„Haw!", befahl Thornton und änderte erneut Bucks Richtung.

"Hah!" Thornton mengarahkan, beralih arah Buck sekali lagi.

Buck wiederholte die Bewegung und zog diesmal scharf nach links.

Buck mengulangi langkah itu, kali ini menarik tajam ke kiri.

Das Knacken des Schlittens wurde lauter, die Kufen knackten und verschoben sich.

Kereta luncur itu retak lebih kuat, pelari-pelari bergetar dan beralih.

Die schwere Last rutschte leicht seitwärts über den gefrorenen Schnee.

Beban berat itu tergelincir sedikit ke tepi merentasi salji beku.

Der Schlitten hatte sich aus der Umklammerung des eisigen Pfades gelöst!

Kereta luncur itu telah terlepas daripada cengkaman laluan berais!

Die Männer hielten den Atem an, ohne zu merken, dass sie nicht einmal atmeten.

Lelaki menahan nafas, tidak sedar mereka tidak bernafas.

„Jetzt ZIEHEN!", rief Thornton durch die eisige Stille.

"Sekarang, TARIK!" Thornton menjerit merentasi kesunyian yang membeku.

Thorntons Befehl klang scharf wie ein Peitschenknall.

Perintah Thornton berbunyi tajam, seperti celah cemeti.

Buck stürzte sich mit einem heftigen und heftigen Ausfallschritt nach vorne.

Buck melemparkan dirinya ke hadapan dengan lunge yang ganas dan menggelegar.

Sein ganzer Körper war aufgrund der enormen Belastung angespannt und verkrampft.

Seluruh kerangkanya tegang dan bergelimpangan untuk tekanan yang besar.

Unter seinem Fell spannten sich Muskeln wie lebendig werdende Schlangen.

Otot-otot beralun di bawah bulunya seperti ular yang hidup.
Seine breite Brust war tief, der Kopf nach vorne zum Schlitten gestreckt.
Dada besarnya rendah, kepala dihulurkan ke hadapan ke arah kereta luncur.
Seine Pfoten bewegten sich blitzschnell und seine Krallen zerschnitten den gefrorenen Boden.
Cakarnya bergerak seperti kilat, cakar menghiris tanah beku.
Er kämpfte um jeden Zentimeter Bodenhaftung und hinterließ tiefe Rillen.
Alur dipotong dalam ketika dia bertarung untuk setiap inci cengkaman.
Der Schlitten schaukelte, zitterte und begann eine langsame, unruhige Bewegung.
Kereta luncur itu bergoyang, menggeletar, dan memulakan gerakan perlahan dan tidak selesa.
Ein Fuß rutschte aus und ein Mann in der Menge stöhnte laut auf.
Satu kaki tergelincir, dan seorang lelaki di antara orang ramai mengerang kuat.
Dann machte der Schlitten mit einer ruckartigen, heftigen Bewegung einen Satz nach vorne.
Kemudian kereta luncur itu meluncur ke hadapan dengan gerakan kasar yang menyentak.
Es hörte nicht wieder auf – noch einen halben Zoll ... einen Zoll ... zwei Zoll mehr.
Ia tidak berhenti lagi—setengah inci...satu inci...dua inci lagi.
Die Stöße wurden kleiner, als der Schlitten an Geschwindigkeit zunahm.
Jeritan menjadi lebih kecil apabila kereta luncur mula mengumpul laju.
Bald zog Buck mit sanfter, gleichmäßiger Rollkraft.
Tidak lama kemudian Buck telah menarik dengan licin, sekata, kuasa rolling.
Die Männer schnappten nach Luft und erinnerten sich schließlich wieder daran zu atmen.

Lelaki tercungap-cungap dan akhirnya teringat untuk bernafas semula.

Sie hatten nicht bemerkt, dass ihnen vor Ehrfurcht der Atem stockte.

Mereka tidak perasan nafas mereka terhenti kerana kagum.

Thornton rannte hinterher und rief kurze, fröhliche Befehle.

Thornton berlari ke belakang, memanggil arahan pendek dan ceria.

Vor uns lag ein Stapel Brennholz, der die Entfernung markierte.

Di hadapan adalah timbunan kayu api yang menandakan jarak.

Als Buck sich dem Haufen näherte, wurde der Jubel immer lauter.

Apabila Buck menghampiri timbunan itu, sorakan semakin kuat dan kuat.

Der Jubel schwoll zu einem Brüllen an, als Buck den Endpunkt passierte.

Sorak sorakan menjadi gemuruh apabila Buck melepasi titik akhir.

Männer sprangen auf und schrien, sogar Matthewson grinste.

Lelaki melompat dan menjerit, malah Matthewson tersengih.

Hüte flogen durch die Luft, Fäustlinge wurden gedankenlos und ziellos herumgeworfen.

Topi terbang ke udara, sarung tangan dibaling tanpa berfikir atau tujuan.

Männer packten einander und schüttelten sich die Hände, ohne zu wissen, wer es war.

Lelaki berpegangan tangan dan berjabat tangan tanpa mengetahui siapa.

Die ganze Menge war in wilder, freudiger Stimmung.

Seluruh orang ramai berdengung dalam perayaan yang liar dan meriah.

Thornton fiel mit zitternden Händen neben Buck auf die Knie.

Thornton jatuh berlutut di sebelah Buck dengan tangan yang menggeletar.

Er drückte seinen Kopf an Bucks und schüttelte ihn sanft hin und her.

Dia menekan kepalanya ke Buck dan menggoncangnya perlahan-lahan ke belakang dan sebagainya.

Diejenigen, die näher kamen, hörten, wie er den Hund mit stiller Liebe verfluchte.

Mereka yang mendekati mendengar dia mengutuk anjing itu dengan cinta yang tenang.

Er beschimpfte Buck lange – leise, herzlich und emotional.

Dia menyumpah Buck untuk masa yang lama-lembut, mesra, dengan emosi.

„Gut, Sir! Gut, Sir!", rief der König der Skookum-Bank hastig.

"Baik, tuan! Baik, tuan!" jerit raja Bangku Skookum dengan tergesa-gesa.

„Ich gebe Ihnen tausend – nein, zwölfhundert – für diesen Hund, Sir!"

"Saya akan beri seribu—tidak, dua belas ratus—untuk anjing itu, tuan!"

Thornton stand langsam auf, seine Augen glänzten vor Emotionen.

Thornton bangun perlahan-lahan, matanya bersinar dengan emosi.

Tränen strömten ihm ohne jede Scham über die Wangen.

Air matanya mengalir secara terbuka di pipinya tanpa rasa malu.

„Sir", sagte er zum König der Skookum-Bank, ruhig und bestimmt

"Tuan," katanya kepada raja Bangku Skookum, mantap dan tegas

„Nein, Sir. Sie können zur Hölle fahren, Sir. Das ist meine endgültige Antwort."

"Tidak, tuan. Anda boleh pergi ke neraka, tuan. Itu jawapan terakhir saya."

Buck packte Thorntons Hand sanft mit seinen starken Kiefern.
Buck menggenggam tangan Thornton dengan lembut di rahangnya yang kuat.

Thornton schüttelte ihn spielerisch, ihre Bindung war so tief wie eh und je.
Thornton menggoncangnya secara main-main, ikatan mereka dalam seperti biasa.

Die Menge, bewegt von diesem Moment, trat schweigend zurück.
Orang ramai, tergerak seketika, berundur ke belakang dalam diam.

Von da an wagte es niemand mehr, diese heilige Zuneigung zu unterbrechen.
Sejak itu, tiada siapa yang berani mengganggu kasih sayang yang suci itu.

Der Klang des Rufs
Bunyi Panggilan

Buck hatte in fünf Minuten Sechzehnhundert Dollar verdient.
Buck telah memperoleh enam belas ratus dolar dalam masa lima minit.
Mit dem Geld konnte John Thornton einen Teil seiner Schulden begleichen.
Wang itu membolehkan John Thornton membayar beberapa hutangnya.
Mit dem restlichen Geld machte er sich mit seinen Partnern auf den Weg nach Osten.
Dengan wang yang selebihnya dia menuju ke Timur bersama rakan kongsinya.
Sie suchten nach einer sagenumwobenen verlorenen Mine, die so alt ist wie das Land selbst.
Mereka mencari lombong yang hilang, setua negara itu sendiri.
Viele Männer hatten nach der Mine gesucht, aber nur wenige hatten sie je gefunden.
Ramai lelaki telah mencari lombong itu, tetapi hanya sedikit yang pernah menemuinya.
Während der gefährlichen Suche waren nicht wenige Männer verschwunden.
Lebih daripada beberapa lelaki telah hilang semasa pencarian berbahaya.
Diese verlorene Mine war sowohl in Geheimnisse als auch in eine alte Tragödie gehüllt.
Lombong yang hilang ini dibalut dengan misteri dan tragedi lama.
Niemand wusste, wer der erste Mann war, der die Mine entdeckt hatte.
Tiada siapa yang tahu siapa lelaki pertama yang menemui lombong itu.
In den ältesten Geschichten wird niemand namentlich erwähnt.

Cerita tertua tidak menyebut nama sesiapa.
Dort hatte immer eine alte, baufällige Hütte gestanden.
Sentiasa ada kabin kuno yang bobrok di sana.
Sterbende Männer hatten geschworen, dass sich neben dieser alten Hütte eine Mine befand.
Lelaki yang hampir mati telah bersumpah ada lombong di sebelah kabin lama itu.
Sie bewiesen ihre Geschichten mit Gold, wie es nirgendwo sonst zu finden ist.
Mereka membuktikan kisah mereka dengan emas seperti tiada di tempat lain.
Keine lebende Seele hatte den Schatz von diesem Ort jemals geplündert.
Tiada jiwa yang hidup pernah menjarah harta dari tempat itu.
Die Toten waren tot, und Tote erzählen keine Geschichten.
Orang mati telah mati, dan orang mati tidak menceritakan kisah.
Also machten sich Thornton und seine Freunde auf den Weg in den Osten.
Jadi Thornton dan rakan-rakannya menuju ke Timur.
Pete und Hans kamen mit Buck und sechs starken Hunden.
Pete dan Hans menyertai, membawa Buck dan enam anjing yang kuat.
Sie begaben sich auf einen unbekannten Weg, an dem andere gescheitert waren.
Mereka memulakan laluan yang tidak diketahui di mana orang lain telah gagal.
Sie rodelten siebzig Meilen den zugefrorenen Yukon River hinauf.
Mereka meluncur tujuh puluh batu ke atas Sungai Yukon yang beku.
Sie bogen links ab und folgten dem Pfad bis zum Stewart.
Mereka membelok ke kiri dan mengikut jejak ke Stewart.
Sie passierten Mayo und McQuestion und drängten weiter.
Mereka melepasi Mayo dan McQuestion, menekan lebih jauh.
Der Stewart schrumpfte zu einem Strom, der sich durch zerklüftete Gipfel schlängelte.

Stewart menyusut ke dalam sungai, menjalar puncak bergerigi.
Diese scharfen Gipfel markierten das Rückgrat des Kontinents.
Puncak tajam ini menandakan tulang belakang benua itu.
John Thornton verlangte wenig von den Menschen oder der Wildnis.
John Thornton menuntut sedikit daripada manusia atau tanah liar.
Er fürchtete nichts in der Natur und begegnete der Wildnis mit Leichtigkeit.
Dia tidak takut apa-apa dalam alam semula jadi dan menghadapi alam liar dengan mudah.
Nur mit Salz und einem Gewehr konnte er reisen, wohin er wollte.
Dengan hanya garam dan senapang, dia boleh pergi ke mana-mana yang dia mahu.
Wie die Eingeborenen jagte er auf seiner Reise nach Nahrung.
Seperti orang asli, dia memburu makanan semasa dia mengembara.
Wenn er nichts fing, machte er weiter und vertraute auf sein Glück.
Jika dia tidak menangkap apa-apa, dia terus berjalan, mempercayai nasib di hadapan.
Auf dieser langen Reise war Fleisch die Hauptnahrungsquelle.
Dalam perjalanan yang jauh ini, daging menjadi makanan utama mereka.
Der Schlitten enthielt Werkzeuge und Munition, jedoch keinen strengen Zeitplan.
Kereta luncur itu menyimpan alatan dan peluru, tetapi tiada jadual waktu yang ketat.
Buck liebte dieses Herumwandern, die endlose Jagd und das Fischen.
Buck suka mengembara ini; pemburuan dan memancing yang tidak berkesudahan.

Wochenlang waren sie Tag für Tag unterwegs.
Selama berminggu-minggu mereka mengembara hari demi hari.
Manchmal schlugen sie Lager auf und blieben wochenlang dort.
Pada masa lain mereka membuat perkhemahan dan diam selama berminggu-minggu.
Die Hunde ruhten sich aus, während die Männer im gefrorenen Dreck gruben.
Anjing-anjing itu berehat sementara lelaki itu menggali tanah beku.
Sie erwärmten Pfannen über dem Feuer und suchten nach verborgenem Gold.
Mereka memanaskan kuali di atas api dan mencari emas tersembunyi.
An manchen Tagen hungerten sie, an anderen feierten sie Feste.
Beberapa hari mereka kelaparan, dan beberapa hari mereka mengadakan pesta.
Ihre Mahlzeiten hingen vom Wild und vom Jagdglück ab.
Makanan mereka bergantung kepada permainan dan nasib memburu.
Als der Sommer kam, trugen Männer und Hunde schwere Lasten auf ihren Rücken.
Apabila musim panas tiba, lelaki dan anjing membungkus beban di belakang mereka.
Sie fuhren mit dem Floß über blaue Seen, die in Bergwäldern versteckt waren.
Mereka berakit melintasi tasik biru yang tersembunyi di dalam hutan gunung.
Sie segelten in schmalen Booten auf Flüssen, die noch nie von Menschen kartiert worden waren.
Mereka melayari bot tipis di sungai yang tidak pernah dipetakan oleh manusia.
Diese Boote wurden aus Bäumen gebaut, die sie in der Wildnis gesägt haben.

Bot-bot itu dibina daripada pokok yang mereka gergaji di alam liar.

Die Monate vergingen und sie schlängelten sich durch die wilden, unbekannten Länder.
Bulan berlalu, dan mereka berpusing melalui tanah liar yang tidak diketahui.
Es waren keine Männer dort, doch alte Spuren deuteten darauf hin, dass Männer dort gewesen waren.
Tiada lelaki di sana, namun kesan lama membayangkan bahawa lelaki telah berada.
Wenn die verlorene Hütte echt war, dann waren einst andere hier entlang gekommen.
Jika Lost Cabin adalah benar, maka yang lain pernah datang ke arah ini.
Sie überquerten hohe Pässe bei Schneestürmen, sogar im Sommer.
Mereka melintasi laluan tinggi dalam badai salji, walaupun semasa musim panas.
Sie zitterten unter der Mitternachtssonne auf kahlen Berghängen.
Mereka menggigil di bawah matahari tengah malam di lereng gunung yang kosong.
Zwischen der Baumgrenze und den Schneefeldern stiegen sie langsam auf.
Di antara garisan pokok dan padang salji, mereka memanjat perlahan-lahan.
In warmen Tälern schlugen sie nach Schwärmen aus Mücken und Fliegen.
Di lembah yang hangat, mereka memukul awan agas dan lalat.
Sie pflückten süße Beeren in der Nähe von Gletschern in voller Sommerblüte.
Mereka memetik buah beri manis berhampiran glasier pada musim panas penuh mekar.
Die Blumen, die sie fanden, waren genauso schön wie die im Süden.

Bunga-bunga yang mereka temui sangat cantik seperti yang terdapat di Southland.

Im Herbst erreichten sie eine einsame Region voller stiller Seen.
Musim luruh itu mereka sampai ke kawasan sunyi yang penuh dengan tasik yang sunyi.

Das Land war traurig und leer, einst voller Vögel und Tiere.
Tanah itu sedih dan kosong, pernah hidup dengan burung dan binatang.

Jetzt gab es kein Leben mehr, nur noch den Wind und das Eis, das sich in Pfützen bildete.
Kini tiada kehidupan, hanya angin dan ais yang terbentuk di dalam kolam.

Mit einem sanften, traurigen Geräusch schlugen die Wellen gegen die leeren Ufer.
Ombak menyambar pantai kosong dengan bunyi yang lembut dan memilukan.

Ein weiterer Winter kam und sie folgten erneut schwachen, alten Spuren.
Musim sejuk yang lain datang, dan mereka mengikuti jejak lama yang samar lagi.

Dies waren die Spuren von Männern, die schon lange vor ihnen gesucht hatten.
Ini adalah jejak lelaki yang telah mencari jauh sebelum mereka.

Einmal fanden sie einen Pfad, der tief in den dunklen Wald hineinreichte.
Sebaik sahaja mereka menemui jalan yang dipotong jauh ke dalam hutan yang gelap.

Es war ein alter Pfad und sie hatten das Gefühl, dass die verlorene Hütte ganz in der Nähe war.
Ia adalah laluan lama, dan mereka merasakan kabin yang hilang itu sudah dekat.

Doch die Spur führte nirgendwo hin und verlor sich im dichten Wald.

Tetapi laluan itu tidak menghala ke mana-mana dan memudar ke dalam hutan tebal.
Wer auch immer die Spur angelegt hat und warum, das wusste niemand.
Siapa yang membuat jejak, dan mengapa mereka membuatnya, tiada siapa yang tahu.
Später fanden sie das Wrack einer Hütte, versteckt zwischen den Bäumen.
Kemudian, mereka menjumpai bangkai sebuah pondok yang tersembunyi di antara pokok.
Verrottende Decken lagen verstreut dort, wo einst jemand geschlafen hatte.
Selimut reput terletak berselerak di tempat seseorang pernah tidur.
John Thornton fand darin ein Steinschlossgewehr mit langem Lauf.
John Thornton menemui sebatang batu api berlaras panjang yang tertanam di dalamnya.
Er wusste, dass es sich um eine Waffe von Hudson Bay aus den frühen Handelstagen handelte.
Dia tahu ini adalah pistol Hudson Bay dari awal perdagangan.
Damals wurden solche Gewehre gegen Stapel von Biberfellen eingetauscht.
Pada masa itu senjata api seperti itu dijual beli untuk timbunan kulit memerang.
Das war alles – von dem Mann, der die Hütte gebaut hatte, gab es keine Spur mehr.
Itu sahaja—tiada petunjuk yang tinggal tentang lelaki yang membina rumah persinggahan itu.

Der Frühling kam wieder und sie fanden keine Spur von der verlorenen Hütte.
Musim bunga datang lagi, dan mereka tidak menemui sebarang tanda Kabin Hilang.
Stattdessen fanden sie ein breites Tal mit einem seichten Bach.

Sebaliknya mereka menemui sebuah lembah yang luas dengan sungai yang cetek.

Gold lag wie glatte, gelbe Butter auf dem Pfannenboden.
Emas terletak di bahagian bawah kuali seperti mentega kuning licin.

Sie hielten dort an und suchten nicht weiter nach der Hütte.
Mereka berhenti di situ dan tidak mencari lebih jauh lagi ke kabin.

Jeden Tag arbeiteten sie und fanden Tausende in Goldstaub.
Setiap hari mereka bekerja dan mendapati beribu-ribu dalam debu emas.

Sie packten das Gold in Säcke aus Elchhaut, jeder Fünfzig Pfund schwer.
Mereka membungkus emas itu ke dalam beg kulit moosehide, lima puluh paun setiap satu.

Die Säcke waren wie Brennholz vor ihrer kleinen Hütte gestapelt.
Beg-beg itu disusun seperti kayu api di luar pondok kecil mereka.

Sie arbeiteten wie Giganten und die Tage vergingen wie im Flug.
Mereka bekerja seperti gergasi, dan hari-hari berlalu seperti mimpi yang cepat.

Sie häuften Schätze an, während die endlosen Tage schnell vorbeizogen.
Mereka mengumpul harta ketika hari-hari yang tidak berkesudahan berlalu dengan pantas.

Außer ab und zu Fleisch zu schleppen, gab es für die Hunde nicht viel zu tun.
Tidak banyak yang boleh dilakukan oleh anjing kecuali mengangkut daging dari semasa ke semasa.

Thornton jagte und tötete das Wild, und Buck lag am Feuer.
Thornton memburu dan membunuh permainan itu, dan Buck berbaring di tepi api.

Er verbrachte viele Stunden schweigend, versunken in Gedanken und Erinnerungen.

Dia menghabiskan masa yang lama dalam diam, hilang dalam pemikiran dan ingatan.

Das Bild des haarigen Mannes kam Buck immer häufiger in den Sinn.

Imej lelaki berbulu itu lebih kerap muncul di fikiran Buck.

Jetzt, wo es kaum noch Arbeit gab, träumte Buck, während er ins Feuer blinzelte.

Sekarang kerja itu sukar didapati, Buck bermimpi sambil mengedipkan mata melihat api.

In diesen Träumen wanderte Buck mit dem Mann in eine andere Welt.

Dalam mimpi itu, Buck mengembara bersama lelaki itu di dunia lain.

Angst schien das stärkste Gefühl in dieser fernen Welt zu sein.

Ketakutan seolah-olah perasaan yang paling kuat di dunia yang jauh itu.

Buck sah, wie der haarige Mann mit gesenktem Kopf schlief.

Buck melihat lelaki berbulu itu tidur dengan kepala tertunduk rendah.

Seine Hände waren gefaltet und sein Schlaf war unruhig und unterbrochen.

Tangannya digenggam, dan tidurnya tidak lena dan patah.

Er wachte immer ruckartig auf und starrte ängstlich in die Dunkelheit.

Dia biasa bangun dengan mula dan merenung ketakutan ke dalam kegelapan.

Dann warf er mehr Holz ins Feuer, um die Flamme hell zu halten.

Kemudian dia akan melemparkan lebih banyak kayu ke atas api untuk memastikan nyalaan tetap terang.

Manchmal spazierten sie an einem Strand entlang, der an einem grauen, endlosen Meer entlangführte.

Kadang-kadang mereka berjalan di sepanjang pantai di tepi laut kelabu yang tidak berkesudahan.

Der haarige Mann sammelte Schalentiere und aß sie im Gehen.
Lelaki berbulu itu memetik kerang dan memakannya sambil berjalan.
Seine Augen suchten immer nach verborgenen Gefahren in den Schatten.
Matanya sentiasa mencari bahaya tersembunyi dalam bayang-bayang.
Seine Beine waren immer bereit, beim ersten Anzeichen einer Bedrohung loszusprinten.
Kakinya sentiasa bersedia untuk pecut pada tanda pertama ancaman.
Sie schlichen still und vorsichtig Seite an Seite durch den Wald.
Mereka merayap melalui hutan, senyap dan berhati-hati, bersebelahan.
Buck folgte ihm auf den Fersen und beide blieben wachsam.
Buck mengikuti pada tumitnya, dan kedua-dua mereka kekal berjaga-jaga.
Ihre Ohren zuckten und bewegten sich, ihre Nasen schnüffelten in der Luft.
Telinga mereka berkedut dan bergerak, hidung mereka menghidu udara.
Der Mann konnte den Wald genauso gut hören und riechen wie Buck.
Lelaki itu dapat mendengar dan menghidu hutan setajam Buck.
Der haarige Mann schwang sich mit plötzlicher Geschwindigkeit durch die Bäume.
Lelaki berbulu itu menghayun melalui pokok dengan laju secara tiba-tiba.
Er sprang von Ast zu Ast, ohne jemals den Halt zu verlieren.
Dia melompat dari dahan ke dahan, tidak pernah terlepas genggamannya.
Er bewegte sich über dem Boden genauso schnell wie auf ihm.

Dia bergerak sepantas di atas tanah seperti yang dia lakukan di atasnya.
Buck erinnerte sich an lange Nächte, in denen er unter den Bäumen Wache hielt.
Buck teringat malam-malam yang panjang di bawah pokok, berjaga-jaga.
Der Mann schlief auf seiner Stange in den Zweigen und klammerte sich fest.
Lelaki itu tidur bertengger di dahan, berpaut erat.
Diese Vision des haarigen Mannes war eng mit dem tiefen Ruf verbunden.
Penglihatan lelaki berbulu ini diikat rapat dengan panggilan yang dalam.
Der Ruf klang noch immer mit eindringlicher Kraft durch den Wald.
Panggilan itu masih kedengaran melalui hutan dengan kekuatan yang menghantui.
Der Anruf erfüllte Buck mit Sehnsucht und einem rastlosen Gefühl der Freude.
Panggilan itu memenuhi Buck dengan kerinduan dan rasa gembira yang tidak tenang.
Er spürte seltsame Triebe und Regungen, die er nicht benennen konnte.
Dia merasakan desakan dan kacau pelik yang tidak dapat dia namakan.
Manchmal folgte er dem Ruf tief in die Stille des Waldes.
Kadang-kadang dia mengikut panggilan itu jauh ke dalam hutan yang sunyi.
Er suchte nach dem Ruf und bellte dabei leise oder scharf.
Dia mencari panggilan itu, menyalak lembut atau tajam semasa dia pergi.
Er roch am Moos und der schwarzen Erde, wo die Gräser wuchsen.
Dia menghidu lumut dan tanah hitam tempat rumput tumbuh.
Er schnaubte entzückt über den reichen Geruch der tiefen Erde.

Dia mendengus gembira melihat bau harum dari bumi yang dalam.
Er hockte stundenlang hinter pilzbefallenen Baumstämmen.
Dia merengkok berjam-jam di belakang batang yang diliputi kulat.
Er blieb still und lauschte mit großen Augen jedem noch so kleinen Geräusch.
Dia diam, mendengar dengan mata terbeliak setiap bunyi kecil.
Vielleicht hoffte er, das Wesen, das den Ruf auslöste, zu überraschen.
Dia mungkin berharap untuk mengejutkan perkara yang membuat panggilan itu.
Er wusste nicht, warum er so handelte – er tat es einfach.
Dia tidak tahu mengapa dia bertindak begini—dia begitu sahaja.
Die Triebe kamen aus der Tiefe, jenseits von Denken und Vernunft.
Desakan datang dari dalam, di luar pemikiran atau akal.
Unwiderstehliche Triebe überkamen Buck ohne Vorwarnung oder Grund.
Desakan yang tidak dapat ditahan menguasai Buck tanpa amaran atau alasan.
Manchmal döste er träge im Lager in der Mittagshitze.
Ada kalanya dia tertidur dengan malas di kem di bawah panas tengah hari.
Plötzlich hob er den Kopf und stellte aufmerksam die Ohren auf.
Tiba-tiba, kepalanya diangkat dan telinganya berjaga-jaga.
Dann sprang er auf und stürmte ohne Pause in die Wildnis.
Kemudian dia melompat dan berlari ke dalam hutan tanpa jeda.
Er rannte stundenlang durch Waldwege und offene Flächen.
Dia berlari berjam-jam melalui laluan hutan dan kawasan lapang.
Er liebte es, trockenen Bachläufen zu folgen und Vögel in den Bäumen zu beobachten.

Dia suka mengikut anak sungai kering dan mengintip burung di pokok.
Er könnte den ganzen Tag versteckt liegen und den Rebhühnern beim Herumstolzieren zusehen.
Dia boleh berbaring bersembunyi sepanjang hari, memerhati ayam hutan yang berkeliaran.
Sie trommelten und marschierten, ohne Bucks Anwesenheit zu bemerken.
Mereka bergendang dan berarak, tanpa menyedari kehadiran Buck.
Doch am meisten liebte er das Laufen in der Sommerdämmerung.
Tetapi apa yang paling dia suka adalah berlari pada waktu senja pada musim panas.
Das schwache Licht und die schläfrigen Waldgeräusche erfüllten ihn mit Freude.
Cahaya malap dan bunyi hutan yang mengantuk memenuhi dia dengan kegembiraan.
Er las die Zeichen des Waldes so deutlich, wie ein Mann ein Buch liest.
Dia membaca papan tanda hutan dengan jelas seperti seorang lelaki membaca buku.
Und er suchte immer nach dem seltsamen Ding, das ihn rief.
Dan dia sentiasa mencari perkara aneh yang memanggilnya.
Dieser Ruf hörte nie auf – er erreichte ihn im Wachzustand und im Schlaf.
Panggilan itu tidak pernah berhenti—ia sampai kepadanya semasa bangun atau tidur.

Eines Nachts erwachte er mit einem Ruck, die Augen waren scharf und die Ohren gespitzt.
Pada suatu malam, dia bangun dengan terkejut, matanya tajam dan telinga tinggi.
Seine Nasenlöcher zuckten, während seine Mähne in Wellen sträubte.
Lubang hidungnya berkedut apabila surainya berdiri berbulu di ombak.

Aus der Tiefe des Waldes ertönte erneut der alte Ruf.
Dari dalam hutan terdengar lagi bunyi, panggilan lama.
Diesmal war der Ton klar und deutlich zu hören, ein langes, eindringliches, vertrautes Heulen.
Kali ini bunyi itu berbunyi dengan jelas, lolongan yang panjang, menghantui dan biasa.
Es klang wie der Schrei eines Huskys, aber mit einem seltsamen und wilden Ton.
Ia seperti tangisan serak, tetapi nadanya aneh dan liar.
Buck erkannte das Geräusch sofort – er hatte das genaue Geräusch vor langer Zeit gehört.
Buck tahu bunyi itu sekali gus-dia telah mendengar bunyi yang tepat sejak dahulu lagi.
Er sprang durch das Lager und verschwand schnell im Wald.
Dia melompat melalui kem dan lenyap dengan pantas ke dalam hutan.
Als er sich dem Geräusch näherte, wurde er langsamer und bewegte sich vorsichtig.
Semasa dia menghampiri bunyi itu, dia perlahan dan bergerak dengan berhati-hati.
Bald erreichte er eine Lichtung zwischen dichten Kiefern.
Tidak lama kemudian dia mencapai kawasan lapang di antara pokok pain tebal.
Dort saß aufrecht auf seinen Hinterbeinen ein großer, schlanker Timberwolf.
Di sana, tegak di atas badannya, duduk seekor serigala kayu yang tinggi dan kurus.
Die Nase des Wolfes zeigte zum Himmel und hallte noch immer den Ruf wider.
Hidung serigala itu menghala ke langit, masih bergema panggilan itu.
Buck hatte keinen Laut von sich gegeben, doch der Wolf blieb stehen und lauschte.
Buck tidak mengeluarkan bunyi, namun serigala itu berhenti dan mendengar.
Der Wolf spürte etwas, spannte sich an und suchte die Dunkelheit ab.

Merasakan sesuatu, serigala itu tegang, mencari kegelapan.
Buck schlich ins Blickfeld, mit gebeugtem Körper und ruhigen Füßen auf dem Boden.
Buck merayap ke dalam pandangan, badan rendah, kaki tenang di atas tanah.
Sein Schwanz war gerade, sein Körper vor Anspannung zusammengerollt.
Ekornya lurus, badannya dililit ketat dengan ketegangan.
Er zeigte sowohl eine bedrohliche als auch eine Art raue Freundschaft.
Dia menunjukkan kedua-dua ancaman dan sejenis persahabatan yang kasar.
Es war die vorsichtige Begrüßung, die wilde Tiere einander entgegenbrachten.
Itu adalah ucapan berhati-hati yang dikongsi oleh binatang liar.
Aber der Wolf drehte sich um und floh, sobald er Buck sah.
Tetapi serigala itu berpaling dan melarikan diri sebaik sahaja ia melihat Buck.
Buck nahm die Verfolgung auf und sprang wild um sich, begierig darauf, es einzuholen.
Buck mengejar, melompat liar, tidak sabar-sabar untuk memintasnya.
Er folgte dem Wolf in einen trockenen Bach, der durch einen Holzstau blockiert war.
Dia mengikut serigala itu ke dalam anak sungai kering yang terhalang oleh jem kayu.
In die Enge getrieben, wirbelte der Wolf herum und blieb stehen.
Tersentak, serigala itu berpusing dan berdiri di atas tanah.
Der Wolf knurrte und schnappte wie ein gefangener Husky im Kampf.
Serigala itu menggeram dan membentak seperti anjing serak yang terperangkap dalam pergaduhan.
Die Zähne des Wolfes klickten schnell, sein Körper strotzte vor wilder Wut.

Gigi serigala itu berdegup laju, badannya berbulu-bulu dengan amarah liar.

Buck griff nicht an, sondern umkreiste den Wolf mit vorsichtiger Freundlichkeit.

Buck tidak menyerang tetapi mengelilingi serigala dengan keramahan yang berhati-hati.

Durch langsame, harmlose Bewegungen versuchte er, seine Flucht zu verhindern.

Dia cuba menghalang pelariannya dengan pergerakan perlahan dan tidak berbahaya.

Der Wolf war vorsichtig und verängstigt – Buck war dreimal so schwer wie er.

Serigala itu berhati-hati dan takut-Buck melebihi beratnya tiga kali ganda.

Der Kopf des Wolfes reichte kaum bis zu Bucks massiver Schulter.

Kepala serigala itu hampir tidak sampai ke bahu Buck yang besar.

Der Wolf hielt Ausschau nach einer Lücke, rannte los und die Jagd begann von neuem.

Melihat celah, serigala itu berlari dan pengejaran bermula semula.

Buck drängte ihn mehrere Male in die Enge und der Tanz wiederholte sich.

Beberapa kali Buck menyudutnya, dan tarian itu berulang.

Der Wolf war dünn und schwach, sonst hätte Buck ihn nicht fangen können.

Serigala itu kurus dan lemah, atau Buck tidak dapat menangkapnya.

Jedes Mal, wenn Buck näher kam, wirbelte der Wolf herum und sah ihn voller Angst an.

Setiap kali Buck mendekat, serigala itu berpusing dan menghadapinya dalam ketakutan.

Dann rannte er bei der ersten Gelegenheit erneut in den Wald.

Kemudian pada peluang pertama, dia berlari ke dalam hutan sekali lagi.

Aber Buck gab nicht auf und schließlich fasste der Wolf Vertrauen zu ihm.
Tetapi Buck tidak berputus asa, dan akhirnya serigala itu mempercayainya.
Er schnüffelte an Bucks Nase und die beiden wurden verspielt und aufmerksam.
Dia menghidu hidung Buck, dan kedua-duanya menjadi suka bermain dan berjaga-jaga.
Sie spielten wie wilde Tiere, wild und doch schüchtern in ihrer Freude.
Mereka bermain seperti binatang liar, garang lagi malu dalam kegembiraan mereka.
Nach einer Weile trabte der Wolf zielstrebig und ruhig davon.
Selepas beberapa ketika, serigala itu berlari dengan tujuan yang tenang.
Er machte Buck deutlich, dass er beabsichtigte, verfolgt zu werden.
Dia jelas menunjukkan Buck bahawa dia bermaksud untuk diikuti.
Sie rannten Seite an Seite durch die Dämmerung.
Mereka berlari beriringan melalui kesuraman senja.
Sie folgten dem Bachbett hinauf in die felsige Schlucht.
Mereka mengikuti dasar anak sungai sehingga ke dalam gaung berbatu.
Sie überquerten eine kalte Wasserscheide, wo der Bach entsprungen war.
Mereka menyeberangi jurang sejuk di mana aliran itu bermula.
Am gegenüberliegenden Hang fanden sie ausgedehnte Wälder und viele Bäche.
Di lereng yang jauh mereka menemui hutan yang luas dan banyak sungai.
Durch dieses weite Land rannten sie stundenlang ohne Pause.
Melalui tanah yang luas ini, mereka berlari berjam-jam tanpa henti.

Die Sonne stieg höher, die Luft wurde wärmer, aber sie rannten weiter.
Matahari naik lebih tinggi, udara menjadi hangat, tetapi mereka terus berjalan.
Buck war voller Freude – er wusste, dass er seiner Berufung folgte.
Buck dipenuhi dengan kegembiraan-dia tahu dia menjawab panggilannya.
Er rannte neben seinem Waldbruder her, näher an die Quelle des Rufs.
Dia berlari di sebelah abang hutannya, lebih dekat dengan sumber panggilan.
Alte Gefühle kehrten zurück, stark und schwer zu ignorieren.
Perasaan lama kembali, kuat dan sukar untuk diabaikan.
Dies waren die Wahrheiten hinter den Erinnerungen aus seinen Träumen.
Ini adalah kebenaran di sebalik kenangan dari mimpinya.
All dies hatte er schon einmal in einer fernen, schattenhaften Welt getan.
Dia telah melakukan semua ini sebelum ini di dunia yang jauh dan gelap.
Jetzt tat er es wieder und rannte wild herum, während der Himmel über ihm frei war.
Sekarang dia melakukan ini lagi, berlari liar dengan langit terbuka di atas.
Sie hielten an einem Bach an, um aus dem kalten, fließenden Wasser zu trinken.
Mereka berhenti di sebatang sungai untuk minum air yang mengalir sejuk.
Während er trank, erinnerte sich Buck plötzlich an John Thornton.
Semasa dia minum, Buck tiba-tiba teringat John Thornton.
Er saß schweigend da, hin- und hergerissen zwischen der Anziehungskraft der Loyalität und der Berufung.
Dia duduk dalam diam, terkoyak oleh tarikan kesetiaan dan panggilan.

Der Wolf trabte weiter, kam aber zurück, um Buck anzutreiben.
Serigala itu berlari, tetapi kembali untuk mendesak Buck ke hadapan.
Er rümpfte die Nase und versuchte, ihn mit sanften Gesten zu beruhigen.
Dia menghidu hidungnya dan cuba memujuknya dengan isyarat lembut.
Aber Buck drehte sich um und machte sich auf den Rückweg.
Tetapi Buck berpaling dan mula kembali cara dia datang.
Der Wolf lief lange Zeit neben ihm her und winselte leise.
Serigala itu berlari di sebelahnya untuk masa yang lama, merengek perlahan.
Dann setzte er sich hin, hob die Nase und stieß ein langes Heulen aus.
Kemudian dia duduk, mengangkat hidungnya, dan melolong panjang.
Es war ein trauriger Schrei, der leiser wurde, als Buck wegging.
Ia adalah tangisan yang menyedihkan, melembutkan apabila Buck berlalu pergi.
Buck lauschte, als der Schrei langsam in der Stille des Waldes verklang.
Buck mendengar apabila bunyi tangisan itu perlahan-lahan memudar ke dalam kesunyian hutan.
John Thornton aß gerade zu Abend, als Buck ins Lager stürmte.
John Thornton sedang makan malam apabila Buck menyerbu ke dalam kem.
Buck sprang wild auf ihn zu, leckte, biss und warf ihn um.
Buck melompat kepadanya liar, menjilat, menggigit, dan jatuh dia.
Er warf ihn um, kletterte darauf und küsste sein Gesicht.
Dia mengetuknya, berebut ke atas, dan mencium mukanya.
Thornton nannte dies liebevoll „den allgemeinen Narren spielen".

Thornton memanggil ini "bermain tom-fool umum" dengan kasih sayang.

Die ganze Zeit verfluchte er Buck sanft und schüttelte ihn hin und her.

Sepanjang masa, dia mengutuk Buck perlahan-lahan dan menggoncangnya ke sana ke mari.

Zwei ganze Tage und Nächte lang verließ Buck das Lager kein einziges Mal.

Selama dua hari dan malam penuh, Buck tidak pernah meninggalkan kem itu sekali.

Er blieb in Thorntons Nähe und ließ ihn nie aus den Augen.

Dia terus dekat dengan Thornton dan tidak pernah melepaskannya dari pandangannya.

Er folgte ihm bei der Arbeit und beobachtete ihn beim Essen.

Dia mengikutinya semasa dia bekerja dan memerhatikannya semasa dia makan.

Er begleitete Thornton abends in seine Decken und jeden Morgen wieder heraus.

Dia melihat Thornton masuk ke dalam selimutnya pada waktu malam dan keluar setiap pagi.

Doch bald kehrte der Ruf des Waldes zurück, lauter als je zuvor.

Tetapi tidak lama kemudian panggilan hutan kembali, lebih kuat daripada sebelumnya.

Buck wurde wieder unruhig, aufgewühlt von Gedanken an den wilden Wolf.

Buck menjadi resah semula, dikacau oleh pemikiran serigala liar.

Er erinnerte sich an das offene Land und daran, wie sie Seite an Seite gelaufen waren.

Dia teringat tanah lapang dan berlari beriringan.

Er begann erneut, allein und wachsam in den Wald zu wandern.

Dia mula mengembara ke dalam hutan sekali lagi, bersendirian dan berjaga-jaga.

Aber der wilde Bruder kam nicht zurück und das Heulen war nicht zu hören.
Tetapi saudara liar itu tidak kembali, dan lolongan tidak kedengaran.
Buck begann, draußen zu schlafen und blieb tagelang weg.
Buck mula tidur di luar, menjauhkan diri selama beberapa hari pada satu masa.
Einmal überquerte er die hohe Wasserscheide, wo der Bach entsprungen war.
Sebaik sahaja dia melintasi jurang yang tinggi di mana anak sungai itu bermula.
Er betrat das Land des dunklen Waldes und der breiten, fließenden Ströme.
Dia memasuki negeri kayu yang gelap dan sungai yang mengalir luas.
Eine Woche lang streifte er umher und suchte nach Spuren seines wilden Bruders.
Seminggu dia berkeliaran, mencari tanda-tanda abang liar itu.
Er tötete sein eigenes Fleisch und reiste mit langen, unermüdlichen Schritten.
Dia membunuh dagingnya sendiri dan mengembara dengan langkah yang panjang tanpa jemu.
Er fischte in einem breiten Fluss, der bis ins Meer reichte, nach Lachs.
Dia memancing ikan salmon di sungai yang luas yang sampai ke laut.
Dort kämpfte er gegen einen von Insekten verrückt gewordenen Schwarzbären und tötete ihn.
Di sana, dia melawan dan membunuh seekor beruang hitam yang gila oleh pepijat.
Der Bär war beim Angeln und rannte blind durch die Bäume.
Beruang itu telah memancing dan berlari membuta tuli melalui pokok.
Der Kampf war erbittert und weckte Bucks tiefen Kampfgeist.

Pertempuran itu sengit, membangkitkan semangat juang Buck yang mendalam.

Als Buck zwei Tage später zurückkam, fand er Vielfraße an seiner Beute vor.

Dua hari kemudian, Buck kembali untuk mencari serigala semasa membunuhnya.

Ein Dutzend von ihnen stritten sich lautstark und wütend um das Fleisch.

Sedozen daripada mereka bergaduh mengenai daging dalam kemarahan yang bising.

Buck griff an und zerstreute sie wie Blätter im Wind.

Buck menyerbu dan menghamburkan mereka seperti daun ditiup angin.

Zwei Wölfe blieben zurück – still, leblos und für immer regungslos.

Dua serigala kekal di belakang—senyap, tidak bermaya, dan tidak bergerak selama-lamanya.

Der Blutdurst wurde stärker denn je.

Kehausan untuk darah semakin kuat dari sebelumnya.

Buck war ein Jäger, ein Killer, der sich von Lebewesen ernährte.

Buck adalah seorang pemburu, pembunuh, memberi makan kepada makhluk hidup.

Er überlebte allein und verließ sich auf seine Kraft und seine scharfen Sinne.

Dia bertahan sendirian, bergantung pada kekuatan dan deria yang tajam.

Er gedieh in der Wildnis, wo nur die Zähesten überleben konnten.

Dia hidup subur di alam liar, di mana hanya yang paling sukar boleh hidup.

Daraus erwuchs ein großer Stolz, der Bucks ganzes Wesen erfüllte.

Dari sini, rasa bangga yang besar timbul dan memenuhi seluruh diri Buck.

Sein Stolz war in jedem seiner Schritte und in der Anspannung jedes einzelnen Muskels zu erkennen.

Kebanggaannya ditunjukkan dalam setiap langkahnya, dalam riak setiap otot.

Sein Stolz war so deutlich wie seine Sprache und spiegelte sich in seiner Haltung wider.

Kebanggaannya jelas seperti ucapan, dilihat dari cara dia membawa dirinya.

Sogar sein dickes Fell sah majestätischer aus und glänzte heller.

Malah kot tebalnya kelihatan lebih megah dan berkilauan lebih terang.

Man hätte Buck mit einem riesigen Timberwolf verwechseln können.

Buck boleh disalah anggap sebagai serigala kayu gergasi.

Außer dem Braun an seiner Schnauze und den Flecken über seinen Augen.

Kecuali coklat pada muncungnya dan bintik-bintik di atas matanya.

Und der weiße Fellstreifen, der mitten auf seiner Brust verlief.

Dan jalur bulu putih yang mengalir di tengah dadanya.

Er war sogar größer als der größte Wolf dieser wilden Rasse.

Dia lebih besar daripada serigala terbesar dari baka garang itu.

Sein Vater, ein Bernhardiner, verlieh ihm Größe und einen schweren Körperbau.

Bapanya, seorang St. Bernard, memberinya saiz dan rangka berat.

Seine Mutter, eine Schäferin, formte diesen Körper zu einer wolfsähnlichen Gestalt.

Ibunya, seorang gembala, membentuk pukal itu menjadi bentuk seperti serigala.

Er hatte die lange Schnauze eines Wolfes, war allerdings schwerer und breiter.

Dia mempunyai muncung panjang seperti serigala, walaupun lebih berat dan lebih luas.

Sein Kopf war der eines Wolfes, aber von massiver, majestätischer Gestalt.

Kepalanya adalah kepala serigala, tetapi dibina pada skala yang besar dan megah.
Bucks List war die List des Wolfes und der Wildnis.
Kelicikan Buck adalah kelicikan serigala dan liar.
Seine Intelligenz hat er sowohl vom Deutschen Schäferhund als auch vom Bernhardiner.
Kepintarannya datang dari Gembala Jerman dan St. Bernard.
All dies und harte Erfahrungen machten ihn zu einer furchterregenden Kreatur.
Semua ini, ditambah dengan pengalaman yang keras, menjadikannya makhluk yang menakutkan.
Er war so furchterregend wie jedes andere Tier, das in der Wildnis des Nordens umherstreifte.
Dia hebat seperti mana-mana binatang yang berkeliaran di alam liar utara.
Buck ernährte sich ausschließlich von Fleisch und erreichte den Höhepunkt seiner Kraft.
Hidup hanya dengan daging, Buck mencapai kemuncak kekuatannya.
Jede Faser seines Körpers strotzte vor Kraft und männlicher Stärke.
Dia dilimpahi dengan kuasa dan kekuatan lelaki dalam setiap serabutnya.
Als Thornton seinen Rücken streichelte, funkelten seine Haare vor Energie.
Apabila Thornton mengusap belakangnya, bulu-bulu itu tercetus dengan tenaga.
Jedes Haar knisterte, aufgeladen durch die Berührung lebendigen Magnetismus.
Setiap rambut merekah, dicas dengan sentuhan kemagnetan hidup.
Sein Körper und sein Gehirn waren auf die höchstmögliche Tonhöhe eingestellt.
Badan dan otaknya ditala pada nada yang terbaik.
Jeder Nerv, jede Faser und jeder Muskel arbeitete in perfekter Harmonie.

Setiap saraf, serat dan otot berfungsi dalam harmoni yang sempurna.

Auf jedes Geräusch oder jeden Anblick, der eine Aktion erforderte, reagierte er sofort.

Untuk sebarang bunyi atau penglihatan yang memerlukan tindakan, dia bertindak balas serta-merta.

Wenn ein Husky zum Angriff ansetzte, konnte Buck doppelt so schnell springen.

Jika seekor husky melompat untuk menyerang, Buck boleh melompat dua kali lebih pantas.

Er reagierte schneller, als andere es sehen oder hören konnten.

Dia bertindak balas lebih cepat daripada yang orang lain boleh lihat atau dengar.

Wahrnehmung, Entscheidung und Handlung erfolgten alle in einem fließenden Moment.

Persepsi, keputusan dan tindakan semuanya datang dalam satu saat yang cair.

Tatsächlich geschahen diese Handlungen getrennt voneinander, aber zu schnell, um es zu bemerken.

Sebenarnya, perbuatan ini adalah berasingan, tetapi terlalu cepat untuk diperhatikan.

Die Abstände zwischen diesen Akten waren so kurz, dass sie wie ein einziger Akt wirkten.

Begitu singkat jurang antara perbuatan ini, mereka seolah-olah satu.

Seine Muskeln und sein Körper waren wie straff gespannte Federn.

Otot-otot dan makhluknya seperti mata air yang bergulung rapat.

Sein Körper strotzte vor Leben, wild und freudig in seiner Kraft.

Tubuhnya melonjak dengan kehidupan, liar dan gembira dalam kuasanya.

Manchmal hatte er das Gefühl, als würde die Kraft völlig aus ihm herausbrechen.

Ada kalanya dia merasakan seperti kuasa itu akan meletup keluar dari dirinya sepenuhnya.

„So einen Hund hat es noch nie gegeben", sagte Thornton eines ruhigen Tages.

"Tidak pernah ada anjing seperti itu," kata Thornton pada suatu hari yang tenang.

Die Partner sahen zu, wie Buck stolz aus dem Lager schritt.

Rakan kongsi memerhati Buck melangkah dengan bangga dari kem.

„Als er erschaffen wurde, veränderte er, was ein Hund sein kann", sagte Pete.

"Apabila dia dibuat, dia mengubah apa yang boleh menjadi anjing," kata Pete.

„Bei Gott! Das glaube ich auch", stimmte Hans schnell zu.

"Demi Yesus! Saya sendiri fikir begitu," Hans segera bersetuju.

Sie sahen ihn abmarschieren, aber nicht die Veränderung, die danach kam.

Mereka melihat dia berarak, tetapi bukan perubahan yang berlaku selepas itu.

Sobald er den Wald betrat, verwandelte sich Buck völlig.

Sebaik sahaja dia memasuki hutan, Buck berubah sepenuhnya.

Er marschierte nicht mehr, sondern bewegte sich wie ein wilder Geist zwischen den Bäumen.

Dia tidak lagi berarak, tetapi bergerak seperti hantu liar di antara pokok.

Er wurde still, katzenpfotenartig, ein Flackern, das durch die Schatten huschte.

Dia menjadi senyap, berkaki kucing, kelipan melalui bayang-bayang.

Er nutzte die Deckung geschickt und kroch wie eine Schlange auf dem Bauch.

Dia menggunakan penutup dengan kemahiran, merangkak di perutnya seperti ular.

Und wie eine Schlange konnte er lautlos nach vorne springen und zuschlagen.

Dan seperti ular, dia boleh melompat ke hadapan dan menyerang dalam diam.

Er könnte ein Schneehuhn direkt aus seinem versteckten Nest stehlen.
Dia boleh mencuri ptarmigan terus dari sarangnya yang tersembunyi.
Er tötete schlafende Kaninchen, ohne ein einziges Geräusch zu machen.
Dia membunuh arnab yang sedang tidur tanpa satu suara pun.
Er konnte Streifenhörnchen mitten in der Luft fangen, wenn sie zu langsam flohen.
Dia boleh menangkap chipmunks di udara kerana mereka melarikan diri terlalu perlahan.
Selbst Fische in Teichen konnten seinen plötzlichen Angriffen nicht entkommen.
Malah ikan di dalam kolam tidak dapat melarikan diri dari serangannya yang tiba-tiba.
Nicht einmal schlaue Biber, die Dämme reparierten, waren vor ihm sicher.
Malah memerang yang pandai membaiki empangan tidak selamat daripadanya.
Er tötete, um Nahrung zu bekommen, nicht zum Spaß – aber seine eigene Beute gefiel ihm am besten.
Dia membunuh untuk makanan, bukan untuk berseronok- tetapi paling suka membunuhnya sendiri.
Dennoch war bei manchen seiner stillen Jagden ein hintergründiger Humor spürbar.
Namun, jenaka licik mengalir melalui beberapa pemburuan senyapnya.
Er schlich sich dicht an Eichhörnchen heran, ließ sie aber dann entkommen.
Dia merayap dekat dengan tupai, hanya untuk membiarkan mereka melarikan diri.
Sie wollten in die Bäume fliehen und schnatterten voller Angst und Empörung.
Mereka akan melarikan diri ke pokok-pokok, berbual-bual dalam kemarahan yang menakutkan.
Mit dem Herbst kamen immer mehr Elche.

Apabila musim gugur tiba, moose mula muncul dalam jumlah yang lebih besar.

Sie zogen langsam in die tiefer gelegenen Täler, um dem Winter entgegenzukommen.

Mereka bergerak perlahan-lahan ke lembah rendah untuk memenuhi musim sejuk.

Buck hatte bereits ein junges, streunendes Kalb erlegt.

Buck telah membawa turun seekor anak lembu yang masih muda dan liar.

Doch er sehnte sich danach, einer größeren, gefährlicheren Beute gegenüberzutreten.

Tetapi dia ingin menghadapi mangsa yang lebih besar dan lebih berbahaya.

Eines Tages fand er an der Wasserscheide, an der Quelle des Baches, seine Chance.

Pada suatu hari di jurang, di kepala anak sungai, dia mendapat peluang.

Eine Herde von zwanzig Elchen war aus bewaldeten Gebieten herübergekommen.

Sekumpulan dua puluh rusa utara telah menyeberang dari kawasan hutan.

Unter ihnen war ein mächtiger Stier, der Anführer der Gruppe.

Di antara mereka ada seekor lembu jantan yang gagah perkasa; ketua kumpulan itu.

Der Bulle war über ein Meter achtzig Meter groß und sah grimmig und wild aus.

Lembu jantan itu berdiri lebih daripada enam kaki tinggi dan kelihatan garang dan liar.

Er warf sein breites Geweih hin und her, dessen vierzehn Enden sich nach außen verzweigten.

Dia melemparkan tanduk lebarnya, empat belas mata bercabang ke luar.

Die Spitzen dieser Geweihe hatten einen Durchmesser von sieben Fuß.

Hujung tanduk itu terbentang tujuh kaki.

Seine kleinen Augen brannten vor Wut, als er Buck in der Nähe entdeckte.
Mata kecilnya terbakar dengan kemarahan apabila dia melihat Buck berhampiran.
Er stieß ein wütendes Brüllen aus und zitterte vor Wut und Schmerz.
Dia mengeluarkan raungan marah, menggeletar dengan kemarahan dan kesakitan.
Nahe seiner Flanke ragte eine gefiederte und scharfe Pfeilspitze hervor.
Hujung anak panah tersangkut dekat rusuknya, berbulu dan tajam.
Diese Wunde trug dazu bei, seine wilde, verbitterte Stimmung zu erklären.
Luka ini membantu menjelaskan perasaannya yang biadab dan pahit.
Buck, geleitet von seinem uralten Jagdinstinkt, machte seinen Zug.
Buck, dipandu oleh naluri memburu kuno, membuat langkahnya.
Sein Ziel war es, den Bullen vom Rest der Herde zu trennen.
Dia bertujuan untuk memisahkan lembu jantan daripada kumpulan yang lain.
Dies war keine leichte Aufgabe – es erforderte Schnelligkeit und messerscharfe List.
Ini bukanlah tugas yang mudah—ia memerlukan kepantasan dan kelicikan yang sengit.
Er bellte und tanzte in der Nähe des Stiers, gerade außerhalb seiner Reichweite.
Dia menyalak dan menari berhampiran lembu jantan itu, hanya di luar jangkauan.
Der Elch stürzte sich mit riesigen Hufen und tödlichem Geweih auf ihn.
Moose itu menerjang dengan kuku yang besar dan tanduk yang mematikan.
Ein Schlag hätte Bucks Leben im Handumdrehen beenden können.

Satu pukulan boleh menamatkan nyawa Buck dalam sekejap.
Der Stier konnte die Bedrohung nicht hinter sich lassen und wurde wütend.
Tidak dapat meninggalkan ancaman itu, lembu jantan itu menjadi marah.
Er stürmte wütend auf ihn zu, doch Buck entkam ihm jedes Mal.
Dia menuduh dengan marah, tetapi Buck sentiasa terlepas.
Buck täuschte Schwäche vor und lockte ihn weiter von der Herde weg.
Buck memalsukan kelemahan, memikatnya lebih jauh dari kumpulan itu.
Doch die jungen Bullen wollten zurückstürmen, um den Anführer zu beschützen.
Tetapi lembu jantan muda akan menyerang balik untuk melindungi pemimpin.
Sie zwangen Buck zum Rückzug und den Bullen, sich wieder der Gruppe anzuschließen.
Mereka memaksa Buck untuk berundur dan lembu jantan untuk menyertai semula kumpulan itu.
In der Wildnis herrscht eine tiefe und unaufhaltsame Geduld.
Terdapat kesabaran di alam liar, mendalam dan tidak dapat dihalang.
Eine Spinne wartet unzählige Stunden bewegungslos in ihrem Netz.
Labah-labah menunggu tanpa bergerak dalam sarangnya selama berjam-jam.
Eine Schlange rollt sich ohne zu zucken zusammen und wartet, bis es Zeit ist.
Seekor ular melingkar tanpa berkedut, dan menunggu sehingga tiba masanya.
Ein Panther liegt auf der Lauer, bis der Moment gekommen ist.
Seekor harimau kumbang berada dalam serangan hendap, sehingga saatnya tiba.

Dies ist die Geduld von Raubtieren, die jagen, um zu überleben.
Inilah kesabaran pemangsa yang memburu untuk terus hidup.
Dieselbe Geduld brannte in Buck, als er in seiner Nähe blieb.
Kesabaran yang sama membara di dalam diri Buck apabila dia berada dekat.
Er blieb in der Nähe der Herde, verlangsamte ihren Marsch und schürte Angst.
Dia tinggal berhampiran kawanan itu, memperlahankan perarakannya dan menimbulkan ketakutan.
Er ärgerte die jungen Bullen und schikanierte die Mutterkühe.
Dia mengusik lembu jantan muda dan mengganggu ibu lembu.
Er trieb den verwundeten Stier in eine noch tiefere, hilflose Wut.
Dia menghalau lembu jantan yang cedera itu ke dalam kemarahan yang lebih mendalam dan tidak berdaya.
Einen halben Tag lang zog sich der Kampf ohne Pause hin.
Selama setengah hari, pergaduhan itu berlarutan tanpa rehat langsung.
Buck griff aus jedem Winkel an, schnell und wild wie der Wind.
Buck menyerang dari setiap sudut, pantas dan ganas seperti angin.
Er hinderte den Stier daran, sich auszuruhen oder sich bei seiner Herde zu verstecken.
Dia menahan lembu jantan itu daripada berehat atau bersembunyi bersama kawanannya.
Buck zermürbte den Willen des Elchs schneller als seinen Körper.
Buck melemahkan wasiat moose lebih cepat daripada badannya.
Der Tag verging und die Sonne sank tief am nordwestlichen Himmel.

Hari berlalu dan matahari terbenam rendah di langit barat laut.
Die jungen Bullen kehrten langsamer zurück, um ihrem Anführer zu helfen.
Lembu jantan muda kembali dengan lebih perlahan untuk membantu ketua mereka.
Die Herbstnächte waren zurückgekehrt und die Dunkelheit dauerte nun sechs Stunden.
Malam musim luruh telah kembali, dan kegelapan kini berlangsung selama enam jam.
Der Winter drängte sie bergab in sicherere, wärmere Täler.
Musim sejuk mendorong mereka menuruni bukit ke lembah yang lebih selamat dan lebih hangat.
Aber sie konnten dem Jäger, der sie zurückhielt, immer noch nicht entkommen.
Tetapi mereka tetap tidak dapat melarikan diri dari pemburu yang menahan mereka.
Es stand nur ein Leben auf dem Spiel – nicht das der Herde, sondern nur das ihres Anführers.
Hanya satu nyawa yang dipertaruhkan—bukan kawanan, hanya ketua mereka.
Dadurch wurde die Bedrohung in weite Ferne gerückt und ihre dringende Sorge wurde aufgehoben.
Itu menjadikan ancaman itu jauh dan bukan kebimbangan mendesak mereka.
Mit der Zeit akzeptierten sie diesen Preis und überließen Buck die Übernahme des alten Bullen.
Pada masanya, mereka menerima kos ini dan membiarkan Buck mengambil lembu jantan tua.
Als die Dämmerung hereinbrach, stand der alte Bulle mit gesenktem Kopf da.
Apabila senja tiba, lembu jantan tua itu berdiri dengan kepala menunduk.
Er sah zu, wie die Herde, die er geführt hatte, im schwindenden Licht verschwand.
Dia melihat kawanan yang dipimpinnya lenyap ke dalam cahaya yang semakin pudar.

Es gab Kühe, die er gekannt hatte, Kälber, deren Vater er einst gewesen war.
Ada lembu yang dikenalinya, anak lembu yang pernah dianakkannya.

Es gab jüngere Bullen, gegen die er in vergangenen Saisons gekämpft und die er beherrscht hatte.
Terdapat lembu jantan muda yang telah dia lawan dan memerintah pada musim lalu.

Er konnte ihnen nicht folgen, denn vor ihm kauerte Buck wieder.
Dia tidak boleh mengikuti mereka-kerana sebelum dia crouched Buck lagi.

Der gnadenlose Schrecken mit den Reißzähnen versperrte ihm jeden Weg.
Keganasan bertaring tanpa belas kasihan menghalang setiap laluan yang mungkin dia ambil.

Der Bulle brachte mehr als drei Zentner geballte Kraft auf die Waage.
Lembu jantan itu mempunyai berat lebih daripada tiga ratus berat kuasa padat.

Er hatte ein langes Leben geführt und in einer Welt voller Kämpfe hart gekämpft.
Dia telah hidup lama dan berjuang keras dalam dunia perjuangan.

Doch nun, am Ende, kam der Tod von einem Tier, das weit unter ihm stand.
Namun kini, pada akhirnya, kematian datang dari seekor binatang yang jauh di bawahnya.

Bucks Kopf erreichte nicht einmal die riesigen, mit Knöcheln besetzten Knie des Bullen.
Kepala Buck tidak pun naik ke lutut lembu jantan besar buku jari.

Von diesem Moment an blieb Buck Tag und Nacht bei dem Bullen.
Sejak saat itu, Buck tinggal bersama lembu jantan itu siang dan malam.

Er gönnte ihm keine Ruhe, erlaubte ihm nie zu grasen oder zu trinken.
Dia tidak pernah memberinya rehat, tidak pernah membenarkannya meragut atau minum.
Der Stier versuchte, junge Birkentriebe und Weidenblätter zu fressen.
Lembu jantan cuba memakan pucuk birch muda dan daun willow.
Aber Buck verjagte ihn, immer wachsam und immer angreifend.
Tetapi Buck menghalaunya, sentiasa berjaga-jaga dan sentiasa menyerang.
Sogar an plätschernden Bächen blockte Buck jeden durstigen Versuch ab.
Walaupun di sungai yang mengalir, Buck menyekat setiap percubaan yang dahaga.
Manchmal floh der Stier aus Verzweiflung mit voller Geschwindigkeit.
Kadang-kadang, dalam keadaan terdesak, lembu jantan itu melarikan diri dengan laju.
Buck ließ ihn laufen und lief ruhig direkt hinter ihm her, nie weit entfernt.
Buck membiarkan dia berlari, melompat dengan tenang di belakang, tidak pernah jauh.
Als der Elch innehielt, legte sich Buck hin, blieb aber bereit.
Apabila moose berhenti seketika, Buck baring, tetapi tetap bersedia.
Wenn der Bulle versuchte zu fressen oder zu trinken, schlug Buck mit voller Wut zu.
Jika lembu jantan cuba makan atau minum, Buck menyerang dengan penuh kemarahan.
Der große Kopf des Stiers sank tiefer unter sein gewaltiges Geweih.
Kepala lembu jantan yang besar itu jatuh ke bawah di bawah tanduknya yang besar.
Sein Tempo verlangsamte sich, der Trab wurde schwerfällig, ein stolpernder Schritt.

Langkahnya perlahan, lariannya menjadi berat; berjalan tersandung.
Er stand oft still mit hängenden Ohren und der Nase am Boden.
Dia sering berdiri diam dengan telinga dan hidung terkulai ke tanah.
In diesen Momenten nahm sich Buck Zeit zum Trinken und Ausruhen.
Pada saat-saat itu, Buck mengambil masa untuk minum dan berehat.
Mit heraushängender Zunge und starrem Blick spürte Buck, wie sich das Land veränderte.
Lidah keluar, mata terpejam, Buck merasakan tanah itu berubah.
Er spürte, wie sich etwas Neues durch den Wald und den Himmel bewegte.
Dia merasakan sesuatu yang baru bergerak melalui hutan dan langit.
Mit der Rückkehr der Elche kehrten auch andere Wildtiere zurück.
Apabila moose kembali, begitu juga dengan makhluk liar yang lain.
Das Land fühlte sich lebendig an, mit einer Präsenz, die man nicht sieht, aber deutlich wahrnimmt.
Tanah itu terasa hidup dengan kehadiran, tidak kelihatan tetapi sangat dikenali.
Buck wusste dies weder am Geräusch, noch am Anblick oder am Geruch.
Ia bukan dengan bunyi, penglihatan, mahupun dengan bau yang Buck tahu ini.
Ein tieferes Gefühl sagte ihm, dass neue Kräfte im Gange waren.
Rasa yang lebih mendalam memberitahunya bahawa pasukan baru sedang bergerak.
In den Wäldern und entlang der Bäche herrschte seltsames Leben.
Kehidupan aneh bergelora di hutan dan di sepanjang sungai.

Er beschloss, diesen Geist zu erforschen, nachdem die Jagd beendet war.
Dia memutuskan untuk meneroka semangat ini, selepas pemburuan selesai.
Am vierten Tag erlegte Buck endlich den Elch.
Pada hari keempat, Buck akhirnya menurunkan moose itu.
Er blieb einen ganzen Tag und eine ganze Nacht bei der Beute, fraß und ruhte sich aus.
Dia tinggal di dekat pembunuhan itu selama sehari dan malam penuh, memberi makan dan berehat.
Er aß, schlief dann und aß dann wieder, bis er stark und satt war.
Dia makan, kemudian tidur, kemudian makan lagi, sehingga dia kuat dan kenyang.
Als er fertig war, kehrte er zum Lager und nach Thornton zurück.
Apabila dia sudah bersedia, dia berpatah balik ke arah kem dan Thornton.
Mit gleichmäßigem Tempo begann er die lange Heimreise.
Dengan langkah yang mantap, dia memulakan perjalanan pulang yang panjang.
Er rannte in seinem unermüdlichen Galopp Stunde um Stunde, ohne auch nur ein einziges Mal vom Weg abzukommen.
Dia berlari dalam lompat tanpa jemu, jam demi jam, tidak pernah sesat.
Durch unbekannte Länder bewegte er sich schnurgerade wie eine Kompassnadel.
Melalui tanah yang tidak diketahui, dia bergerak lurus seperti jarum kompas.
Sein Orientierungssinn ließ Mensch und Karte im Vergleich schwach erscheinen.
Rasa arahnya menjadikan manusia dan peta kelihatan lemah jika dibandingkan.
Während Buck rannte, spürte er die Bewegung in der Wildnis stärker.
Semasa Buck berlari, dia berasa lebih kuat kacau di tanah liar.

Es war eine neue Art zu leben, anders als in den ruhigen Sommermonaten.
Ia adalah jenis kehidupan baru, tidak seperti bulan-bulan musim panas yang tenang.
Dieses Gefühl kam nicht länger als subtile oder entfernte Botschaft.
Perasaan ini tidak lagi datang sebagai mesej yang halus atau jauh.
Nun sprachen die Vögel von diesem Leben und Eichhörnchen plapperten darüber.
Sekarang burung bercakap tentang kehidupan ini, dan tupai bercakap tentangnya.
Sogar die Brise flüsterte Warnungen durch die stillen Bäume.
Malah angin bertiup berbisik di celah-celah pokok yang sunyi.
Mehrmals blieb er stehen und schnupperte die frische Morgenluft.
Beberapa kali dia berhenti dan menghidu udara pagi yang segar.
Dort las er eine Nachricht, die ihn schneller nach vorne springen ließ.
Dia membaca mesej di situ yang membuatkan dia melompat ke hadapan dengan lebih pantas.
Ein starkes Gefühl der Gefahr erfüllte ihn, als wäre etwas schiefgelaufen.
Perasaan bahaya yang berat memenuhinya, seolah-olah ada sesuatu yang tidak kena.
Er befürchtete, dass ein Unglück bevorstünde – oder bereits eingetreten war.
Dia takut malapetaka akan datang—atau sudah datang.
Er überquerte den letzten Bergrücken und betrat das darunterliegende Tal.
Dia menyeberangi rabung terakhir dan memasuki lembah di bawah.
Er bewegte sich langsamer und war bei jedem Schritt aufmerksamer und vorsichtiger.

Dia bergerak lebih perlahan, berjaga-jaga dan berhati-hati dengan setiap langkah.

Drei Meilen weiter fand er eine frische Spur, die ihn erstarren ließ.
Tiga batu keluar dia menemui jejak baru yang membuatnya kaku.

Die Haare in seinem Nacken stellten sich auf und sträubten sich vor Schreck.
Rambut di lehernya beralun dan berbulu kerana cemas.

Die Spur führte direkt zum Lager, wo Thornton wartete.
Laluan itu terus menuju ke kem tempat Thornton menunggu.

Buck bewegte sich jetzt schneller, seine Schritte waren lautlos und schnell zugleich.
Buck bergerak lebih pantas sekarang, langkahnya senyap dan pantas.

Seine Nerven lagen blank, als er Zeichen las, die andere übersehen würden.
Sarafnya menjadi tegang apabila dia membaca tanda-tanda orang lain akan terlepas.

Jedes Detail der Spur erzählte eine Geschichte – außer dem letzten Stück.
Setiap butiran dalam denai menceritakan kisah—kecuali bahagian akhir.

Seine Nase erzählte ihm von dem Leben, das hier vorbeigezogen war.
Hidungnya memberitahunya tentang kehidupan yang telah berlalu dengan cara ini.

Der Duft vermittelte ihm ein wechselndes Bild, als er dicht hinter ihm folgte.
Bau itu memberinya gambaran yang berubah-ubah sambil mengekori dari belakang.

Doch im Wald selbst war es still geworden, unnatürlich still.
Tetapi hutan itu sendiri telah menjadi sunyi; masih tidak wajar.

Die Vögel waren verschwunden, die Eichhörnchen hatten sich versteckt, waren still und ruhig.
Burung telah hilang, tupai tersembunyi, diam dan diam.

Er sah nur ein einziges Grauhörnchen, das flach auf einem toten Baum lag.
Dia melihat hanya seekor tupai kelabu, rata di atas pokok mati.
Das Eichhörnchen fügte sich steif und reglos in den Wald ein.
Tupai bercampur, kaku dan tidak bergerak seperti sebahagian daripada hutan.
Buck bewegte sich wie ein Schatten, lautlos und sicher durch die Bäume.
Buck bergerak seperti bayang-bayang, senyap dan pasti melalui pepohonan.
Seine Nase zuckte zur Seite, als würde sie von einer unsichtbaren Hand gezogen.
Hidungnya tersentak ke tepi seperti ditarik oleh tangan ghaib.
Er drehte sich um und folgte der neuen Spur tief in ein Dickicht hinein.
Dia berpaling dan mengikuti bau baru itu jauh ke dalam belukar.
Dort fand er Nig tot daliegend, von einem Pfeil durchbohrt.
Di sana dia mendapati Nig, terbaring mati, tertusuk anak panah.
Der Schaft durchdrang seinen Körper, die Federn waren noch zu sehen.
Batang itu melepasi badannya, bulu masih kelihatan.
Nig hatte sich dorthin geschleppt, war jedoch gestorben, bevor er Hilfe erreichen konnte.
Nig telah mengheret dirinya ke sana, tetapi meninggal dunia sebelum mendapatkan bantuan.
Hundert Meter weiter fand Buck einen weiteren Schlittenhund.
Seratus ela lebih jauh, Buck menemui seekor lagi anjing kereta luncur.
Es war ein Hund, den Thornton in Dawson City gekauft hatte.
Ia adalah seekor anjing yang dibeli semula oleh Thornton di Bandar Dawson.

Der Hund befand sich in einem tödlichen Kampf und schlug heftig auf dem Weg um sich.
Anjing itu dalam perjuangan maut, meronta-ronta di atas denai.

Buck ging um ihn herum, blieb nicht stehen und richtete den Blick nach vorne.
Buck mengelilinginya, tidak berhenti, mata memandang ke hadapan.

Aus Richtung des Lagers ertönte in der Ferne ein rhythmischer Gesang.
Dari arah perkhemahan terdengar nyanyian berirama yang jauh.

Die Stimmen schwoll in einem seltsamen, unheimlichen Singsangton an und ab.
Suara-suara naik dan turun dalam nada nyanyian yang pelik, ngeri dan menyeramkan.

Buck kroch schweigend zum Rand der Lichtung.
Buck merangkak ke hadapan ke tepi kawasan lapang dalam senyap.

Dort sah er Hans mit dem Gesicht nach unten liegen, von vielen Pfeilen durchbohrt.
Di sana dia melihat Hans terbaring menghadap ke bawah, tertusuk dengan banyak anak panah.

Sein Körper sah aus wie der eines Stachelschweins und war mit gefiederten Schäften bestückt.
Badannya kelihatan seperti landak, berbulu dengan batang berbulu.

Im selben Moment blickte Buck in Richtung der zerstörten Hütte.
Pada masa yang sama, Buck memandang ke arah pondok yang musnah.

Bei diesem Anblick stellten sich ihm die Nacken- und Schulterhaare auf.
Pemandangan itu membuatkan rambutnya naik kaku di leher dan bahunya.

Ein Sturm wilder Wut durchfuhr Bucks ganzen Körper.
Ribut kemarahan liar melanda seluruh tubuh Buck.

Er knurrte laut, obwohl er nicht wusste, dass er es getan hatte.
Dia menggeram kuat, walaupun dia tidak tahu bahawa dia telah.
Der Klang war rau, erfüllt von furchterregender, wilder Wut.
Bunyi itu mentah, dipenuhi dengan kemarahan yang menakutkan dan ganas.
Zum letzten Mal in seinem Leben verlor Buck den Verstand und die Gefühle.
Untuk kali terakhir dalam hidupnya, Buck kehilangan sebab untuk emosi.
Es war die Liebe zu John Thornton, die seine sorgfältige Kontrolle brach.
Ia adalah cinta untuk John Thornton yang mematahkan kawalan berhati-hatinya.
Die Yeehats tanzten um die zerstörte Fichtenhütte.
Yeehats sedang menari di sekitar pondok cemara yang rosak.
Dann ertönte ein Brüllen – und ein unbekanntes Tier stürmte auf sie zu.
Kemudian terdengar raungan—dan seekor binatang yang tidak dikenali menyerang mereka.
Es war Buck, eine aufbrausende Furie, ein lebendiger Sturm der Rache.
Ia adalah Buck; kemarahan dalam gerakan; ribut dendam yang hidup.
Wahnsinnig vor Tötungsdrang stürzte er sich mitten unter sie.
Dia melemparkan dirinya ke tengah-tengah mereka, gila dengan keperluan untuk membunuh.
Er sprang auf den ersten Mann, den Yeehat-Häuptling, und traf zielsicher.
Dia melompat ke arah lelaki pertama, ketua Yeehat, dan benar.
Seine Kehle war aufgerissen und Blut spritzte in einem Strom.
Kerongkongnya tercabut, dan darah memancut dalam aliran.

Buck blieb nicht stehen, sondern riss dem nächsten Mann mit einem Sprung die Kehle durch.
Buck tidak berhenti, tetapi mengoyakkan kerongkong lelaki seterusnya dengan satu lompatan.
Er war nicht aufzuhalten – er riss, schlug und machte nie eine Pause, um sich auszuruhen.
Dia tidak dapat dihalang—mencabik, menetak, tidak pernah berhenti untuk berehat.
Er schoss und sprang so schnell, dass ihre Pfeile ihn nicht treffen konnten.
Dia melesat dan melompat begitu pantas anak panah mereka tidak dapat menyentuhnya.
Die Yeehats waren in ihrer eigenen Panik und Verwirrung gefangen.
Yeehats terperangkap dalam panik dan kekeliruan mereka sendiri.
Ihre Pfeile verfehlten Buck und trafen stattdessen einander.
Anak panah mereka terlepas Buck dan menyerang satu sama lain sebaliknya.
Ein Jugendlicher warf einen Speer nach Buck und traf einen anderen Mann.
Seorang pemuda merejam lembing ke arah Buck dan terkena lelaki lain.
Der Speer durchbohrte seine Brust und die Spitze durchbohrte seinen Rücken.
Lembing itu menembusi dadanya, mata itu menumbuk belakangnya.
Die Yeehats wurden von Panik erfasst und zogen sich umgehend zurück.
Keganasan melanda Yeehats, dan mereka berundur sepenuhnya.
Sie schrien vor dem bösen Geist und flohen in die Schatten des Waldes.
Mereka menjerit tentang Roh Jahat dan melarikan diri ke dalam bayang-bayang hutan.
Buck war wirklich wie ein Dämon, als er die Yeehats jagte.
Sungguh, Buck seperti syaitan ketika dia mengejar Yeehats.

Er raste hinter ihnen durch den Wald her und erlegte sie wie Rehe.
Dia merobek mereka melalui hutan, menjatuhkan mereka seperti rusa.
Für die verängstigten Yeehats wurde es ein Tag des Schicksals und des Terrors.
Ia menjadi hari nasib dan ketakutan bagi Yeehats yang ketakutan.
Sie zerstreuten sich über das Land und flohen in alle Richtungen.
Mereka bertebaran di seluruh negeri, melarikan diri jauh ke setiap arah.
Eine ganze Woche verging, bevor sich die letzten Überlebenden in einem Tal trafen.
Seminggu penuh berlalu sebelum mangsa terakhir yang terselamat bertemu di sebuah lembah.
Erst dann zählten sie ihre Verluste und sprachen über das Geschehene.
Selepas itu barulah mereka mengira kerugian mereka dan bercakap tentang apa yang berlaku.
Nachdem Buck die Jagd satt hatte, kehrte er zum zerstörten Lager zurück.
Buck, selepas penat mengejar, kembali ke kem yang hancur.
Er fand Pete, noch in seine Decken gehüllt, getötet beim ersten Angriff.
Dia mendapati Pete, masih dalam selimutnya, terbunuh dalam serangan pertama.
Spuren von Thorntons letztem Kampf waren im Dreck in der Nähe zu sehen.
Tanda-tanda perjuangan terakhir Thornton ditandakan di tanah berhampiran.
Buck folgte jeder Spur und erschnüffelte jede Markierung bis zum letzten Punkt.
Buck mengikuti setiap jejak, menghidu setiap tanda ke titik akhir.
Am Rand eines tiefen Teichs fand er den treuen Skeet, der still dalag.

Di tepi kolam yang dalam, dia mendapati Skeet yang setia, terbaring diam.

Skeets Kopf und Vorderpfoten lagen regungslos im Wasser, er lag tot da.

Kepala dan kaki depan Skeet berada di dalam air, tidak bergerak dalam kematian.

Der Teich war schlammig und durch das Abwasser aus den Schleusenkästen verunreinigt.

Kolam itu berlumpur dan dicemari dengan air larian dari kotak air.

Seine trübe Oberfläche verbarg, was darunter lag, aber Buck kannte die Wahrheit.

Permukaannya yang mendung menyembunyikan apa yang ada di bawahnya, tetapi Buck tahu kebenarannya.

Er folgte Thorntons Spur bis in den Pool – doch die Spur führte nirgendwo anders hin.

Dia menjejaki bau Thornton ke dalam kolam—tetapi bau itu tidak membawa ke mana-mana lagi.

Es gab keinen Geruch, der hinausführte – nur die Stille des tiefen Wassers.

Tiada bau yang keluar—hanya kesunyian air dalam.

Den ganzen Tag blieb Buck in der Nähe des Teichs und ging voller Trauer im Lager auf und ab.

Sepanjang hari Buck tinggal berhampiran kolam renang, mundar-mandir kem dalam kesedihan.

Er wanderte ruhelos umher oder saß regungslos da, in tiefe Gedanken versunken.

Dia mengembara gelisah atau duduk diam, hilang dalam pemikiran yang berat.

Er kannte den Tod, das Ende des Lebens, das Verschwinden aller Bewegung.

Dia tahu kematian; pengakhiran hidup; lenyapnya semua gerakan.

Er verstand, dass John Thornton weg war und nie wieder zurückkehren würde.

Dia faham bahawa John Thornton telah tiada, tidak akan kembali.

Der Verlust hinterließ eine Leere in ihm, die wie Hunger pochte.
Kehilangan itu meninggalkan ruang kosong dalam dirinya yang berdebar-debar seperti kelaparan.
Doch dieser Hunger konnte durch Essen nicht gestillt werden, egal, wie viel er aß.
Tetapi ini adalah makanan kelaparan yang tidak dapat diredakan, tidak kira berapa banyak yang dia makan.
Manchmal, wenn er die toten Yeehats ansah, ließ der Schmerz nach.
Ada kalanya, ketika dia melihat Yeehats yang telah mati, rasa sakitnya hilang.
Und dann stieg ein seltsamer Stolz in ihm auf, wild und vollkommen.
Dan kemudian kebanggaan aneh timbul dalam dirinya, garang dan lengkap.
Er hatte den Menschen getötet, das höchste und gefährlichste Wild von allen.
Dia telah membunuh manusia, permainan yang paling tinggi dan paling berbahaya.
Er hatte unter Missachtung des alten Gesetzes von Keule und Reißzahn getötet.
Dia telah membunuh kerana melanggar undang-undang kuno kelab dan taring.
Buck schnüffelte neugierig und nachdenklich an ihren leblosen Körpern.
Buck menghidu badan mereka yang tidak bermaya, ingin tahu dan berfikir.
Sie waren so leicht gestorben – viel leichter als ein Husky in einem Kampf.
Mereka telah mati dengan mudah—lebih mudah daripada seekor husky dalam pergaduhan.
Ohne ihre Waffen waren sie weder wirklich stark noch stellten sie eine Bedrohung dar.
Tanpa senjata mereka, mereka tidak mempunyai kekuatan atau ancaman sebenar.

Buck würde sie nie wieder fürchten, es sei denn, sie wären bewaffnet.
Buck tidak akan takut kepada mereka lagi, melainkan mereka bersenjata.
Nur wenn sie Keulen, Speere oder Pfeile trugen, war er vorsichtig.
Hanya apabila mereka membawa kayu, lembing, atau anak panah dia akan berhati-hati.

Die Nacht brach herein und ein Vollmond stieg hoch über die Baumwipfel.
Malam tiba, dan bulan purnama naik tinggi di atas puncak pokok.
Das blasse Licht des Mondes tauchte das Land in einen sanften, geisterhaften Schein wie am Tag.
Cahaya pucat bulan membasahi bumi dalam cahaya yang lembut seperti siang.
Als die Nacht hereinbrach, trauerte Buck noch immer am stillen Teich.
Apabila malam semakin mendalam, Buck masih berkabung di tepi kolam yang sunyi.
Dann bemerkte er eine andere Regung im Wald.
Kemudian dia menyedari kacau yang berbeza di dalam hutan.
Die Aufregung kam nicht von den Yeehats, sondern von etwas Älterem und Tieferem.
Kacau itu bukan dari Yeehats, tetapi dari sesuatu yang lebih tua dan lebih dalam.
Er stand auf, spitzte die Ohren und prüfte vorsichtig mit der Nase die Brise.
Dia berdiri, telinga diangkat, hidung menguji angin dengan berhati-hati.
Aus der Ferne ertönte ein schwacher, scharfer Aufschrei, der die Stille durchbrach.
Dari jauh terdengar jeritan samar dan tajam yang menembusi kesunyian.
Dann folgte dicht auf den ersten ein Chor ähnlicher Schreie.

Kemudian paduan suara tangisan yang serupa mengikuti dekat di belakang yang pertama.

Das Geräusch kam näher und wurde mit jedem Augenblick lauter.

Bunyi itu semakin dekat, semakin kuat setiap saat.

Buck kannte diesen Schrei – er kam aus dieser anderen Welt in seiner Erinnerung.

Buck tahu seruan ini—ia datang dari dunia lain dalam ingatannya.

Er ging in die Mitte des offenen Platzes und lauschte aufmerksam.

Dia berjalan ke tengah-tengah kawasan lapang dan mendengar dengan teliti.

Der Ruf ertönte vielstimmig und kraftvoller denn je.

Panggilan itu berbunyi, ramai-ramai dan lebih berkuasa daripada sebelumnya.

Und jetzt war Buck mehr denn je bereit, seiner Berufung zu folgen.

Dan kini, lebih daripada sebelumnya, Buck bersedia untuk menjawab panggilannya.

John Thornton war tot und hatte keine Bindung mehr an die Menschheit.

John Thornton telah mati, dan tiada ikatan dengan manusia kekal dalam dirinya.

Der Mensch und alle menschlichen Ansprüche waren verschwunden – er war endlich frei.

Manusia dan semua tuntutan manusia telah hilang—akhirnya dia bebas.

Das Wolfsrudel jagte Fleisch, wie es einst die Yeehats getan hatten.

Kumpulan serigala itu mengejar daging seperti yang dilakukan oleh Yeehats suatu ketika dahulu.

Sie waren Elchen aus den Waldgebieten gefolgt.

Mereka telah mengikuti rusa jantan turun dari tanah berkayu.

Nun überquerten sie, wild und hungrig nach Beute, sein Tal.

Sekarang, liar dan lapar akan mangsa, mereka menyeberang ke lembahnya.

Sie kamen auf die mondbeschienene Lichtung und flossen wie silbernes Wasser.
Mereka datang ke dalam terang bulan, mengalir seperti air perak.
Buck stand regungslos in der Mitte und wartete auf sie.
Buck berdiri diam di tengah, tidak bergerak dan menunggu mereka.
Seine ruhige, große Präsenz versetzte das Rudel in Erstaunen und ließ es kurz verstummen.
Kehadirannya yang tenang dan besar membuatkan kumpulan itu terdiam seketika.
Dann sprang der kühnste Wolf ohne zu zögern direkt auf ihn zu.
Kemudian serigala yang paling berani melompat terus ke arahnya tanpa teragak-agak.
Buck schlug schnell zu und brach dem Wolf mit einem einzigen Schlag das Genick.
Buck menyerang dengan pantas dan mematahkan leher serigala itu dalam satu pukulan.
Er stand wieder regungslos da, während der sterbende Wolf sich hinter ihm wand.
Dia berdiri tidak bergerak lagi apabila serigala yang hampir mati itu berpusing di belakangnya.
Drei weitere Wölfe griffen schnell nacheinander an.
Tiga lagi serigala menyerang dengan pantas, satu demi satu.
Jeder von ihnen zog sich blutend zurück, die Kehle oder die Schultern waren aufgeschlitzt.
Masing-masing berundur pendarahan, tekak atau bahu mereka dikelar.
Das reichte aus, um das ganze Rudel zu einem wilden Angriff zu provozieren.
Itu sudah cukup untuk mencetuskan seluruh pek menjadi caj liar.
Sie stürmten gemeinsam hinein, waren zu eifrig und zu dicht gedrängt, um einen guten Schlag zu erzielen.
Mereka bergegas masuk bersama-sama, terlalu bersemangat dan sesak untuk menyerang dengan baik.

Dank seiner Schnelligkeit und Geschicklichkeit war Buck in der Lage, dem Angriff immer einen Schritt voraus zu sein.
Kepantasan dan kemahiran Buck membolehkannya terus mendahului serangan.

Er drehte sich auf seinen Hinterbeinen und schnappte und schlug in alle Richtungen.
Dia berpusing pada kaki belakangnya, menyentap dan menyerang ke semua arah.

Für die Wölfe schien es, als ob seine Verteidigung nie geöffnet oder ins Wanken geraten wäre.
Bagi serigala, ini seolah-olah pertahanannya tidak pernah terbuka atau goyah.

Er drehte sich um und schlug so schnell zu, dass sie nicht hinter ihn gelangen konnten.
Dia berpaling dan menetak dengan pantas sehingga mereka tidak dapat berada di belakangnya.

Dennoch zwang ihn ihre Übermacht zum Nachgeben und Zurückweichen.
Namun begitu, bilangan mereka memaksa dia untuk berputus asa dan berundur.

Er ging am Teich vorbei und hinunter in das steinige Bachbett.
Dia bergerak melepasi kolam dan turun ke katil anak sungai yang berbatu.

Dort stieß er auf eine steile Böschung aus Kies und Erde.
Di sana dia bertemu dengan tebing kerikil dan tanah yang curam.

Er ist bei den alten Grabungen der Bergleute in einen Eckeinschnitt geraten.
Dia tersungkur di sudut semasa penggalian lama pelombong.

Jetzt war Buck von drei Seiten geschützt und stand nur noch dem vorderen Wolf gegenüber.
Kini, dilindungi di tiga sisi, Buck hanya berhadapan dengan serigala hadapan.

Dort stand er in der Enge, bereit für die nächste Angriffswelle.

Di sana, dia berdiri di teluk, bersedia untuk gelombang serangan seterusnya.

Buck blieb so hartnäckig standhaft, dass die Wölfe zurückwichen.

Buck berpegang teguh pada pendiriannya sehingga serigala berundur.

Nach einer halben Stunde waren sie erschöpft und sichtlich besiegt.

Selepas setengah jam, mereka letih dan kelihatan kalah.

Ihre Zungen hingen heraus, ihre weißen Reißzähne glänzten im Mondlicht.

Lidah mereka kelu, taring putih mereka berkilauan di bawah cahaya bulan.

Einige Wölfe legten sich mit erhobenem Kopf hin und spitzten die Ohren in Richtung Buck.

Beberapa serigala berbaring, kepala terangkat, telinga dicucuk ke arah Buck.

Andere standen still, waren wachsam und beobachteten jede seiner Bewegungen.

Yang lain berdiri diam, berjaga-jaga dan memerhati setiap gerak-gerinya.

Einige gingen zum Pool und schlürften kaltes Wasser.

Beberapa orang merayau ke kolam dan menjilat air sejuk.

Dann schlich ein großer, schlanker grauer Wolf sanft heran.

Kemudian seekor serigala kelabu yang panjang dan kurus merayap ke hadapan dengan cara yang lembut.

Buck erkannte ihn – es war der wilde Bruder von vorhin.

Buck mengenalinya–ia adalah abang liar sebelum ini.

Der graue Wolf winselte leise und Buck antwortete mit einem Winseln.

Serigala kelabu merengek perlahan, dan Buck membalas dengan rengek.

Sie berührten ihre Nasen, leise und ohne Drohung oder Angst.

Mereka menyentuh hidung, secara senyap dan tanpa ancaman atau ketakutan.

Als nächstes kam ein älterer Wolf, hager und von vielen Kämpfen gezeichnet.
Seterusnya datang seekor serigala yang lebih tua, kurus dan berparut dari banyak pertempuran.
Buck wollte knurren, hielt aber inne und schnüffelte an der Nase des alten Wolfes.
Buck mula merengus, tetapi berhenti sebentar dan menghidu hidung serigala tua itu.
Der Alte setzte sich, hob die Nase und heulte den Mond an.
Orang tua itu duduk, mengangkat hidungnya, dan melolong pada bulan.
Der Rest des Rudels setzte sich und stimmte in das langgezogene Heulen ein.
Pek yang lain duduk dan ikut melolong panjang.
Und nun ertönte der Ruf an Buck, unmissverständlich und stark.
Dan kini panggilan itu datang kepada Buck, tidak dapat disangkal dan kuat.
Er setzte sich, hob den Kopf und heulte mit den anderen.
Dia duduk, mengangkat kepalanya, dan melolong dengan yang lain.
Als das Heulen aufhörte, trat Buck aus seinem felsigen Unterschlupf.
Apabila lolongan itu berakhir, Buck melangkah keluar dari tempat perlindungannya yang berbatu.
Das Rudel umringte ihn und beschnüffelte ihn zugleich freundlich und vorsichtig.
Pek itu menutup sekelilingnya, menghidu baik dan berhati-hati.
Dann stießen die Anführer einen lauten Schrei aus und rannten in den Wald.
Kemudian para pemimpin menjerit dan berlari ke dalam hutan.
Die anderen Wölfe folgten und jaulten im Chor, wild und schnell in der Nacht.
Serigala-serigala lain mengikuti, menjerit dalam paduan suara, liar dan pantas pada waktu malam.

Buck rannte mit ihnen, neben seinem wilden Bruder her, und heulte dabei.
Buck berlari dengan mereka, di sebelah abang liarnya, melolong sambil berlari.

Hier geht die Geschichte von Buck gut zu Ende.
Di sini, kisah Buck akan sampai ke penghujungnya.

In den folgenden Jahren bemerkten die Yeehats seltsame Wölfe.
Pada tahun-tahun berikutnya, Yeehats melihat serigala aneh.

Einige hatten braune Flecken auf Kopf und Schnauze und weiße Flecken auf der Brust.
Ada yang coklat di kepala dan muncung, putih di dada.

Doch noch mehr fürchteten sie sich vor einer geisterhaften Gestalt unter den Wölfen.
Tetapi lebih-lebih lagi, mereka takutkan sosok hantu di kalangan serigala.

Sie sprachen flüsternd vom Geisterhund, dem Anführer des Rudels.
Mereka bercakap dalam bisikan tentang Anjing Hantu, ketua kumpulan itu.

Dieser Geisterhund war schlauer als der kühnste Yeehat-Jäger.
Anjing Hantu ini mempunyai lebih licik daripada pemburu Yeehat yang paling berani.

Der Geisterhund stahl im tiefsten Winter aus Lagern und riss ihre Fallen auseinander.
Anjing hantu itu mencuri dari kem pada musim sejuk yang mendalam dan mengoyakkan perangkap mereka.

Der Geisterhund tötete ihre Hunde und entkam ihren Pfeilen spurlos.
Anjing hantu membunuh anjing mereka dan melarikan anak panah mereka tanpa jejak.

Sogar ihre tapfersten Krieger hatten Angst, diesem wilden Geist gegenüberzutreten.
Malah pahlawan mereka yang paling berani takut menghadapi roh liar ini.

Nein, die Geschichte wird im Laufe der Jahre in der Wildnis immer düsterer.
Tidak, kisah itu semakin gelap, apabila tahun berlalu di alam liar.
Manche Jäger verschwinden und kehren nie in ihre entfernten Lager zurück.
Sesetengah pemburu lenyap dan tidak pernah kembali ke kem mereka yang jauh.
Andere werden mit aufgerissener Kehle erschlagen im Schnee gefunden.
Yang lain ditemui dengan kerongkong mereka terbuka, terbunuh dalam salji.
Um ihren Körper herum sind Spuren – größer als sie ein Wolf hinterlassen könnte.
Di sekeliling badan mereka terdapat jejak — lebih besar daripada yang boleh dibuat oleh serigala.
Jeden Herbst folgen die Yeehats der Spur des Elchs.
Setiap musim luruh, Yeehats mengikuti jejak moose.
Aber ein Tal meiden sie, weil ihnen die Angst tief im Herzen eingegraben ist.
Tetapi mereka mengelakkan satu lembah dengan ketakutan yang terukir jauh ke dalam hati mereka.
Man sagt, dass der böse Geist dieses Tal als seine Heimat ausgewählt hat.
Mereka mengatakan lembah itu dipilih oleh Roh Jahat untuk rumahnya.
Und wenn die Geschichte erzählt wird, weinen einige Frauen am Feuer.
Dan apabila kisah itu diceritakan, beberapa wanita menangis di sebelah api.
Aber im Sommer kommt ein Besucher in dieses ruhige, heilige Tal.
Tetapi pada musim panas, seorang pelawat datang ke lembah yang tenang dan suci itu.
Die Yeehats wissen nichts von ihm und können es auch nicht verstehen.

Yeehats tidak mengenalinya, dan mereka juga tidak dapat memahaminya.

Der Wolf ist großartig und mit einer Pracht überzogen wie kein anderer seiner Art.

Serigala adalah seekor yang hebat, disalut dengan kemuliaan, tidak seperti yang lain dari jenisnya.

Er allein überquert den grünen Wald und betritt die Waldlichtung.

Dia sendirian menyeberang dari kayu hijau dan memasuki padang rumput hutan.

Dort sickert goldener Staub aus Elchhautsäcken in den Boden.

Di sana, debu emas dari karung kulit moose meresap ke dalam tanah.

Gras und alte Blätter haben das Gelb vor der Sonne verborgen.

Rumput dan daun tua telah menyembunyikan kuning dari matahari.

Hier steht der Wolf still, denkt nach und erinnert sich.

Di sini, serigala berdiri dalam diam, berfikir dan mengingati.

Er heult einmal – lang und traurig – bevor er sich zum Gehen umdreht.

Dia melolong sekali—lama dan sedih—sebelum dia berpaling untuk pergi.

Doch er ist nicht immer allein im Land der Kälte und des Schnees.

Namun dia tidak selalu bersendirian di tanah sejuk dan salji.

Wenn lange Winternächte über die tiefer gelegenen Täler hereinbrechen.

Apabila malam musim sejuk yang panjang turun di lembah yang lebih rendah.

Wenn die Wölfe dem Wild durch Mondlicht und Frost folgen.

Apabila serigala mengikuti permainan melalui cahaya bulan dan fros.

Dann rennt er mit großen, wilden Sprüngen an der Spitze des Rudels entlang.

Kemudian dia berlari di kepala pek, melompat tinggi dan liar.
Seine Gestalt überragt die anderen, aus seiner Kehle erklingt Gesang.
Bentuknya menjulang di atas yang lain, tekaknya hidup dengan nyanyian.
Es ist das Lied der jüngeren Welt, die Stimme des Rudels.
Ia adalah lagu dunia muda, suara kumpulan.
Er singt, während er rennt – stark, frei und für immer wild.
Dia menyanyi sambil berlari—kuat, bebas, dan selamanya liar.

www.ingramcontent.com/pod-product-compliance
Lightning Source LLC
Chambersburg PA
CBHW010028040426
42333CB00048B/2736